Inhalt

Überblick über den Aufbau der Kapitel

Das Kursheft ist eine thematisch orientierte Materialsammlung für den Geschichtsunterricht in der Oberstufe. Im Zentrum eines jeden Kapitels steht eine umfangreiche Quellensammlung, die ergänzt wird durch einführende Darstellungen, „Methoden- und Themensonderseiten“ (gelb umrandet) sowie „Weiterführende Arbeitsanregungen“.

Einleitende Darstellungen

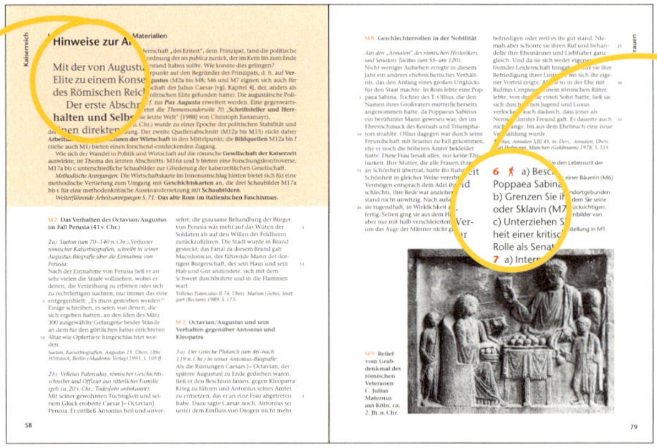

Probleme, Leitfragen, Überblick über die Quellenauswahl

Einzelarbeitsaufträge zu allen Materialien; das Zeichen verweist auf besondere Arbeitsformen (Referate etc.)

Methoden- und Themensonderseiten

Am Ende eines Kapitels: Projekte, Referate, Buchtipps

Der Anhang: Wiederholungsaufgaben – Facharbeiten – Serviceseiten

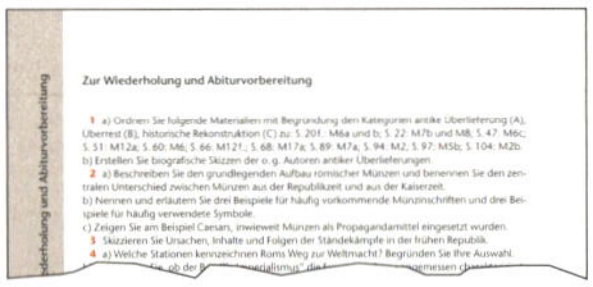

Für die Wiederholung und Abi-Vorbereitung

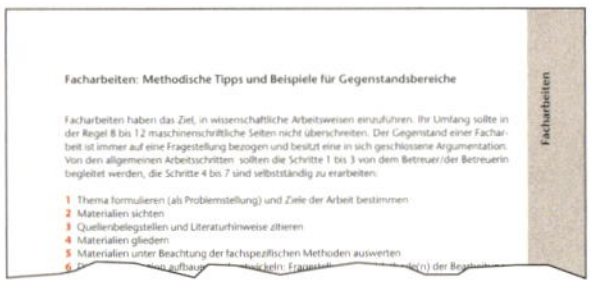

Tipps und Themen für Facharbeiten

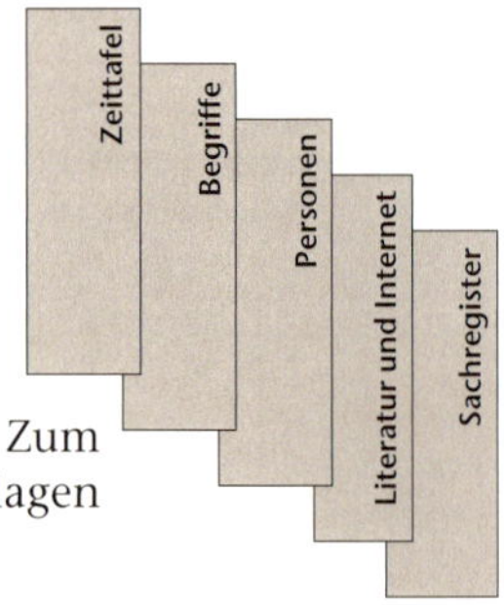

Zum Nachschlagen

Aktuelle Materialien im Internet: ***www.cornelsen-teachweb.de/geschichte***

1 Einleitung: Das alte Rom und das moderne Europa

Als im Zuge indogermanischer Wanderungen um 1000 v. Chr. die ersten dörflichen Siedlungen auf den Hügeln nahe der Tibermündung entstanden, konnte niemand vorhersagen, dass von hier aus einmal ein Reich entstehen würde, das sich über Europa und den gesamten Mittelmeerraum erstrecken sollte. Zeitlich kann man sich an zwei Jahreszahlen orientieren: 753 v. Chr., das legendäre, von antiken Autoren erfundene Gründungsdatum der Stadt; und das Jahr 476 n. Chr., die historisch verbürgte Absetzung des letzten Kaisers im Weströmischen Reich. Das alte Rom hat Europa geprägt. Dies gilt für seine Einheit ebenso wie für seine kulturelle Vielfalt, für die rekonstruierbare Geschichte des Reichs und seiner Menschen ebenso wie für Mythen und Legenden, die bis in die Gegenwart nachwirken.

Auf der Suche nach gemeinsamen Traditionen

Die Folgen der **Romanisierung**, also der Übertragung römischer Lebensformen auf die unterworfenen Völker, sind bis heute im Alltag präsent. Sie sind „hörbar" in den romanischen Sprachen und in den Latinismen anderer Sprachen Europas. Sie sind „unübersehbar" in der Bauweise von Straßen und Städten, wie z. B. Aachen, Augsburg, Köln, Regensburg oder Trier.

Zum Erbe Roms gehört auch die Aneignung der antiken griechischen Kultur durch die Römer. Wer eine Ausstellung zur Antike besucht, wird feststellen, dass die Mehrheit der griechischen Statuen in Form römischer Kopien überliefert ist. Europäische Ideen und Konzepte zur politischen Herrschaft sind eng mit der Antike verknüpft. Der Begriff „Kaiser" leitet sich von *Caesar* ab, das französische *empereur* und das englische *emperor* von lateinisch *imperium*. Der Begriff „Republik" geht auf das lateinische *res publica* zurück (frz. *république*, engl. *republic*), mit dem die Römer ihr Gemeinwesen bezeichneten.

Die **christliche Religion** zählt in Europa ebenfalls zum Erbe des Römischen Reiches.

Eine der großen Hinterlassenschaften ist das **römische Recht**, das heißt die in Gesetzesblättern schriftlich niedergelegte, für alle geltende und allen zugängliche Rechtsordnung. „Die Römer haben nicht nur diese [unterworfenen Völker] miteinander bekannt gemacht, sondern ihnen, selbst den wildesten, auch beigebracht, nach den Gesetzen der Regierung zu leben", heißt es in der Überlieferung des griechischen Geografen Strabon (ca. 64/63 v. Chr.–um 20 n. Chr.). Das Vorgehen der Römer war mitnichten so milde, wie es bei Strabon anklingt. Plünderungen, Massentötungen und Versklavungen waren feste Bestandteile römischer Eroberungskriege, wie überhaupt in der Antike nicht der Friede, sondern der Krieg das „Normale" im Leben der Menschen war. Auch bedeutete Rechtskodifizierung nicht, dass es immer rechtens und gerecht zuging. Gleichwohl meint der Politologe Ralf Dahrendorf: „Die Institutionen der Republik, als *res publica* verstanden, als Herrschaft des Rechts, das ist keine schlechte, es ist eine anwendbare Definition Europas".

Kritische Stimmen

Die Inanspruchnahme römischer Traditionen für Europa wird auch kritisch hinterfragt. Einige weisen darauf hin, dass die römische Herrschaft eine Herrschaft über Unterworfene war, zumindest bis 212 n. Chr., als alle freien Reichsbewohner römische Bürger wurden. Manche kritisieren, dass mit dem alten Rom immer nur der lateinische Westen gemeint sei; der christlich-orthodoxe Osten, wo ja nach der Teilung des Reiches (395 n. Chr.) Ostrom als Kaiserreich Byzanz noch bis 1453 fortbestand, werde ausgeblendet. Andere wollen neben der christlichen auch die islamische Kultur einbeziehen und verweisen auf die Bedeutung späterer Traditionsräume, z. B. des maurischen Spaniens (8.–15. Jh.) oder des Osmanischen Reichs (14. Jh.–1922).

Zur Auswahl und Anordnung der Themen im Kursheft Geschichte

Verbindungen zwischen dem antiken Rom und unserer Gegenwart kommen im vorliegenden Heft immer wieder zur Sprache. Dabei wird deutlich, dass es neben politischen auch soziale und Umweltprobleme gab, die trotz einer gewissen Fremdheit heute noch aktuell erscheinen.

Das Heft gliedert sich in einen chronologischen und einen synchronischen Teil. Zunächst geht es in den Kapiteln 2 bis 5 um die Entwicklung vom Stadtstaat zum Weltreich: Kapitel 2 beleuchtet kurz die politischen Traditionen aus der Königszeit (bis um 500 v. Chr.). Kapitel 3 und 4 sind dem Wechselspiel von Politik und Gesellschaft in der Zeit der Republik (um 500 bis 27 v. Chr.) gewidmet. Kapitel 5 behandelt die Begründung des Prinzipats unter Augustus und die frühe Kaiserzeit (1./2. Jahrhundert).

Anschließend folgen historische Querschnitte, die den Alltag ins Zentrum rücken: In Kapitel 6 geht es um Frauen, in Kapitel 7 um Menschen am Rande der Gesellschaft, insbesondere um Sklavinnen und Sklaven. Kapitel 8 bietet Materialien zu Umweltproblemen, Kapitel 9 zum Leben an der Peripherie des Reichs am Beispiel Germaniens. Kapitel 10 beleuchtet die Entwicklung und Bedeutung des Christentums in Politik und Alltag.

M 1 Werbeplakat „Leukofix", 2002

1 Untersuchen Sie M1 und M2: a) Um welche Art von Material handelt es sich? Grenzen Sie diese Materialien zum Begriff der „historischen Quelle“ ab (nennen Sie Beispiele für Quellenarten).
b) Klären Sie im Kurs, wer die dargestellten Personen sind; finden Sie anschließend heraus, welche historischen Anspielungen in den Texten gemacht werden (vgl. im Anhang Personenlexikon, S. 139 ff., Begriffslexikon S. 136 ff., Literaturhinweise S. 142 f.; siehe auch Kapitel 4, S. 39 f.).
c) Zeigen Sie, wie die Bilder mit der antiken Geschichte spielen. Wie wirken die Bilder auf Sie?
2 a) Untersuchen Sie, welche Verbindungen der Historiker Jacques Le Goff in M3 zwischen Rom und Europa herstellt. Welche Errungenschaften haben nach ihm für uns heute noch Bedeutung?
b) In welchen Textpassagen finden Sie Anspielungen und Wertungen zur politischen Gegenwart?
c) Setzen Sie sich kritisch mit der Eingangsthese Le Goffs auseinander (Z. 1–6).
3 a) Erläutern Sie, worin Bringmann (M4) die Bedeutung Roms für das moderne Europa sieht.
b) Arbeiten Sie mithilfe einer Tabelle Gemeinsamkeiten und Unterschiede von M3 und M4 heraus.
4 Erstellen Sie ausgehend von diesem Einführungskapitel eine Mindmap zum Thema „Das Römische Reich und Europa“. Formulieren Sie anschließend Leitfragen für Ihre Arbeit im Kurs.
5 Arbeitsvorschlag: Nach einer gemeinsamen Erarbeitung der chronologischen Kapitel 2 bis 5 könnten die Querschnittskapitel 6 bis 10 in arbeitsteiliger Projektarbeit untersucht werden.

M2 Werbeplakat „Leukopor“, 2002

M3 Der französische Historiker Jacques Le Goff über die antiken Wurzeln Europas (1994)

Mit dem Römischen Reich scheint Europa einen Irrweg zu beschreiten. Es ist auf das Mittelmeer hin ausgerichtet, es umschließt große Gebiete Afrikas und Asiens, sein Zentrum jedoch ist Italien, ein höchst europäisches Land. Es lässt seine einheitliche Kultur ausgreifen auf weite Regionen: Portugal, Spanien, Nord-England, Gallien, das Rheintal bis Maastricht, das Donautal bis Aquincum vor den Toren des heutigen Budapest. Die römische Prägung ist in zahlreichen europäischen Städten noch immer sichtbar, denn es ist vor allem eine städtische Prägung. Das Römische Reich verbreitet eine Sprache, aus der die Gesamtheit der romanischen Sprachen hervorgeht, die noch heute besteht und von der zu hoffen ist, dass sie noch lange bestehen wird, eine europäische Kultursprache, das Latein. Das Imperium respektiert die Nationen und gewährt unter Kaiser Caracalla zu Anfang des 3. Jahrhunderts den Titel Römischer Bürger, auf den man stolz ist. Schon der heilige Paulus etwa, der in den Genuss dieses Titels kam, fühlte sich mit gleichem Stolz als Jude und als Römer. Das Römische Reich verbreitet in jenem Europa, das von Schottland bis Sizilien und von Galizien bis zu dem späteren Ungarn reicht, Gewohnheiten, die man noch immer in den europäischen Lebensgewohnheiten wiederfindet, sei es in der hohen Kultur, die sich auf die Schrift, das Buch und das Schulwesen stützt, sei es bei den Alltagsgepflogenheiten. Die Europäer trinken Wein außerhalb der Gegenden, in denen er angebaut wird, verwenden Steine und Ziegel in der Nachfolge der Maurer und Architekten der Römer, oder sie pflegen einen öffentlichen und klangvollen Gebrauch des Wortes, als dessen Folge es in den verschiedenen Sprachen Europas überall Redner gibt, die sich einer lateinisch geprägten Rhetorik bedienen.

Aber unter seiner vermeintlichen Einheit hat das Römische Reich eine tiefe Spaltung gefestigt, jene nämlich, die den lateinischen Westen vom griechischen Osten trennt.

Das Römische Reich im Westen überlebte die Invasion und die Ausbreitung vor allem germanischer Völker nicht, die von jenseits des Limes kamen, der militärischen Verteidigungslinie gegen die Nomaden, deren Wirkungslosigkeit zeigt, dass keine Mauer in der Lage ist, den Lauf der Geschichte aufzuhalten, und dass sich politische oder kulturelle Gemeinschaften, die sich hinter solchen Mauern abschließen, dadurch nur um so leichter der Überflutung durch jene aussetzen, die sie zuvor zu empfangen noch zu integrieren verstanden. Der Zusammenbruch des Römischen Reiches ist auch auf den Verfall einer Geldwirtschaft mit großem Aktionsradius zurückzuführen, auf die Entwicklung einer städtischen Krise, auf die Fragmentierung[1] der Wirtschaft in landwirtschaftliche Regionen, auf die Pauperisierung[2] der Massen und auf den Werteverfall der heidnischen Welt. Die Vorwegnahme Europas, die das Römische Reich im Okzident darstellte, macht damit für eine politische und kulturelle Einheit die Notwendigkeit offenkundig, gemeinsam eine Wirtschaft und eine Währung lebendig zu erhalten, ebenso wie erneuerungsfähige Städte, eine Bevölkerung, die nicht im Elend lebt, und Werte, die in der Lage sind, einen Glauben zu spenden und das Handeln zu leiten.

Jacques Le Goff, Das alte Europa und die Welt der Moderne, Übers. Tobias Scheffel, München (C.H. Beck) 1994, S. 9–11.

1 *Fragmentierung: Zerteilung*
2 *Pauperisierung: Verarmung, Verelendung*

M4 Der Historiker Klaus Bringmann in einer Überblickdarstellung zum Römischen Reich über das „Erbe Roms" (1995)

Das Römische Reich ist zu Grunde gegangen, aber ohne Folgen ist seine Existenz nicht geblieben. Um von der Kontinuität im Bereich der materiellen Kultur abzusehen: Das Erbe Roms wurde die universelle, übernationale Grundlage der nachantiken europäischen Welt. Diese Grundlage bildeten, wie es Leopold von Ranke in seinen Vorträgen „Über die Epochen der neueren Geschichte" von 1854 formuliert hat, die vier großen Produktionen der Kaiserzeit. Gemeint sind die allgemeine (antike) Weltliteratur, das römische Recht, das Kaisertum und die christliche Kirche.

Am augenfälligsten ist die religiöse Kontinuität. Das Dogma und die Kirchenverfassung der Christenheit waren im spätrömischen Reich entstanden, und auf ihrer Grundlage verbreitete sich die neue Religion unter den germanischen und slawischen Völkern. Erhalten blieb auch die enge Verbindung von weltlicher und geistlicher Gewalt. Selbst die unterschiedliche Entwicklung, die der Westen und der Osten des Reiches nahmen, behielt für die Ausgestaltung der katholischen und orthodoxen Kirche prägende Kraft. Im Westen hatte das frühe Ende des Kaisertums der katholischen Kirche und dem Papst ein höheres Maß an Unabhängigkeit von der weltlichen Gewalt ermöglicht, als es im Osten jemals erreicht wurde. Hier war die Unterordnung des Patriarchen von Konstantinopel unter den Kaiser Vorbild auch für die orthodoxen Kirchen in den ost- und südslawischen Reichen. Und auch darin zeigte sich die Macht der im Römischen Reich geprägten Unterschiede zwischen Ost und West: Während in den orthodoxen Kirchen der Gebrauch der Volkssprachen üblich wurde, hielt die katholische Kirche am Lateinischen als der universalen Sprache des Kultes und der höheren Bildung fest.

Mit dem Kaisertum blieb der Anspruch universaler Herrschaft über die rechtgläubige Christenheit verknüpft, und mit diesem wiederum verband sich die Idee der Herrschaftsübertragung *(translatio imperii)* auf die fränkischen bzw. deutschen Könige im Westen und auf die russischen Zaren im Osten.

Die originärste Schöpfung der Römer war das römische Recht. An seiner Ausbildung hatten viele Jahrhunderte gearbeitet, und getragen wurde diese Arbeit von einem Juristenstand, mit dem das Kaisertum ein enges Bündnis eingegangen war. Seine Anfänge gehen bis auf Augustus zurück. Hadrian hatte es im Zuge einer Verwaltungsreform so eng geknüpft, dass die Arbeit der Juristen unmittelbar Eingang in die kaiserliche Regierungstätigkeit fand. In der Spätantike wurden die Früchte dieses lang dauernden Bündnisses eingebracht und in Gestalt der Rechtskodifikation Kaiser Justinians sind sie auf die Nachwelt gekommen. Sie besteht neben einem einführenden systematischen Lehrbuch, den *Institutionen,* aus den Sammlungen der Kaisergesetze, dem *Codex Justinianus,* und aus den nach Sachgebieten geordneten Auszügen aus den Schriften der großen römischen Juristen, den sog. *Digesten.* Die Rezeption des römischen Rechts in der nachantiken Welt ist auf das engste mit der Ausbildung des modernen Territorialstaates und des modernen Privatrechts verbunden. Auch wenn die Digesten nicht mehr unmittelbar geltendes Recht sind: Auf ihrer Grundlage ruht im Wesentlichen unser im Bürgerlichen Gesetzbuch kodifiziertes Privatrecht.

Die Rezeption des römischen Rechts in Europa war ein lang dauernder komplizierter Prozess. Ähnlich steht es mit dem literarischen und künstlerischen Erbe Roms. Römische Literatur und Kunst setzt das griechische Vorbild voraus. Formal und stofflich durchdrangen sich Griechisches und Römisches, und als sich in der Spätantike die enge geistig-kulturelle Symbiose zwischen dem griechischen Osten und dem lateinischen Westen auflöste, blieb doch ihre Frucht in dem von der Kirche geretteten literarischen Erbe erhalten. Der Zugang zu den großen philosophischen Systemen, zur Wissenschaft, Dichtung und Geschichtsschreibung der Antike war mit dem Untergang des Römischen Reiches nicht endgültig verschüttet und das römische Erbe der lateinischen Reichshälfte konnte durch das von Byzanz bewahrte griechische ergänzt werden. Realisiert wurde diese Möglichkeit am umfassendsten im Zeitalter der Renaissance. Zur Hinterlassenschaft Roms und des Römischen Reiches gehören nicht nur die romanischen Sprachen und die Latinisierung des Wortschatzes anderer europäischer Sprachen, sondern auch der starke antike Einschlag, den das philosophische und begriffliche Denken, die politische Theorie, die Literatur, die Architektur und die bildende Kunst Europas bis auf den heutigen Tag aufweisen.

Klaus Bringmann, Römische Geschichte. Von den Anfängen bis zur Spätantike, München (C.H.Beck) 1995, S. 118–120.

2 Die Königszeit: Von Mythen, Befunden und wissenschaftlichen Zweifeln

Im Jahre 1987 feierte Berlin seinen 750. Geburtstag. Im Ost- wie im Westteil der damals noch geteilten Stadt organisierten die Regierenden Ausstellungen, Vorträge und Feste; Unternehmen sponserten Kulturveranstaltungen; Wissenschaftler schrieben in Ausstellungskatalogen über zahlreiche Aspekte der Geschichte Berlins. Kaum jemand ließ sich indes davon beeindrucken, was in einem Beitrag des Historikers Dietrich Kurze stand: „Zum 28. Oktober 1237 wird in einer Urkunde Pfarrer Simeon von Cölln *(Symeon plebanus de Colonia)* als Zeuge aufgeführt. Wenige Jahre später, im Januar 1244, begegnet er als Propst von Berlin *(dominus Symeon de Berlin prepositus).* Kein datierter Gründungsakt, keine ‚Geburtsbescheinigung' berechtigt und veranlasst uns, 1987 auf 750 Jahre Berliner Geschichte zurückzublicken, sondern die eher beiläufige Erwähnung des Pfarrers und Propstes, der der erste namentlich bekannte Cöllner und Berliner ist. Allgemeine politische und stadtgeschichtliche Erwägungen legen es nahe, und die Funde der Archäologie im Boden Berlins und Cöllns machen es zur Gewissheit, dass die Anfänge der beiden Schwesterstädte vor 1237 liegen müssen."

Warum halten sich Gründungsmythen offensichtlich zäh und unverrückbar bis in unser modernes Zeitalter? Welche Funktionen könnten sie für menschliche Gemeinschaften haben?

Historische Mythen und wissenschaftliche Befunde zur Frühzeit Roms

Römerinnen und Römer hatten eine klare Vorstellung von den Ursprüngen ihrer Stadt. Demnach wurde sie von Nachfahren trojanischer Flüchtlinge gegründet, die auf ihren Irrfahrten nach Latium verschlagen worden waren. Im 1. Jahrhundert v. Chr. errechnete der Gelehrte Varro auch das Datum. Er kam exakt auf den 21. April des Jahres 753 v. Chr.

Wie der römische Historiker Titus **Livius** (59 v. Chr.–17 n. Chr.) nicht ohne Skepsis überliefert, regierten zunächst sieben Könige die Stadt, und zwar über einen Zeitraum von 244 Jahren. Der letzte von ihnen hieß **Tarquinius Superbus** und wurde als Tyrann von **Lucius Iunius Brutus** vertrieben, der im Jahre 509 v. Chr. erster Konsul der Römischen Republik wurde.

Diese Vorstellung vom frühen Rom bildete sich in einem jahrhundertelangen Prozess heraus. Etwa gegen Ende des 3. Jahrhunderts v. Chr. war er abgeschlossen und wurde danach – in immer weiter ausgeschmückter Form – zum kanonischen Bestandteil römischer Geschichtsschreibung. Bis hinein ins 19. Jahrhundert zweifelte kaum jemand an diesen Heldengeschichten. Erst der Bonner Althistoriker Barthold Georg Niebuhr (1776–1831) entlarvte diese Überlieferung als Fantasieprodukt.

Was Historiker heute wissen, ist wenig und beruht auf der vorsichtigen Interpretation archäologischer Überreste. Ende des 7. Jahrhunderts, vielleicht erst um 575 v. Chr., entstand aus dörflichen Ansiedlungen indogermanischer Einwanderer, wohl im Zuge einer Expansion der benachbarten **Etrusker**, ein städtisches Gemeinwesen im Tibertal. Der Name Rom geht wohl auf das etruskische Geschlecht der Ruma (etrusk. *Rumlna)* zurück. Die Etrusker übten maßgeblichen religiösen und kulturellen Einfluss aus. Sie stellten die Könige und besaßen damit die politische Oberhoheit. Der **König** (etrusk. *rex)* war Feldherr, Oberpriester und Richter. Unterstützt wurde er von einer Versammlung etruskischer und latinischer Adelsfamilien.

Die allmähliche Entmachtung oder Vertreibung der Könige hängt vielleicht mit dem Jahr 474 v. Chr. zusammen, als ein Sieg der Griechen in der Seeschlacht bei Kyme die etruskische Herrschaft schwächte. Die Macht ging von den Königen auf die führenden Familien über, der **Senat** (der frühere Adelsrat) wählte aus ihrer Mitte einen Magistrat, den ***praetor maximus,*** der jeweils ein Jahr im Amt war. Das kollegiale (d. h. mit zwei Personen besetzte) Konsulat als Oberamt gab es noch nicht.

Hinweise zur Arbeit mit den Materialien

Unter politischen Gesichtspunkten zerfällt die römische Geschichte in drei Großphasen: Königszeit, Republik und Kaiserzeit. Während die zwei letzten historisch relativ gut dokumentiert sind, erheben sich seit dem 19. Jahrhundert große Zweifel an der **Zuverlässigkeit der antiken Berichte** über Roms Frühzeit. Doch die Forschungsmeinungen gehen auseinander: Die einen lehnen es ab, den antiken Berichten überhaupt einen historischen Kern zuzugestehen, andere behaupten, archäologische Funde würden die Texte weitgehend bestätigen.

Am Beispiel der römischen Frühgeschichte lässt sich die Problematik weiter Teile der antiken Geschichte verdeutlichen: die oftmals unsichere Quellenbasis, auf der moderne Darstellungen zur griechischen und römischen Geschichte beruhen. M1a und b sind Beispiele für **antike Überlieferungen**, M2a und b Beispiele für Positionen aus der **modernen Forschung**.

M 1 Antike Historiker über Roms Frühzeit

1 a) Dionysios von Halikarnassos, griechischer Geschichtsschreiber, lebte 30–8 v. Chr. in Rom:

Es verhält sich folgendermaßen: Der Einfall der Kelten, während dessen die Stadt der Römer eingenommen wurde, soll nach allgemeiner Auffassung unter dem Athener Archontat des Pyrgion stattgefunden haben, im ersten Jahr der 98. Olympiade. Wenn man nun die Zeit vor der Einnahme der Stadt rückrechnet bis zu Lucius Iunius Brutus und Lucius Tarquinius Collatinus, den ersten Konsuln in Rom nach der Vertreibung der Könige, dann umfasst [der Zeitraum] einhundertzwanzig Jahre. Dies wird bestätigt durch viele Dinge, aber besonders durch die Erinnerungen der Zensoren, die der Sohn vom Vater erhält und mit großer Sorgfalt an die Nachkommen weitergibt wie Familienheiligtümer; und so gibt es viele berühmte Männer senatorischer Familien, die diese Erinnerungen bewahren. [...] Dies nämlich erscheint als Zählung der Jahre. Dass jeder der Könige herrschte, wird mir bewiesen durch jenen Bericht, [den ich benützte]. Bezüglich der Gründer, wer sie waren und von welchen Wechselfällen des Schicksals sie verleitet wurden, die Siedlung vorzunehmen, und einige andere Einzelheiten, die bezüglich der Siedlung erzählt wurden, all das wurde bereits von vielen erzählt, und der größte Teil dessen von einigen in einer unterschiedlichen Weise; und ich will ebenso die plausibelste dieser Geschichte wiedergeben.

Dionysios von Halikarnassos, Römische Geschichte I 74, 3 und 5. Übers. Stefan Meurer.

1 b) Der römische Historiker Titus Livius (59 v. Chr.–17 n. Chr.) schreibt:

Was über die Zeit vor der Gründung der Stadt und über die Umstände der Gründung überliefert ist, mehr in der Form dichterisch ausgeschmückter Sagen als in unverdorbenen geschichtlichen Zeugnissen, das beabsichtige ich weder zu bestätigen noch zu widerlegen. Der Vorzeit erlaubt man es ja, dass sie durch Vermengung der menschlichen Dinge mit göttlichen die Anfänge der Staaten erhabener zu machen sucht; und wenn es überhaupt einem Volk gestattet ist, seine Anfänge religiös zu verklären und auf göttliche Stifter zurückzuführen, so besitzt das römische Volk solchen Kriegsruhm, dass alle Völker, wenn es gerade den Kriegsgott Mars als seinen und seines Stifters Vater ausgibt, dies ebenso ruhigen Gemüts gelten lassen, wie sie seine Herrschaft dulden. Ich allerdings lege auf diese und ähnliche Dinge, wie sie auch beachtet und beurteilt werden mögen, keinen besonderen Wert. [...] Was die Römer seit Gründung der Stadt Rom bis zur Einnahme ebendieser Stadt zuerst unter Königen, dann unter Konsuln, Diktatoren, Zehnmännern und Konsulartribunen bestanden haben: die Kriege draußen und die inneren Parteikämpfe, habe ich in fünf Büchern auseinandergesetzt – Ereignisse, die durch zu hohes Alter undeutlich geworden sind wie Gegenstände, die man aus großer räumlicher Entfernung kaum erkennen kann, aber auch, weil es in jenen Zeiten nur ganz kärgliche Aufzeichnungen gegeben hat, die doch die einzige Gewähr für eine treue geschichtliche Überlieferung sind, und weil, selbst wenn sich in den Aufzeichnungen der Priester und in anderen öffentlichen und privaten Urkunden geschichtliche Bemerkungen fanden, diese durch den Stadtbrand größtenteils zu Grunde gegangen sind.

Livius, Römische Geschichte, Vorrede 6–8 und VI 1, 1–3, Übers. Heinrich Dittrich, Berlin (Aufbau) 1978, Bd. 1, S. 1 f. und Bd. 2, S. 7.

M2 Positionen der Forschung

2a) Der Historiker Robert M. Ogilvie (1983):
Man kann […] vermuten, dass Historiker der Folgezeit viel detaillierter über die Frühzeit der Republik schreiben konnten als Cato oder Fabius Pictor. Und tatsächlich nehmen die Historiker für die Ereignisse der Königszeit und der frühen Republik Bezug auf die Priesterchronik. Man nennt sie als Quelle für die Behauptung, dass König Numa ein Schüler von Pythagoras war. […]

Auf jeden Fall lassen sich zu viele wichtige Ereignisse (etwa die Stiftung von Tempeln oder die Volskereinfälle) auch archäologisch belegen, als dass man die Chroniken ganz verwerfen dürfte. Sie nennen auch zu viele völlig unbedeutende Fakten aus verschiedenen Jahrhunderten, als dass sich jemand die Mühe gemacht haben könnte, sie zu erfinden. Die Namen unbekannter Orte und noch unbekannterer Menschen klingen glaubwürdig. Überdies sind die Römer – neben den Chinesen – das Volk, das in der Antike am gewissenhaftesten die Erinnerung an alte Institutionen bewahrte.

Robert M. Ogilvie, Das frühe Rom und die Etrusker, Übers. Irmingard Götz, München (dtv) 1983, S. 18 f.

2b) Der Historiker Frank Kolb (1995):
Angesichts der Tatsache, dass für [die Königszeit] keine schriftliche Aufzeichnung historischer Ereignisse bekannt ist, muss die entscheidende Frage lauten, auf welcher methodischen Grundlage historisch präzise Informationen über diese Epoche gewonnen werden können. Alle Hypothesen, die weitere Überlieferungsstränge postulieren, angefangen von der Balladentheorie B. G. Niebuhrs bis zur Annahme von Geschlechterchroniken, sind unbeweisbar. Wenn mündliche Überlieferung vorlag, so ist sie, gemäß den Erkenntnissen der ethnologischen Forschung, nicht als historischer Bericht, sondern nur als in mythhistorische Formen gekleidete Legitimation der bestehenden Gesellschaftsordnung der mittleren Republik zu verstehen, ihre Zuverlässikeit im Hinblick auf die Frühzeit somit mehr als fraglich. Es ist daher eigentlich schon längst richtig gesehen worden, dass für die Rekonstruktion der römischen Frühgeschichte neben dem archäologischen Befund nur die vereinzelten Hinweise der frühen griechischen Literatur, die seltenen archaischen Inschriften, ferner linguistische Phänomene sowie vor allem – angesichts des römischen Konservatismus – Institutionen und Rechtsformen aus dem privaten, öffentlichen und religiösen Leben verwendet werden können. […] Im Hinblick auf das frühe Rom ist nun schon vor längerer Zeit der Verdacht geäußert worden, dass die Geschichte der Königszeit, von ganz wenigen Eckdaten abgesehen, ein Konstrukt sei, das seine Entstehung zumindest teilweise einer bestimmten politischen Zielsetzung der frühen römischen Historiografie verdanke. Der erste römische Historiker, Fabius Pictor, schrieb sein Geschichtswerk gegen Ende des Zweiten Punischen Krieges wohl nicht nur deshalb in griechischer Sprache, weil das Lateinische noch nicht hinreichend als literarische Kunstsprache ausgebildet war. Er wandte sich vielmehr in erster Linie an ein griechisches Publikum, um karthagischer Propaganda gegenzusteuern und den Griechen ein durch die trojanische Ursprungssage in den griechischen Kulturkreis eingeordnetes, früh zivilisiertes römisches Volk sowie Rom als eine schon seit seinen Ursprüngen bedeutende mittelitalische Macht zu präsentieren. Er gab dem propagandistischen Zweck unbedingten Vorrang vor historischer Wahrhaftigkeit.

Frank Kolb, Rom. Die Geschichte der Stadt in der Antike, München (C. H. Beck) 1995, S. 44 f.

1 Wie verhält sich Dionysios zu Problemen, die mit einer Rekonstruktion der römischen Frühzeit verbunden sind (M1a)?
2 Vergleichen Sie mit der Position von Livius (M1b); arbeiten Sie die Unterschiede heraus.
3 Skizzieren Sie die Haltungen Kolbs und Ogilvies (M2a, b). Wie beurteilen Sie das Problem?

Weiterführende Arbeitsanregungen zur römischen Frühzeit

„Sieben-fünf-drei – Rom kroch aus dem Ei"? – Gründungslegenden in der Geschichte
Um das sagenhafte Gründungsdatum von Rom, 753 v. Chr., rankten sich zunächst zwei unabhängig voneinander existierende Sagen, die sich später zu einem Gründungsmythos verbanden: die Sage von Romulus und Remus und der Wölfin sowie die Sage von dem Helden Äneas, der am Ende einer Irrfahrt nach Rom gelangte.

Arbeitsvorschläge
1 Informieren Sie sich mithilfe von historischen Handbüchern über die Sagen von Romulus und Remus und Äneas und fassen Sie den Kern der Legenden zusammen. Erörtern Sie die Frage, welche Bedeutung der Mythos für die Römer gehabt haben könnte.
2 Schreiben Sie eine allgemeine Abhandlung über die Bedeutung von Gründungsmythen.
3 Finden Sie heraus, ob es für Ihren Ort oder die nächstgelegene größere Stadt besondere Gründungsdaten gibt, und untersuchen Sie kritisch deren historischen Gehalt. Berichten Sie über Feierlichkeiten, die eventuell anlässlich eines Gründungsjubiläums durchgeführt worden sind.

Literaturhinweis
Robert M. Ogilvie, Das frühe Rom und die Etrusker, München (dtv) 1983 (TB), insb. S. 34–38.

M 3 Äneas bei der Flucht aus Troja, mit seinem Sohn Ascanius an der Hand und dem Vater Anchises auf der Schulter, Terrakotta, ca. 5. Jh. v. Chr.

M 4 Die römische Wölfin, etruskische Bronzeplastik, um 500 v. Chr. – *Die Plastik stand auf dem Kapitel, dem wichtigsten Hügel der Stadt. Die Zwillinge sind Ergänzungen von ca. 1500 n. Chr.*

3 Die Römische Republik: Expansion und gesellschaftlicher Wandel

Die Expansion Roms vollzog sich schrittweise im Verlauf von etwa drei Jahrhunderten zwischen **ca. 470 und 133 v. Chr.** Schon Zeitgenossen haben sich mit der Frage beschäftigt, wie denn die kleine römische Bauern- und Hirtensiedlung am Tiber zum *caput mundi,* dem „Haupt der Welt", aufsteigen konnte – so zum Beispiel der griechischstämmige Historiker **Polybios** (um 200–120 v. Chr.), der im Zuge der Expansion nach Rom verschleppt wurde und sich dort zu einem Bewunderer der Römer entwickelte; oder Marcus Tullius **Cicero** (106–43 v. Chr.), der römische Politiker und Schriftsteller, der ein Jahrhundert später die Bürgerkriegs- und Krisenjahre der Republik miterlebte. Bis heute ist die Diskussion um die Triebkräfte der Expansion nicht verstummt: „Stand", so der Historiker Walter Eder, „ein Plan hinter der recht zielstrebig wirkenden Expansion oder stolperte Rom eher defensiv in die Rolle des Weltherrschers?"

Rom erringt die Herrschaft über Italien

Nach dem Ende der etruskischen Vorherrschaft war Rom zunächst in der Defensive, konnte sich aber im Bunde mit anderen latinischen Städten gegen andrängende Völker behaupten. 396 v. Chr. eroberte Rom nach zehnjährigem Kampf die benachbarte etruskische Metropole **Veji** und verdoppelte damit sein Staatsgebiet. Der **Einbruch der Kelten**, die am 18. Juli 387 ein römisches Heer am Fluss Allia besiegten (das erste exakt fassbare Datum der römischen Geschichte), war nur ein kurzer Rückschlag. Die Stadt schloss sich wieder eng mit den latinischen Nachbarn zusammen, erweiterte das Bündnis und besiegte den äußeren Feind.

Aus dem Erfolg entsprang ein Bruderkrieg mit den latinischen Stammes- und Bundesgenossen (340–338). Rom wurde am Ende Herr über die meisten latinischen Gemeinden und verdreifachte sein Territorium. Das Tempo der Expansion wurde schneller. Innerhalb eines halben Jahrhunderts (326–272) eroberte Rom das Gebiet von der Po-Ebene bis zur sizilischen Meerenge: In Mittelitalien besiegte es die **Samniten** (326–304, 298–290, 280–272), in Norditalien die Kelten (285–282) und in Süditalien die Tarentiner und ihre Nachbarn (282–272). Der zunächst erfolgreiche **König Pyrrhos** aus Epirus (heutiges Albanien) wurde 275 vertrieben, 270 war die Expansion mit der Eroberung Rhegions nach Süden abgeschlossen.

Rom organisierte seine Herrschaft in Italien differenziert: Es schloss mit allen Städten, ob sie nun im Krieg unterworfen waren oder sich auf friedlichem Wege angeschlossen hatten, bilaterale Verträge mit unterschiedlichen Bedingungen ab, verbot jedoch allen Bündnispartnern, untereinander Abmachungen zu treffen. Das daraus resultierende System war wenig einheitlich: Einige Gebiete wurden annektiert und die Einwohner **römische Bürger** *(cives Romani).* Andere wurden zu **Bundesgenossen** *(socii),* d. h. Gemeinden, die im Inneren selbstständig blieben und nur außenpolitisch von Rom abhängig waren. Eine besondere Gruppe bildeten die **Latinerkolonien** *(colonia civium Latinorum),* die Rom an strategischen Schlüsselpositionen einrichtete: Die Bewohner besaßen in Rom unter anderem Handels-, Heirats- und Stimmrecht, waren also den Römern zivilrechtlich gleichgestellt, blieben aber ansonsten eigenständig und hatten eigene, Rom nachgebildete Gemeindeorgane.

Die römische Expansion im Mittelmeer

Nur sechs Jahre nachdem die Römer die sizilische Meerenge erreicht hatten, begannen sie über Italien hinaus zu expandieren. In drei Kriegen gegen die nordafrikanische Handelskonkurrentin Karthago legten sie die Basis für ein Reich, das – um das Mittelmeer gelegen ***(„mare***

***nostrum"*)** – im 2. Jahrhundert n. Chr. seine größte Ausdehnung erreichte (siehe Karte Innenumschlag). Nach dem **Ersten Punischen Krieg** (264–241) besetzte Rom Sizilien, Sardinien und Korsika. Im **Zweiten Punischen Krieg** (218–201), in dem der Karthager **Hannibal** nach dem Alpenübergang (218) und dem Sieg bei Cannae (216) Rom an den Rand einer Katastrophe brachte, griff es auf Spanien und Nordafrika, Makedonien und Griechenland aus. Als Karthago im **Dritten Punischen Krieg** (149–146) zerstört und 133 v. Chr. das nordspanische Numantia gefallen waren, besaß Rom im Mittelmeerraum keinen ernst zu nehmenden Feind mehr.

Folgen der Expansion für die Politik: die „Ständekämpfe"

Innenpolitisch ist die Zeit der Expansion zwischen dem 5. und dem 3. Jahrhundert v. Chr. eine Zeit der Auseinandersetzung zwischen den adeligen **Patriziern** und den **Plebejern.**

Die politische Macht lag nach der Vertreibung der Könige in den Händen weniger Oberhäupter patrizischer Familien, die als Gutsbesitzer lebten und im **Senat**, wo sie auf Lebenszeit saßen, die politischen Entscheidungen fällten. In der römischen Gesellschaft unterstanden dem männlichen Oberhaupt, dem *pater familias,* alle weiblichen Familienmitglieder, Kinder, Haus- und Feldsklaven; seine Macht über Güter und Personen der *familia* reichte bis zur Todesstrafe. Daneben herrschte er über nicht im Hausverband lebende Abhängige und Freigelassene, die mit ihren Angehörigen als **Klientel** an die *familia* gebunden waren; als *patronus* war er verpflichtet, sie zu schützen. Als Opferherr hatte er auch religiöse Aufgaben.

Politische Macht erwuchs in der römischen Gesellschaft aus der Rolle im Krieg. Als die militärische Bedeutung des adeligen Einzelkämpfers zu Gunsten der Phalanx der schwer bewaffneten Fußsoldaten (Hopliten) zurückging, verlor der Adel seine bestimmende Rolle. Die Plebejer, die wie alle Soldaten ihre Ausrüstung selbst stellen mussten, forderten daher politische Mitsprache, rechtliche Gleichstellung und Beteiligung an den Expansionsgewinnen.

In der Zeit der **„Ständekämpfe"**, die vom 5. Jahrhundert bis 287 v. Chr. dauerten, richteten die Plebejer eine eigene Versammlung ein, die nach den lokalen Bezirken Roms, den *tribus,* gegliedert war: die Versammlung der Plebs ***(concilium plebis).*** Der von den Plebejern gewählte **Volkstribun** übernahm die Aufgabe, das Volk vor Übergriffen patrizischer Magistrate zu

M 1 **Fries vom Denkmal des römischen Feldherrn L. Aemilius Paullus, aufgestellt vor dem Apollon-Tempel in Delphi/Griechenland, nach 168 v. Chr. (Ausschnitt).** – *Der Marmorblock des Denkmals sollte ursprünglich ein Standbild des Makedonenkönigs Perseus tragen. Nach dessen Niederlage gegen Aemilius Paullus in der Schlacht bei Pydna 168 v. Chr. beanspruchte der Aemilier das Monument für sich. Er ließ es unter anderem mit einem Reiterschlachtfries versehen. Mit dem Denkmal verherrlichte ein römischer Feldherr zum ersten Mal sich selbst. Nach dem Sieg über Perseus wurden auch erstmals in großem Umfang griechische Kunstschätze nach Rom gebracht und in Tempeln und Staatsgebäuden aufgestellt.*

schützen. (Später wurde eine weitere nach Tribus organisierte Volksversammlung geschaffen, in der auch Patrizier vertreten waren: die patrizisch-plebejischen **Tributkomitien.**)

Ein Ausgleich von Interessen begann. Um 450 v. Chr. wurde das geltende Gewohnheitsrecht aufgezeichnet und als **Zwölftafelgesetz** veröffentlicht. Die Publikation war wichtig. Denn Recht konnte nur einfordern, wer die Gesetze kannte. Gleichwohl blieb diese Art der Gesetzgebung in Rom eine Ausnahme. Gesetze entstanden später durch Abstimmungen in den Volksversammlungen oder durch Entscheidungen in Einzelprozessen. Kurz nach dem Zwölftafelgesetz wurde auch das Heiratsverbot zwischen den Ständen aufgehoben.

Eine timokratische, d. h. auf Vermögen beruhende Verfassung wurde eingeführt. Grundlage war die nach Hundertschaften *(centuriae)* gegliederte Heeresversammlung, in der das Stimmengewicht nach Waffengattung gestaffelt war. Das heißt, entscheidend waren die Mittel, die jedem für seine Selbstbewaffnung (als Reiter, schwer bewaffneter Fußsoldat, leicht Bewaffneter) zur Verfügung standen. Die alte Heeresversammlung wandelte sich zu einer (weiteren) Volksversammlung: die **Zenturiatkomitien** *(comitia centuriata).*

Die Plebejer versuchten auch Zugang zu Ämtern zu bekommen, die zunächst den Patriziern vorbehalten waren. Dies gelang endgültig 367 v. Chr., als sich die Streitenden auf einen Kompromiss einigten (Licinisch-Sextische Gesetze): Einer der beiden **Konsuln** – die auf ein Jahr gewählten höchsten Jahresbeamten, die allein das Recht zur Führung eines Heeres besaßen – sollte fortan ein Plebejer sein. Jetzt konnten Plebejer am Wettstreit um militärischen Ruhm teilnehmen, von dem in Rom die Spielräume politischer Macht abhingen. Bald standen den Plebejern alle wichtigen Ämter offen und auf diese Weise auch der Zugang zum Senat.

Im Jahre 300 v. Chr. regelte ein Gesetz, dass jeder Bürger, den ein Magistrat mit der Todesstrafe bedrohte, die Volksversammlung anrufen konnte. 287 v. Chr. wurden die Ständekämpfe mit der *Lex Hortensia* beendet: Die Beschlüsse der vom Volkstribun geleiteten Versammlung der Plebs, die „**Plebiszite**“, erhielten Gesetzeskraft und waren fortan für alle bindend.

Im Zuge der Ständekämpfe war aus patrizischen und angesehenen plebejischen Familien eine neue Adelsschicht, die **Nobilität**, entstanden. Sie wurde zur tatsächlichen Trägerin der politischen Macht. Nur ganz selten gelang es danach noch einem Neuling *(homo novus)* aus dem Ritterstand, bis zum Konsulat und damit in die politische Elite aufzusteigen.

Der Reichtum der Ritter und die Verarmung der Bauern

Ritter waren ursprünglich Bauern, die aufgrund ihres Wohlstands zu Pferde in den Krieg zogen. Als sich mit der Expansion im 3./2. Jahrhundert v. Chr. die **Geldwirtschaft** herausbildete, zählte man zum **Ritterstand** *(ordo equester)* alle, die den Ritterzensus von 400 000 Sesterzen erfüllten. Anfangs waren die Ritter noch keine geschlossene Gruppe. Senatoren, die über ein entsprechendes Vermögen verfügten, gehörten sowohl zum *ordo senatorius* als auch zum *ordo equester.* Erst als ein 218 v. Chr. erlassenes Gesetz Senatoren vom außeritalischen Handel ausschloss, formierten sich die Ritter als eigener Stand zwischen Pebejern und *ordo senatorius.*

Unter den Rittern bildete sich eine besondere Gruppe heraus: die *publicani,* die Pächter der römischen Staatseinnahmen *(publica).* Neben der Ausführung öffentlicher Bauaufträge, der Ausrüstung der Heere und der Pacht staatlichen Besitzes (Bergwerke, Minen, Salinen) lag ihr Hauptaktionsfeld in der Eintreibung staatlicher Einkünfte; dies waren vor allem die Steuern aus den eroberten Gebieten, die Zensoren gegen Höchstgebot vergaben.

Die meisten Römerinnen und Römer lebten auf kleinen Bauernhöfen. Brach ein Krieg aus, wurden die Männer eingezogen, erhielten Sold und Beute. Als Rom nur in Italien kämpfte, konnte die Abwesenheit der Männer noch verkraftet werden. Doch durch die Expansion nach Übersee waren die Bauern über Jahre fort, viele starben. Die Angehörigen gaben die Höfe auf und zogen als Tagelöhner in die Städte, wo sie die wachsende Schicht der ***proletarii*** bildeten.

Nutznießer waren die Großgrundbesitzer. Sie kauften die Höfe und ließen sie von billigen **Sklaven** bewirtschaften, die mit der Übersee-Expansion massenhaft nach Italien gelangten.

Hinweise zur Arbeit mit den Materialien

Bis heute beschäftigen sich Historiker mit der Frage, wie die *res publica* der Römer zu einer Art „Supermacht" der antiken Welt werden konnte und welche Auswirkungen dies auf die politische Ordnung und das Zusammenspiel der gesellschaftlichen und politischen Kräfte hatte.

Zunächst geht es um die Zeit der **frühen Republik (um 500–um 270 v. Chr.)**: Mit dem Vorgehen Roms bei der **Eroberung Italiens** beschäftigt sich M2; die antiken Überlieferungen M3 bis M5 lenken den Blick anschließend ins Innere des römischen Gemeinwesens, d. h. auf die **„Ständekämpfe"**, die Patrizier und Plebejer in der Zeit der italischen Expansion austrugen.

Schon in der Antike waren sich die Historiker einig, dass die Kriege gegen Karthago in der **mittleren Republik (um 270–133 v. Chr.)** eine Wendezeit darstellen:

- M6a und b zum Ausbruch des Ersten Punischen Krieges bieten die Möglichkeit, an einem Beispiel die **Frage der Kriegsschuld** zu untersuchen;
- M7 bis M11 rücken **Hannibal**, die Hauptperson der karthagischen Gegner, ins Zentrum und fragen nach der historischen Bedeutung des Zweiten Punischen Krieges;
- M12 bis M14 beleuchten den **Umgang der Römer mit ihren Gegnern** am Ende der mittleren Republik und führen zu drei Kriegsschauplätzen: Karthago, Korinth und Numantia.

Wie verändert sich eine politische Elite, wenn das von ihr regierte Land ständig Krieg führt? M15 bis M19 bieten Text- und Bildquellen, Schaubilder und Sekundärtexte über Mentalitäten, Kommunikationsformen und die Zusammensetzung der römischen **Nobilität.**

Demokratie – Oligarchie – Monarchie? Die Gesamtkonzeption der **Verfassung der Römischen Republik** bildet den abschließenden Themenschwerpunkt (M20–M23).

Themensonderseite 37: **Rom und die USA – zwei Weltmächte im Vergleich.**

Weiterführende Arbeitsanregungen S. 38: **Häuser und Lebensstil der Nobilität.**

M2 Die politische Ordnung in Italien

Römer	**Latiner**	**Bundesgenossen**
• in den römischen Staat vollständig integrierte Personen und Gemeinden; die frühere Rechtsstellung wird beseitigt • in den römischen Staat integrierte Städte; die Einwohner erhalten das römische Bürgerrecht und behalten ihre Selbstverwaltung • vom römischen Staat gegründete Bürgerkolonien; die Siedler bleiben römische Bürger und erhalten eine begrenzte Selbstverwaltung	• die nach dem Latinerkrieg 338 v. Chr. selbstständig gebliebenen Städte des aufgelösten Latinischen Bundes • die von Rom gegründeten Kolonien latinischen Rechts; sie werden als souveräne Gemeinwesen mit eigenem Bürgerrecht und eigenen staatlichen Organen eingerichtet. Die latinische Rechtsstellung beinhaltet bestimmte Sonderrechte: 1. Handels- und Heiratsrecht in Rom, 2. Erwerb des römischen Bürgerrechts durch Übersiedlung nach Rom, 3. Stimmrecht in den Volksversammlungen bei zeitweiligen Aufenthalten in Rom.	• besiegte oder zum Anschluss bereite Stämme und Städte; ihr Verhältnis zu Rom regelt ein auf ewig geschlossenes Militärbündnis

Nach: Werner Dahlheim, Die Antike, Paderborn (Schöningh) 1994, S. 33.

1 a) Erläutern Sie anhand von M2, welche Abstufungen die römischen Bürgerrechte im italischen Herrschaftsbereich aufwiesen.
b) Welchen Zweck verfolgte Rom mit den unterschiedlich abgestuften Bürgerrechten?
2 Informieren Sie sich (z. B. Einwohnerämter, Internet), unter welchen Bedingungen man in Deutschland eine doppelte Staatsbürgerschaft erlangen kann (z. B. deutsch–türkisch).
3 Diskutieren Sie, ob sich die mit dem unterschiedlich abgestuften römischen Bürgerrecht verbundene Problematik (Aufgabe 1b) mit der Diskussion um eine doppelte Staatsbürgerschaft in Deutschland vergleichen lässt.

M3 Interessenkonflikte in Rom: die Ständekämpfe

Der römische Historiker Titus Livius (59 v. Chr. bis 17 n. Chr.) schreibt in seiner „Römischen Geschichte" über die Auseinandersetzungen zwischen Patriziern und Plebejern im frühen Rom:
Das Volk war wegen der drückenden Schuldenlast in einen politischen Streik getreten und hatte sich auf einem Hügel verschanzt: Also beschloss der Senat, einen Unterhändler zu den Plebejern zu schicken, und zwar den Menenius Agrippa, einen redegewandten Mann, der der Plebs auch deswegen angenehm war, weil er aus ihren Reihen stammte. Er wurde auch ins Lager eingelassen und soll in der altertümlichen und derben Redeweise von damals nur die folgende Geschichte erzählt haben. Zu einer Zeit, da im menschlichen Körper nicht, wie jetzt, alles zu einer Einheit verbunden war, sondern jedes einzelne Glied sein eigenes Bewusstsein hatte und sprechen konnte, hätten sich die übrigen Körperteile geärgert, weil durch ihre Sorge, Arbeit und Dienstbarkeit alles nur für den Magen herbeigeschafft werde, der Magen aber ruhig in der Mitte sitze und nichts tue, als das Dargebotene zu genießen. Darauf hätten sie sich verschworen, die Hände sollten keine Nahrung zum Munde führen, der Mund sollte nichts annehmen, auch wenn etwas geboten würde, die Zähne nichts zerkleinern. Wie sie nun in ihrem Zorn den Magen durch Hunger zähmen wollten, seien die Glieder alle und der Körper als Ganzes von der äußersten Schwäche befallen worden. Dadurch sei es klar geworden, dass auch der Magen einen recht beachtlichen Dienst verrichte und ebenso andere ernähre, wie er selbst ernährt werde, denn er gibt das Blut, durch das wir alle leben und bei Kräften bleiben, an alle Körperteile weiter, gleichmäßig durch die Adern verteilt und gesättigt von verarbeiteter Nahrung. Dann habe er durch den Vergleich des Aufstands im Innern des Körpers mit dem Zorn der Plebejer gegen die Patrizier die Männer umgestimmt. Man habe nun begonnen, über die Wiederherstellung der Einigkeit zu verhandeln, und habe sich gegenseitig Bedingungen zugestanden, vor allem, dass die Plebejer eigene, unverletzliche Bevollmächtigte haben sollten, denen das Recht der Hilfeleistung gegen die Konsuln zustünde, und keinem von den Patriziern sollte es erlaubt sein, dieses Amt zu bekleiden.

Livius, Römische Geschichte, II 32, 8 ff., Übers. Heinrich Dittrich, Berlin (Aufbau) 1978, S. 134.

M4 Die Schuldknechtschaft – ein Streitpunkt in den Ständekämpfen

4 a) Das Zwölftafelgesetz sieht folgendes Verfahren gegenüber Schuldnern vor:
1. Nach dem Recht der [gerichtlich] anerkannten Geldschuld und bei rechtskräftig entschiedenen Sachen sollen 30 Tage [Erfüllungsfrist] zu Recht bestehen.

2. Darnach soll die Ergreifung [des Schuldners] statthaft sein. Er [der Gläubiger] soll ihn vor Gericht führen.

3. Erfüllt er seine Urteilsverpflichtung nicht oder übernimmt niemand für ihn vor Gericht Bürgschaft, soll ihn der Gläubiger mit sich führen, fesseln, entweder mit einem Strick oder mit Fußfesseln im Gewicht von 15 Pfund, nicht mit stärkeren, wenn er aber will, mit leichteren.

4. Wenn [der Schuldner] will, soll er sich selbst verpflegen. Geschieht das nicht, soll ihn [der Gläubiger], der ihn gefesselt hält, täglich mit einem Pfund Speltbrei versorgen. Wenn er will, soll er mehr geben.

5. Es bestand jedoch das Recht, in der Zwischenzeit die Sache gütlich beizulegen. Kam es aber nicht dazu, wurden [die Schuldner]

60 Tage in Haft gehalten. Innerhalb dieser Tage wurden sie an drei aufeinander folgenden Markttagen zum Prätor ins Comitium gebracht und es wurde ausgerufen, zu welcher Geldschuldhöhe sie verurteilt waren. Am dritten Markttag wurden die Schuldner entweder getötet oder nach jenseits des Tibers ins Ausland verkauft.

Das Zwölftafelgesetz, Hg. und Übers. Rudolf Düll, Zürich (Artemis) 1995, S. 33 f.

4 b) Nach Livius wurde die Schuldknechtschaft in Rom 326 v. Chr. abgeschafft. Darüber schreibt er in seiner „Römischen Geschichte":

Die Jugendblüte seines Schuldknechts sah er [= ein Patrizier] als einen außerordentlichen Zins für das Darlehen an und versuchte zuerst, den Jüngling durch unzüchtige Reden zu verführen; dann, als der von solchen Schändlichkeiten nichts hören wollte, erschreckte er ihn dauernd durch Drohungen und hielt ihm immer wieder seine abhängige Lage vor. Schließlich, als er einsah, dass der andere mehr seine freie Geburt im Auge hatte als seine gegenwärtige Lage, befahl er, ihn zu entblößen und zu geißeln. Als der Jüngling sich, von Hieben zerfleischt, ins Freie rettete und seiner Empörung über die Begierde und die Grausamkeit des Wucherers Luft machte, entbrannte eine riesige Menschenmenge in Mitleid mit seiner Jugend und in Erregung über das Unrecht, ebenso aber im Hinblick auf ihre eigene Lage und die ihrer Kinder; man stürmte zum Forum und bildete dort einen Zug zur Curia; und als die Konsuln, von dem plötzlichen Auflauf gezwungen, den Senat einberiefen, zeigte man den Senatoren beim Betreten des Rathauses den zerfetzten Rücken des Jünglings, und jeder Einzelne wurde kniefällig um Hilfe angefleht. An diesem Tage fiel wegen der zügellosen Rechtsverletzung eines Einzigen die mächtige Festung der Schuldknechtschaft, und die Konsuln wurden beauftragt, vor dem Volke zu beantragen, dass niemand mehr in Fußfesseln oder Halseisen gehalten werden dürfe, abgesehen von verurteilten Verbrechern bis zum Vollzug der Strafe. Für geschuldetes Geld hafte der Besitz des Schuldners, nicht seine Person. So wurden die Schuldknechte freigelassen, und man sorgte dafür, dass in Zukunft keine Schuldverpflichtung dieser Art neu entstünde.

Livius, Römische Geschichte, VIII 28, Übers. Heinrich Dittrich, Berlin (Aufbau) 1978, S. 184.

M 5 Die Folgen der Ständekämpfe

Cicero (106–43 v. Chr.) in seiner philosophischen Schrift De re publica *(„Der Staat"):*

Es hätte sich vielleicht für unsere Vorfahren bei jener Frage der Verschuldung irgendein vernünftiger Weg der Sanierung finden lassen – ihn hatte ja der Athener Solon nicht lange vorher gefunden und bald danach auch unser Senat –, damals, als wegen der Hemmungslosigkeit eines Einzelnen alle Schuldverpflichtungen der Bürger aufgehoben wurden und man für künftig es überhaupt aufgab, solche Formen der Verpflichtungen aufzustellen. Und immer hat man für diese drückende Belastung, wenn der Plebs in einer kritischen Lage des Staates Zahlungen auferlegt wurden, durch die sie lahm gelegt wurde und die sie nicht zu zahlen vermochte, um des gemeinsamen Wohles willen nach irgendeinem Weg der Erleichterung und nach einem Mittel zur Heilung gesucht. Damals aber hatte man eine solche vernünftige Maßregel unterlassen, und daraus erwuchs dem Volk der Anlass, durch die Wahl zweier Volkstribunen den Weg des Aufstandes zu beschreiten und die Macht und den Einfluss des Senats zu beschränken.

Cicero, Der Staat II 59, Übers. Walther Sontheimer, Stuttgart (Reclam) 1956, S. 87.

4 a) Lesen Sie M3 und klären Sie zunächst die dort genannten sozialen Gruppen und politischen Institutionen (Lexika, historische Handbücher, Begriffslexikon im Anhang S. 136 ff.).
b) Benennen Sie ausgehend von M3 eines der wesentlichen Ergebnisse der Ständekämpfe.

5 a) Schuldknechtschaft – Beschreiben Sie zunächst mit eigenen Worten, was unter diesem Begriff zu verstehen ist. Ziehen Sie auch den Anfang von Quelle M4b hinzu.
b) Finden Sie anschließend mithilfe der Quellen M4a und b heraus, aus welchen Gründen die Schuldknechtschaft in Rom zu einem drängenden sozialen Problem wurde.

6 a) Wie beurteilt Cicero die Beseitigung der Schuldknechtschaft (M5)?
b) Ziehen Sie aus seiner Haltung Rückschlüsse auf seinen politischen Standort. Belegen Sie Ihre Position mit Zitaten.

7 „Wenn die Schulden über den Kopf wachsen!" – Verfassen Sie eine Reportage über die Verschuldung von Jugendlichen heute (Ursachen, Ausmaße, Folgen, Auswege).

M6 Der Ausbruch des Ersten Punischen Krieges (264–241 v. Chr.): Untersuchung einer Kriegsschuldfrage

6 a) Der griechische Historiker Polybios (um 200–120 v. Chr.) über den Kriegsbeginn:

Die Mamertiner, die vorher schon, wie oben berichtet, ihren Rückhalt an Rhegion verloren, nun aber auch selbst eine vollständige Niederlage erlitten hatten, wollten teils zu den Karthagern ihre Zuflucht nehmen und sich selbst und die Burg in ihre Hände geben, andere aber schickten Gesandte nach Rom, boten die Übergabe der Stadt an und baten, ihnen als Stammverwandten beizustehen. Die Römer waren lange unschlüssig, was sie tun sollten, denn die Inkonsequenz einer solchen Hilfeleistung lag offen zu Tage: kurz vorher hatten sie ihre eigenen Mitbürger auf das schwerste bestraft und hingerichtet, weil sie Verrat an den Rheginern verübt hatten; gleich danach aber den Mamertinern zu helfen, die sich in gleicher Weise nicht nur an den Messaniern, sondern auch an Rhegion vergangen hatten, schien ein schwer zu entschuldigendes Unrecht. Sie waren sich hierüber völlig im Klaren; da sie aber auf der anderen Seite sahen, dass die Karthager sich nicht allein ganz Libyen, sondern auch große Teile von Iberien unterworfen hatten, überdies alle Inseln im Sardinischen und Tyrrhenischen Meer in ihrer Gewalt hatten, waren sie in schwerer Sorge, sie könnten, wenn sie auch noch die Herrschaft über Sizilien gewännen, ihnen äußerst gefährliche Nachbarn werden, da jene sie dann eingekreist hätten und Italien von allen Seiten bedrohten. Dass sie aber Sizilien in kurzer Zeit unter ihre Herrschaft bringen würden, wenn die Mamertiner keine Hilfe erhielten, lag klar zu Tage. Denn wurde ihnen Messana ausgeliefert und waren sie erst Herren dieser Stadt, so stand zu erwarten, dass sie binnen kurzem Syrakus vernichten würden, da sie beinahe über das ganze übrige Sizilien geboten. Dies alles sahen die Römer zwar voraus und erkannten, dass ihnen nichts anderes übrig blieb, als Messana nicht preiszugeben und nicht zuzulassen, dass die Karthager einen Brückenkopf für den Übergang nach Italien gewannen. Dennoch berieten sie lange Zeit hin und her, und der Senat fasste aus den angegebenen Gründen überhaupt keinen endgültigen Entschluss, denn der Widersinn, den eine Hilfeleistung für die Mamertiner darstellte, schien den daraus entspringenden Vorteilen das Gleichgewicht zu halten. Das Volk dagegen, das durch die vorangegangenen Kriege schwer gelitten hatte und in vielfältiger Weise einer Verbesserung seiner Lage bedurfte, entschied für die Hilfeleistung, da ihm die Konsuln nicht bloß mit den eben genannten Gründen den für den Staat aus dem Krieg zu erwartenden Nutzen, sondern für jeden Einzelnen ebenso sicheren wie großen Beutegewinn vor Augen stellten.

Polybios, Geschichte I 10–11, Übers. Hans Drexler, Zürich (Artemis) 1963, S. 11 f.

6 b) Der griechische Historiker Cassius Dio (um 150–um 235 n. Chr.) über den Kriegsausbruch:

Die Gründe, die zum Krieg zwischen den beiden Völkern führten, waren folgende: Auf Seiten der Römer, dass die Karthager den Tarentinern zur Hilfe gekommen waren, auf Seiten der Karthager hingegen, dass die Römer mit Hieron einen Freundschaftsvertrag geschlossen hatten. Doch benützten sie dies alles nur als Vorwand, wie es gewöhnlich diejenigen machen, die in Wirklichkeit nur ihren eigenen Vorteil im Auge haben, sich aber vor dem üblen Eindruck schämen. Die Wahrheit jedoch lautet ganz anders. Tatsächlich betrachteten die Karthager als langjährige Großmacht und die nunmehr gewaltig emporstrebenden Römer einander mit Misstrauen, und sie ließen sich in den Krieg hineinziehen, teils durch das Streben nach immer mehr Besitz – eine den meisten Menschen angeborene und besonders in Zeiten des Erfolgs zu Tage tretende Verhaltensweise –, teils aber auch aus Furcht. Beide Parteien suchten gleichermaßen die einzige sichere Wahrung ihres Besitzstandes im Zugewinn von fremdem Eigentum. Im Übrigen wäre es sehr schwierig, ja geradezu unmöglich gewesen, wenn zwei Völker, frei, mächtig, stolz und angesichts des raschen Seeverkehrs sozusagen nur durch einen winzigen Abstand voneinander getrennt, wohl über andere Menschen hätten herrschen, einander jedoch hätten aussparen wollen. Ein Zufall folgender Art führte zum Bruch der Verträge und stürzte beide in den Krieg.

Dem Namen nach betraf die Auseinandersetzung lediglich Messana und Sizilien, in Wirklichkeit aber waren sich beide Seiten darüber klar, dass nunmehr von diesem Ausgangspunkte her der Krieg ihr eigenes Vaterland mit einbeziehen werde; und sie teilten auch die Auffassung, dass die Insel infolge ihrer Zwischenlage ihren Eroberern einen sicheren Zugang zum jeweiligen Feindesland gewähren könne.

Cassius Dio XI 43, 1–4, Übers. Otto Veh, München (Artemis) 1985, S. 238 f.

8 a) Listen Sie in einer Tabelle die Gründe auf, die Polybios und Cassius Dio für den Ausbruch des Ersten Punischen Krieges nennen (M6a, b).
b) Gewichten Sie die Gründe, die sich aus den beiden antiken Quellen ergeben.

9 Erörtern Sie die Probleme, die aus der Tatsache resultieren, dass die karthagische historische Überlieferung nicht mehr existiert.

10 Bei der Erörterung einer Kriegsschuldfrage wird häufig zwischen längerfristigen Ursachen und kurzfristigen Auslösern unterschieden:
a) Skizzieren Sie unter diesem Aspekt noch einmal den Beginn des Ersten Punischen Krieges.
b) Vergleichen Sie mit den Ursachen und Auslösern eines modernen Krieges (z. B. Koreakrieg, Vietnamkrieg, Erster und Zweiter Golfkrieg, Kosovokrieg, Irakkrieg 2003).

M 7 Hannibal und der Zweite Punische Krieg

7 a) Nachdem der Karthager Hannibal (247 bis 183 v. Chr.) die Alpen überquert hatte, konnte er die Römer am Ticinus, an der Trebia (218), am Trasimenischen See (217) und bei Cannae (216) schlagen. Über die weitere Entwicklung berichtet der Historiker Polybios (um 200–120 v. Chr.):

Als die Nachricht hiervon in Rom eintraf, herrschte in der Stadt die größte Aufregung und Bestürzung. Es kam zu plötzlich, zu unverhofft. Denn noch niemals war Hannibal der Stadt so nahe gewesen, und zugleich beschlich sie die Furcht: Es schien ausgeschlossen, dass der Feind gewagt haben würde, so dicht an die Stadt heranzukommen, es sei denn, das Heer vor Capua war vernichtet. Deshalb besetzten die Männer die Mauern und die wichtigsten Geländepunkte vor der Stadt, während die Frauen von einem Tempel zum anderen gingen, die Götter anflehten und mit ihren Haaren den Fußboden der Heiligtümer reinigten; denn das pflegen sie zu tun, wenn eine ernste Gefahr die Stadt bedroht. Eben in dem Augenblick aber, als Hannibal dort sein Lager aufgeschlagen hatte und am nächsten Tag den Angriff auf die Stadt selbst versuchen wollte, kam den Römern zu ihrem Heil ein unerwarteter Glücksumstand zu Hilfe. Die beiden Konsuln nämlich, Gnaeus Fulvius Centumalus und Publius Sulpicius Galba, hatten das eine konsularische Heer, das sie schon vorher ausgehoben hatten, gerade für diesen Tag eidlich verpflichtet, sich mit den Waffen in Rom einzufinden, das andere wollten sie eben mustern und ausheben, sodass genau zum richtigen Zeitpunkt eine große Menge Soldaten, ohne eigens herbeigerufen zu sein, in Rom versammelt war. Mit diesen Leuten zogen die Feldherren nun unerschrocken hinaus, schlugen vor der Stadt ein Lager auf und hinderten Hannibal, seine Absicht auszuführen. Anfangs nämlich gingen die Karthager vor, nicht ohne Hoffnung, Rom mit Gewalt einnehmen zu können. Als sie jedoch den Gegner in Schlachtreihe aufgestellt sahen und schnell durch einen Gefangenen erfuhren, was geschehen war, gaben sie den Angriff gegen die Stadt auf, durchzogen dafür verwüstend das Land und brannten die Häuser nieder. Zuerst brachten sie dabei unermessliche Beute in ihr Lager ein, da sie einen Jagdgrund aufgetan hatten, auf dem niemand je einen Feind anzutreffen erwartet hatte. Als aber die Konsuln kühn genug waren, in einem Abstand von nur zehn Stadien ihnen gegenüber ihr Lager zu beziehen, marschierte Hannibal ab. Denn erstens hatte er reiche Beute zusammengebracht, sah zweitens seine Hoffnung, die Stadt erobern zu können, vereitelt, vor allem aber berechnete er die Tage, in denen er erwartete – denn dies war ja die Absicht seiner Digression gewesen –, dass Appius auf die Nachricht von der Gefahr, in der Rom schwebte, entweder unter vollständiger Aufhebung der Belagerung oder unter Zurücklassung nur eines Teiles seines Heeres eilends zum Entsatz von Rom anrücken werde.

Polybios, Geschichte IX 6–7, Übers. Hans Drexler, Zürich (Artemis) 1963, S. 650.

7 b) Der römische Historiker Titus Livius (59 v. Chr.–17 n. Chr.):

Am folgenden Tag überschritt Hannibal den Arno und ließ alle Truppen zum Kampf ausrücken; und auch Flaccus und die Konsuln lehnten die Schlacht nicht ab. Als auf beiden Seiten die Heere zu dem noch ganz unentschiedenen Kampf geordnet standen, bei dem Rom der Preis für den Sieger war, brachte ein ungeheurer Regenguss, vermischt mit Hagel, die beiden Schlachtreihen so durcheinander, dass sie kaum ihre Waffen festhalten konnten und sich ins Lager zurückzogen, wobei sie sich vor allem anderen mehr fürchteten als vor dem Feind. Auch am folgenden Tag trennte das gleiche Unwetter die am selben Platz aufgestellten Schlachtreihen; immer, wenn sie sich zurückgezogen hatten, kam ein seltsames heiteres Wetter mit Windstille auf. Dieser Vorgang gab den Puniern Gedanken frommer Angst ein, und man soll einen Ausspruch Hannibals gehört haben, zur Eroberung der Stadt Rom fehle ihm bald der Verstand, bald versage sich ihm das Glück. Es verminderten seine Hoffnung auch noch zwei andere Vorgänge, ein unbedeutender und ein wichtiger: der wichtige, dass er zu Ohren bekam, es seien, während er mit seiner Waffenmacht vor den Mauern der Stadt Rom lag, Soldaten unter ihren Feldzeichen zum Ersatz für Spanien aufgebrochen; der unbedeutende aber, dass er von einem Gefangenen erfuhr, in ebendiesen Tagen sei das Grundstück verkauft worden, auf dem er sein Lager hatte, ohne dass der Preis deshalb gesunken sei. Dass sich in Rom ein Käufer für das Land gefunden habe, das er selbst als Kriegsbeute besitze und behaupte, das vollends erschien ihm so hochmütig und empörend, dass er sofort den Herold rief und die Geldwechslerstuben und den Marktplatz verkaufen ließ.

Livius, Römische Geschichte, XXVI 11, Übers. Hans Armin Gärtner, Stuttgart (Kröner) 1968, S. 317.

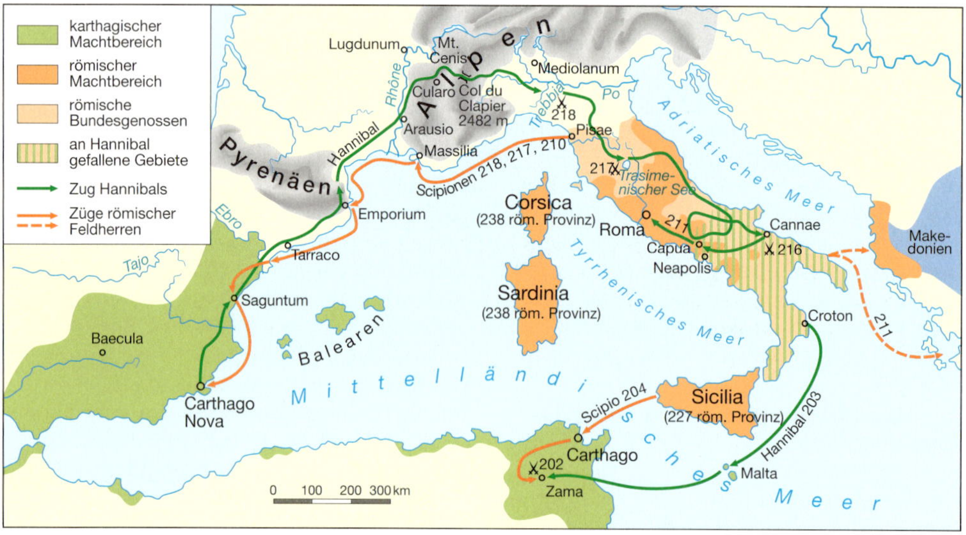

M8 Rom und Karthago zur Zeit des Zweiten Punischen Krieges (218–201 v. Chr.)

M 9 Forscher urteilen über Hannibal

9 a) Der Historiker Pedro Barcelo (1998):

Der von Polybios (VII 9) überlieferte Vertrag zwischen Hannibal und Philipp V. [von Makedonien], der auf dem Höhepunkt der karthagischen Machtentfaltung (215 v. Chr.) zu Stande kam, ist das einzige verfügbare Dokument, um Hannibals politische Absichten zu erschließen. Sein Wortlaut verdeutlicht, dass er keinesfalls mit der Vernichtung Roms rechnete. Nicht einmal die römische Hegemonie über einen Großteil Italiens wurde infrage gestellt. Hannibal hatte keine Einwände gegen einen mächtigen, wohl aber gegen einen übermächtigen römischen Staat. Nicht Weltherrschaftsgedanken, sondern das Prinzip des Gleichgewichts der Mächte, wie es im hellenistisch geprägten Ostteil des Mittelmeers verwirklicht wurde, scheint seine Pläne für die künftige Gestaltung der politischen Verhältnisse im westlichen Mittelmeerraum bestimmt zu haben. Hannibals politische Konzepte zeigen sich frei vom Überschwang des Augenblicks. Sein Blick wurde keinesfall durch seine jüngst errungenen sensationellen Erfolge getrübt. Vielmehr zeichnen sich seine Gedanken durch eine realistische Einschätzung der eigenen und der gegnerischen Machtpotenziale aus.

Pedro Barcelo, Hannibal, München (Beck) 1998, S. 65 f.

9 b) Der Historiker Jakob Seibert (1993):

Hannibals staatsmännische Bedeutung wollte man vor allem darin erkennen, dass er Rom nicht auslöschen wollte, m. E. seine größte und verhängnisvollste Schwäche, die eine völlige Verkennung römischer Mentalität offenbarte. Das Verhalten der Römer während des ersten Krieges hätte ihn lehren müssen, dass sie Ausdauer besaßen und nicht kapitulierten. Ebenso hätten ihn die Ereignisse nach Cannae eines Besseren belehren müssen. Hannibal war als Politiker nicht hart genug. Als Beweise seiner politischen Begabung wollte man seine Tätigkeit nach dem Krieg in Karthago ansehen. Doch eine genaue Betrachtung ergibt, dass diese segensreichen Maßnahmen im Grunde organisatorische Regelungen waren, die ganz auf der Linie des Logistikers, des guten Organisators und Planers lagen. Hannibal verliert viel von seinem Glanz, den ihm die antike und die moderne Nachwelt verliehen hat. Großen Fähigkeiten stehen ebensolche Schwächen gegenüber, Schwächen, die ihn menschlich sympathisch machen, die aber im Kampf gegen Rom fehl am Platz waren. Bewundernswert ist bei allen Mängeln sein Konzept, mit dem er die italische Gemeinschaft auflösen wollte. „Freiheit" war ein beliebtes Propagandawort und bedeutete in der Praxis, dass eine Herrschaft durch eine andere ersetzt wurde. Doch Hannibal glaubte an seine Propaganda und setzte sie in die Tat um. Auch bei der militärischen Unterstützung durch die Italiker setzte er nicht auf Zwang, sondern auf freiwillige Unterstützung. War er ein Träumer, der für den politischen Kampf nicht hart genug war?

Jakob Seibert, Hannibal, Darmstadt (Wiss. Buchgesellschaft) 1993, S. 543 f.

9 c) Der Historiker Serge Lancel in seiner Hannibal-Biografie (1998):

Das wieder erwachte Interesse für die Antike in unseren Zeiten kommt im besonderen Maße Hannibal entgegen, zweier oder dreier Merkmale wegen, die seiner Person und nur ihr eigen sind. So wie sein Krieg gegen Rom der erste Weltkrieg war, so war der Anführer dieses Krieges der erste internationale Held, den die Welt kannte. International war er nicht nur aufgrund seines weit ausgreifenden Aktionsfeldes, das er in der Zeit seines Exils nach Osten hin noch erweiterte. Auch wenn er statt einer Erbschaft nur eine Spur hinterlassen hat, ist Hannibal insofern bedeutender als Alexander, als er nicht in einer einzigen Kultur gefangen ist. Mehr noch als für das außergewöhnliche Format als Heerführer und für das strategische Genie, das die vergangenen Epochen beeindruckte, ist unsere Zeit empfänglich geworden für die Vieldeutigkeit einer menschlichen Erfahrung, in der sich im Zeitraum eines alles in allem recht kurzen Lebens so viele Fassetten der antiken Mittelmeerwelt überlagert haben. Der berühmteste Karthager ist ein paradoxer Karthager, hat er doch, außer in seiner ganz frühen Kindheit, nur wenige Jahre in Karthago verbracht, von denen auch nur das Jahr seines Sufetats[1] als historisch halbwegs gesichert überliefert ist. Und doch: Nicht die Bekanntschaft der iberischen Gesellschaft und ihrer Kultur in seiner Jugend, nicht die Annäherung an die keltische Kultur und auch nicht, schließlich und endlich, der Reiz, den die kampanischen und samnitischen Landschaften, die griechischen Städte Süditaliens und später die Städte des hellenisierten Ostens auf ihn ausübten, vermochten je sein Zugehörigkeitsgefühl zu seiner ureigenen, angestammten Kultur zu tilgen, zu seiner ursprünglich gebliebenen und hohe Anforderungen stellenden Religion, und auch nicht seine Treue zum punischen Vaterland ins Wanken zu bringen.

Serge Lancel, Hannibal, Übers. Bernd Schwibs, Düsseldorf u. a. (Artemis & Winkler) 1998, S. 370 f.

1 Sufetat: höchstes Amt in punischen Gemeinden; in der Stadt Karthago gab es zwei Sufeten.

M 10 Der römische Satiriker Juvenal (um 60–nach 127 n. Chr.) über Hannibal

Leg Hannibal auf die Waage: Wie viel Pfund wirst du bei dem überragenden Heerführer feststellen? Er ist es, für den Afrika zu klein ist, an das der Maurische Ozean anbrandet und das in der anderen Richtung an den warmen Nil heranrückt bis hin zu den Völkern der Äthiopen und den anderen Elefanten. Spanien wird zu den Herrschaftsgebieten gefügt, er überspringt die Pyrenäen. Die Natur stellt ihm Alpen und Schnee entgegen: Er spaltet die Felsen und sprengt die Berge mit Essig. Schon gehört ihm Italien, dennoch sucht er weiter vorzudringen. „Nichts", spricht er, „ist vollbracht, wenn wir nicht mit dem punischen Soldaten die Tore zerbrechen und ich mitten in der Subura[1] mein Banner aufpflanze." [...] Was schließlich ist das Ende? O Ruhm! Denn er wird besiegt, flieht eiligst in die Verbannung. [...] Das Ende für dieses Leben, das einst die Menschheit in Aufruhr versetzte, bringen nicht Schwerter [...], sondern der Ring.

Juvenal, Satiren X 147 ff., Übers. von Joachim Adamietz, München (Artemis) 1993, S. 213 und 215.

1 Subura: von kleinen Gewerbetreibenden bewohntes, übel beleumundetes Stadtviertel Roms.

M 11 Brecht über die Punischen Kriege

Am 26. September 1951 verfasste der Schriftsteller Bertolt Brecht (1898–1956) einen „Offenen Brief an die deutschen Künstler und Schriftsteller", der mit folgenden Worten schloss:

Das große Karthago führte drei Kriege. Es war noch mächtig nach dem ersten, noch bewohnbar nach dem zweiten. Es war nicht mehr auffindbar nach dem dritten.

Bertolt Brecht, Gesammelte Werke, Bd. 19, Frankfurt/M. (Suhrkamp) 1967, S. 496.

11 Polybios und Livius geben unterschiedliche Gründe an, warum Hannibals Angriff auf Rom unterblieb (M7a und b):
a) Erarbeiten Sie die Motive aus den Quellen.
b) Entwickeln Sie Kriterien, um die aufgeführten Motive historisch zu beurteilen.

12 Entnehmen Sie einer historischen Darstellung über Hannibal weitere Gründe für dessen Niederlage und schreiben Sie ein Resümee.

13 a) Finden Sie heraus, in welchen Punkten Barcelo und Seibert (M9a, b) in ihren Beurteilungen Hannibals voneinander abweichen.
b) Warum zieht nach Ansicht von Lancel (M9c) Hannibal seit jeher Bewunderer an?
c) Nehmen Sie zu M9a bis c kritisch Stellung.

14 a) Juvenals Gedicht (M10) steckt voller Andeutungen: Ordnen Sie diesen konkrete historische bzw. geografische Tatsachen zu.
b) Erläutern Sie, wie das Bild, das Juvenal von Hannibal entwickelt, auf Sie wirkt.

15 a) Finden Sie heraus, in welcher politischen Situation Brecht seinen offenen Brief (M11) verfasste und wen er mit Karthago meinte.
b) Sehen Sie einen Sinn darin, derartige historische Parallelen zu ziehen? Diskutieren Sie.

16 Vorschlag für eine Hausaufgabe: Welche Bedeutung hatte Ihrer Meinung nach der Zweite Punische Krieg für das Römische Reich?

M 12 Wie gingen die Römer mit ihren außenpolitischen Gegnern um? Drei Beispiele aus dem 2. Jh. v. Chr.

12 a) Paulus Orosius (Anf. 5. Jh. n. Chr.), ein christlicher Autor, über das Vorgehen der Römer gegen Karthago 146 v. Chr.:

Im Jahr 606 von Gründung der Stadt an, das ist im 50. Jahr nach dem Zweiten Punischen

Kriege, als Gnaeus Cornelius Lentulus und Lucius Mummius Konsuln waren, unternahm es Publius Scipio[1], Konsul des vorhergehenden Jahres, mit äußerster Anstrengung Karthago zu zerstören, und drang in Gothon ein. Sobald dort sechs Tage und Nächte hintereinander gekämpft war, veranlasste die letzte Verzweiflung die Karthager zur Kapitulation. Sie baten dann, dass es demjenigen, den die Niederlage im Krieg übrig gelassen hatte, wenigstens erlaubt sei, Sklave zu sein. Zuerst stieg ein ziemlich elender Haufen von Frauen herab, dann ein noch mehr missgestalteter von Männern. Nach der Überlieferung waren es 25 000 Frauen und 30 000 Männer. Der Sufet[2] Hasdrubal[3] ergab sich aus freien Stücken. Die Überläufer, die den Tempel Äskulaps besetzt hatten, vernichteten sich, indem sie sich freiwillig von abschüssiger Stelle ins Feuer stürzten. Die Frau Hasdrubals warf sich mit ihren beiden Söhnen mit männlichem Schmerz und weiblichem Zorn mitten in das Feuer. So bereitete sich nun die letzte Königin Karthagos die gleiche Art des Todes wie einst die erste. Die Stadt selbst aber brannte 17 Tage lang und bot ihren Bezwingern ein beklagenswertes Schauspiel in Bezug auf die Wechselhaftigkeit menschlichen Geschickes. Zerstört wurde aber Karthago, unter Zerfall des ganzen Mauersteines in Staub, im 700. Jahr nach der Gründung. Die ganze Menge der Gefangenen wurde mit Ausnahme weniger Adliger verkauft. So wurde der Dritte Punische Krieg im vierten Jahr beendet.

Mir aber fiel bei allem eifrigen Forschen – wenn ich auch ein Mensch von ziemlich langsamem Geist bin – nirgendwo überhaupt ein Grund für den Dritten Punischen Krieg sichtbar in die Augen, den Karthago noch dazu so weit gesteigert hätte, dass seine Zerstörung mit Recht beschlossen worden wäre. Dies bewegt mich auch deswegen sehr stark, weil, wenn bei früheren Kriegen ein eindeutiger Grund gegen den sich Erhebenden bestand und Groll ihn verstärkte, eine Untersuchung nicht nötig war. Nun aber beschlossen die einen Römer, wegen der ewigen Sicherheit Roms Karthago zu zerstören, sprachen sich jedoch andere, wegen der ewigen Sorge um die römische Tüchtigkeit, die für sie immer vom Argwohn gegenüber einer ebenbürtigen Stadt abhing, dafür aus, das unversehrte Karthago in seinem Zustand zu belassen, damit nicht die in Kriegen stets geübte römische Lebenskraft durch Sicherheit und Muße zu schlaffer Trägheit aufgelöst würde. Daher sehe ich die Kriegsursache nicht in dem Unrecht der provozierenden Karthager, sondern in der Unbeständigkeit der erlahmenden Römer liegen.

Orosius, Die antike Weltgeschichte in christlicher Sicht IV 23, 1–9, Übers. Adolf Lippold, Zürich u. a. (Artemis) 1986, S. 254 f.

1 P. Scipio Aemilianus Africanus (ca. 185 bis 129 v. Chr.): 147/46 römischer Konsul und Oberbefehlshaber bei der Zerstörung Karthagos, 134/33 erneut Konsul und Oberbefehlshaber in Spanien.
2 Vgl. S. 24, M9c, Anm. 1.
3 Hasdrubal: häufiger karthagischer Vorname, hier: karthagischer Feldherr im Dritten Punischen Krieg.

12 b) Roms Ausbreitung im östlichen Mittelmeer begann mit den Kriegen gegen das Königreich Makedonien (215–205 und 200–197 v. Chr.). Aber erst nach dem dem Dritten Makedonischen Krieg (171–168; vgl. Bild M1) setzten sie sich dauerhaft im Osten fest (Einrichtung der Provinz Makedonien 148 v. Chr.). – Der Grieche Pausanias schildert in seiner „Beschreibung von Hellas" (2. Jh. n. Chr.), wie die Römer 146 v. Chr. die griechische Polis Korinth einnahmen:

Die Achaier, die sich nach der Schlacht nach Korinth gerettet hatten, flohen bei Anbruch der Nacht weiter. Auch die meisten der Korinther flohen. Mommios wagte im ersten Augenblick nicht, nach Korinth einzudringen, obwohl die Tore weit offen standen; denn er argwöhnte, es möge hinter den Mauern ein Hinterhalt versteckt sein. Am dritten Tag nach der Schlacht nahm er die Stadt im Sturm und äscherte sie ein. Den größten Teil der Gefangenen töteten die Römer, Frauen und Kinder verkaufte Mommios. Auch die Sklaven verkaufte er, soweit sie als Freigelassene mit den Achaiern gekämpft hatten und nicht schon in der Schlacht geblieben waren. Weihgeschenke und andere Kostbarkeiten, Gegenstände besonderer Bewunderung, wurden weggeschleppt. Was jenen weniger gleichwertig erschien, das schenkte Mommios dem Philopoimen, dem Feldherrn bei Attalos. Und noch bis auf unsere Tage besitzen die Pergamener korinthische Beute. Bei den Städten, die gegen die Römer gekämpft hatten, riss Mommios die Mauern ein, nahm ihnen die Waffen weg, noch bevor von den Römern politische Ratgeber abgesandt wurden. Als diese dann angekommen waren, die sich mit ihm beraten sollten, da hob er die demokratischen Verfassungen auf und richtete Ämter nach Vermögensschätzung ein.

Pausanias, Beschreibung von Hellas VII 16, 7–9, Übers. Ernst Meyer/Felix Eckstein, Zürich (Artemis) 1986/87, S. 185.

12c) Der griechischstämmige Historiker Appian (2. Jh. n. Chr.), römischer Bürger und Ritter, beschreibt in seiner „Römischen Geschichte" die Eroberung Numantias 133 v. Chr.:

Es gab indessen eine reiche Stadt namens Lutia, 300 Stadien von Numantia entfernt, deren Jungmannschaft mit den Numantinern sympathisierte und ihre Stadt zur Hilfeleistung veranlassen wollte; die älteren Bürger ließen aber Scipio[1] davon heimlich Nachricht zukommen. Um die achte Stunde hatte er die Mitteilung erhalten, und sogleich machte er sich mit möglichst vielen leicht Bewaffneten auf den Weg, umzingelte mit Tagesanbruch die Stadt und forderte die Auslieferung der Anführer der Jungmannschaft. Als man ihm erklärte, sie seien aus der Stadt entwichen, ließ er den Einwohnern durch einen Herold sagen, er werde, wenn die Auslieferung der Männer nicht erfolge, ihre Stadt ausplündern. Da bekamen die Bürger Angst und führten ihm die Jugendlichen zu, etwa 400 an der Zahl. Scipio aber ließ ihnen die Hände abschlagen, machte mit seiner Abteilung kehrt und traf nach einem ununterbrochenen Ritt am Morgen des folgenden Tages wieder in seinem Lager ein. Von Hunger erschöpft, schickten die Numantiner fünf Männer zu Scipio und ließen fragen, ob er sie bei einer etwaigen Übergabe mit Mäßigung behandeln werde. Ihr Anführer, Avarus, sprach viel von ihren Zielen und ihrer Tapferkeit und fügte noch hinzu, dass sie auch jetzt nichts Unrechtes getan hätten, sondern nur im Kampf für Weib und Kind und für die Freiheit des Vaterlandes in solch großes Unglück geraten seien. Scipio aber, der durch die Gefangenen Bescheid über die Zustände in der Stadt wusste, erwiderte lediglich, sie müssten sich ergeben und ihm die Stadt samt Waffen ausliefern.

Die Antwort wurde den Numantinern überbracht, doch diese, schon zuvor ob ihres grenzenlosen Freiheitsdranges in gereizter Stimmung und ungewohnt, sich fremden Weisungen zu beugen, wurden nun angesichts der Unglücksfälle noch wilder und gerieten ganz außer sich. Sie erschlugen den Avarus samt seinen fünf Begleitern, da sie ihnen so üble Nachrichten überbracht und vielleicht auch noch wegen ihrer persönlichen Sicherheit Absprachen mit Scipio getroffen hätten. Doch es währte nicht lange, da war alles Essbare bei ihnen aufgebraucht; sie hatten weder mehr Getreide noch Vieh, noch Gras, und so begannen sie, wie man es manchmal in Kriegsnöten macht, an gekochten Tierhäuten zu lecken. Als nun auch diese ihnen ausgingen, kochten und verzehrten sie menschliche Körper, zuerst solche von Verstorbenen, die sie in kleine Stücke zerhackten; darauf ekelte sie das Fleisch Kranker und die Stärkeren legten Hand an die Schwächeren. Und nichts an Schrecklichem blieb ihnen erspart: Das Fressen verrohte ihren Sinn, und Hunger, Seuche, langes Haar und die Länge der Zeit machten ihre Körper denen wilder Tiere ähnlich. In solcher Verfassung ergaben sie sich Scipio. Der befahl ihnen, noch am gleichen Tage die Waffen an einen von ihm bestimmten Platz zu bringen und tags darauf sich anderswo einzufinden.

Doch die Numantiner ließen den Tag mit der Erklärung verstreichen, dass noch viele an ihrer Freiheit hingen und sich das Leben nehmen wollten. Deshalb erbaten sie sich den Tag, um sich für den Tod bereitzumachen. Zuerst begingen alle jene, die es wollten, auf verschiedene Weise Selbstmord; sodann zog der Rest am dritten Tage zu dem angewiesenen Platz, ein ganz fürchterlicher und erschütternder Anblick. Ihre Körper waren ungepflegt, die Haare und Nägel lang gewachsen und sie selbst starrten von Schmutz. Sie stanken unerträglich, und die Kleider, welche sie trugen, waren ebenfalls schmutzig und nicht minder übel riechend. Dadurch machten sie auf ihre Feinde einen Mitleid erregenden Eindruck, doch gleichzeitig schreckte der Blick ihrer Augen; daraus schauten Wut, Schmerz, Erschöpfung und das Bewusstsein, sich gegenseitig aufgefressen zu haben. Scipio wählte sich unter ihnen fünfzig Mann für seinen Triumphzug aus, was übrig war, verkaufte er in die Sklaverei und machte die Stadt dem Erdboden gleich.

So vernichtete dieser römische Feldherr zwei kaum bezwingbare Städte: Karthago auf eigenen Beschluss der Römer wegen seiner und seines Reiches Größe und der machtvollen Stellung zu Wasser und zu Lande – Numantia hingegen, klein und mit geringer Bevölkerung, auf persönliche Verantwortung; denn die Römer hatten noch nichts darüber entschieden. Scipio tat dies, weil er entweder glaubte, den Römern damit einen Vorteil zu verschaffen, oder eine leidenschaftliche, Gefangenen gegenüber rachsüchtige Natur war. Einige nehmen auch an, er habe die Auffassung vertreten, dass große Katastrophen großen Ruhm begründen.

Appian, Römische Geschichte, Iberica 409–426, Übers. Otto Veh, Stuttgart (Hiersemann) 1989, S. 118–120.

1 *Vgl. S. 25, M12a, Anm. 1.*

M 13 Cicero über Rom und seine Gegner

Cicero (106–43 v. Chr.) schreibt in seinem philosophischen Werk „Die Pflichten" (De officiis) *über die römische Herrschaft:*

Solange die Herrschaft des römischen Volkes durch Wohltaten behauptet wurde, nicht durch Ungerechtigkeiten, Kriege entweder für die Bundesgenossen oder um die Herrschaft geführt wurden, waren die Ergebnisse der Kriege entweder erträglich oder unausweichlich, der Senat war Hafen und Zuflucht für Könige, Völker und Stämme, unsere Beamten und Feldherrn aber suchten allein dadurch größten Ruhm zu erwerben, wenn sie Provinzen, wenn sie Bundesgenossen mit Gerechtigkeitssinn und Verlässlichkeit verteidigten. Deshalb konnte man jene Tätigkeit mehr der Wahrheit gemäß als eine Schirmherrschaft über den Erdkreis denn eine Herrschaft bezeichnen.

Cicero, De officiis II 26 f., Übers. Heinz Gunermann, Stuttgart (Reclam) 2003, S. 165.

M 14 Auswirkungen der römischen Expansion – ein Zeitgenosse zieht Bilanz

Der römische Historiker und Moralist Sallust (86–35 v. Chr.) bilanziert in seiner historischen Monografie „Die Verschwörung des Catilina" (63 v. Chr.) die Folgen der Expansion nach der Zerstörung Karthagos 146 v. Chr.:

Aber als durch Anstrengung und Gerechtigkeit der Staat gewachsen, große Könige im Krieg bezwungen, wilde Stämme und riesige Völkerschaften mit Gewalt unterworfen, Karthago, Nebenbuhlerin des römischen Reichs, dem Erdboden gleichgemacht und somit alle Meere und Länder offen waren, begann der Zerfall zu wüten und alles durcheinander zu bringen. Diejenigen, welche Anstrengungen, Gefahren, verzweifelte und schwierige Lagen leicht ertragen hatten, denen wurden Muße und Reichtum, sonst wünschenswerte Dinge, zur Last und zum Unheil. Und so wuchs zuerst die Gier nach Geld, dann die nach Herrschaft; dies war gleichsam der Urgrund aller Übel. Denn die Habsucht unterhöhlte Treue, Ehrlichkeit und die übrigen guten Eigenschaften; an deren Stelle lehrte sie Hochmut, Grausamkeit, die Götter missachten, alles für käuflich ansehen. Der Ehrgeiz zwang viele Menschen, falsch zu werden, das eine verschlossen im Herzen, das andere vorn auf der Zunge zu tragen, Freundschaften und Feindschaften nicht sachlich, sondern nach dem Nutzen zu beurteilen und eher ein anständiges Äußeres als eine anständige Gesinnung zu haben. Dies verbreitete sich zuerst allmählich, zuweilen wurde auch dagegen eingeschritten; später, als die Ansteckung wie eine Seuche um sich griff, wandelte sich die Bürgerschaft, die Herrschaft wurde aus einer sehr gerechten und guten zu einer grausamen und unerträglichen. […] Nachdem man begann, Reichtum als Ehre zu betrachten, und diesem Ruhm, Herrschaft, Macht folgten, stumpfte die Tugend ab, Armut wurde als Schande angesehen, Unbestechlichkeit als böser Wille bezeichnet. Deshalb waren infolge des Reichtums bei der Jugend Wohlleben und Habsucht zusammen mit Hochmut aufgekommen; sie raubten, verbrauchten, achteten ihr Gut gering, begehrten fremdes, Anstand und Schamgefühl, Göttliches und Menschliches galt ihnen unterschiedslos gleich wenig, auch kannten sie kein Maß. Es ist der Mühe wert, wenn man die Häuser und Landgüter kennen gelernt hat, die im Umfang von Städten erbaut sind, die Göttertempel zu betrachten, die unsere Vorfahren, sehr fromme Menschen, errichtet haben. Sie schmückten freilich die Heiligtümer der Götter mit Andacht, ihre eigenen Häuser mit Ruhm und raubten den Besiegten nichts außer der Möglichkeit zum Unrechttun. Aber jene, im Gegensatz dazu sehr untüchtige Leute, nahmen in ihrer ruchlosen Gesinnung all dies den Bundesgenossen, was die tapfersten Männer als Sieger ihnen gelassen hatten – wie wenn erst Unrecht tun richtig Herrschaft ausüben bedeutete. Denn was soll ich das erwähnen, was außer denen, die es gesehen haben, niemandem glaubhaft erscheint: dass von manchen Privatleuten Berge abgetragen, Meere zugedeckt wurden? Die scheinen sich mir über ihren Reichtum lustig gemacht zu haben, da sie ja das, was sie ehrenhaft besitzen konnten, schändlich zu missbrauchen sich beeilten. Aber die Gier nach Unzucht, Kneipe und sonstigem üppigem Leben hatte sich nicht weniger verbreitet: Männer ließen sich wie Weiber brauchen, Weiber boten ihre Ehre öffentlich feil; um zu essen, wurde zu Wasser und zu Lande alles durchsucht; sie schliefen früher, als sie Lust nach Schlaf hatten, sie warteten nicht Hunger oder Durst noch Kälte oder Müdigkeit ab, sondern nahmen all dies künstlich vorweg. Das verleitete die Jugend, wenn ihr Privatvermögen aufgebraucht war, zu verbrecherischen Taten. Von bösen Begierden erfüllt, entbehrte sie nicht leicht Genüsse; um so schrankenloser war sie dann mit allen Mitteln Erwerb und Verbrauch hingegeben.

Sallust, Catilina 10, 12 und 13, Übers. André Lambert, Zürich (Artemis) 1978, S. 35–38.

17 a) Charakterisieren Sie auf der Basis der Quellen M12a–c zusammenfassend Roms Vorgehen auf dem Weg zur Weltherrschaft Mitte des 2. Jahrhunderts v. Chr.
b) Vergleichen Sie mit dem Verhalten der Römer bei der Eroberung Italiens (siehe M2) und im Ersten Punischen Krieg (siehe M6a, b). Halten Sie Gemeinsamkeiten und Unterschiede, Kontinuitäten und Wandlungen fest.

18 Konfrontieren Sie Ihre Ergebnisse aus der Auswertung der Quellen M12a–c mit Ciceros Einschätzung römischer Hegemonie in M13.

19 Formulieren Sie eine eigene Position zum Vorgehen der Römer im 2. Jh. v. Chr.

20 a) Sallust (M14) sieht in den Ereignissen des Jahres 146 v. Chr. einen Wendepunkt in der römischen Geschichte. Welche Konsequenzen waren in seinen Augen damit verbunden?
b) Arbeiten Sie heraus, welche Wertmaßstäbe seinem Urteil zu Grunde liegen.
c) Können Sie die Auffassung Sallusts über die Folgen der Expansion nachvollziehen? Schreiben Sie eine Erörterung.

21 Diskutieren Sie, ob und inwieweit der Begriff „Imperialismus" die römische Expansion bis 133 v. Chr. angemessen charakterisiert.

M15 Die Nobilität – Roms politische Elite

15a) Quintus Cicero gibt seinem Bruder, Marcus Tullius Cicero, in einem Brief Ratschläge für die Bewerbung um das Konsulat (64 v. Chr.):
Fast an jedem Tage, wenn du zum Forum hinabsteigst, musst du Folgendes bedenken. Ich bin ein Emporkömmling *[homo novus]*[1], ich bewerbe mich ums Konsulat, dies ist Rom. Den Nachteil, dass du keinen alten Namen hast, wirst du am besten aufwiegen durch deinen rednerischen Ruhm. […]

Sieh zu, dass deine Freunde, ihre Zahl und ihre verschiedenen Klassen, nicht unbemerkt bleiben. Du hast einen Vorzug, den nicht viele Emporkömmlinge gehabt haben, du hast zu Freunden alle Steuerpächter, beinahe den ganzen Ritterstand, viele Landstädte, die dir persönlich verpflichtet sind, Leute aus allen Ständen, die du verteidigt hast, eine Anzahl von „Kollegien"[2], außerdem eine große Menge von jüngeren Leuten, die das Studium der Redekunst dir verpflichtet hat, zahlreiche Freunde, die dir täglich ihre Aufwartung machen. […]

[Zweitens,] du bewirbst dich um das Konsulat: jeder hält dich dessen für würdig, aber du hast dabei viele Neider […]: die Männer aus konsularischen Familien, die es nicht so weit gebracht haben wie ihre Vorfahren […], daneben andere Neulinge, die es nur bis zum Prätor gebracht haben. […] So musst du alle kluge Überlegung, Wachsamkeit, Mühe und

Sorgfalt anwenden. Bei der Bewerbung um ein Amt musst du zweierlei sorgfältig beachten, dich der Bereitwilligkeit deiner Freunde zu versichern und dir das Wohlwollen des Volkes zu gewinnen. [...]

Ferner: Gerade bei Personen, die dir besonders nahe stehen, die deinem Hause eng verbunden sind, musst du große Mühe aufwenden, dass sie dich gern haben und dir möglichst großen Einfluss wünschen, dazu bei den Angehörigen deiner Tribus, deinen Nachbarn, deinen Klienten, schließlich bei deinen Freigelassenen, ja am Ende sogar bei deinen Sklaven; denn fast alles, was zu Hause geredet wird, wird von ihnen hinausgetragen und trägt bei zu dem, was man auf dem Forum über dich redet. Schließlich muss man sich Freunde von jeder Art verschaffen: um sein Ansehen zu erhöhen, erlauchte Personen, Männer von Amt und Namen, die auch dann, wenn sie die Mühe, für dich Stimmen zu gewinnen, scheuen, dir bei deiner Bewerbung einiges Ansehen einbringen; Amtspersonen, um das Recht auf deiner Seite zu haben, darunter vor allem Konsuln, ferner Volkstribunen und zur Bearbeitung der Wahlzenturien Männer von hervorragendem Einfluss. Gewinne und sichere dir gerade die Männer, die deiner Hilfe die Stimmen einer Zenturie oder Tribus oder sonst eine Bevorzugung verdanken oder etwas der Art für die Zukunft von dir erhoffen. [...]

[Um aber das Wohlwollen des Volkes zu gewinnen,] ist es erforderlich, dass man die Leute beim Namen kennt, ihnen schmeichelt, dass man beharrlich ist, sich wohltätig zeigt, für seinen Ruf bei der Menge sorgt und für die Politik Hoffnungen erweckt. [...] Für die Wohltätigkeit aber eröffnet sich ein weites Feld. [...] Sie wirkt sich aus in Gastmählern, die du persönlich wie durch deine Freunde veranstalten lassen sollst, wie es sich gerade trifft und auch einzeln für jede Tribus.

Cicero, Commentariolum petitionis 2 ff., zit. nach: Walter Arend (Hg.), Geschichte in Quellen: Altertum, 2. Aufl., München (bsv) 1975, S. 506–508.

1 *Aus der Zeit von 360 v. Chr. bis zur Zeit Ciceros lassen sich 15 Konsuln nachweisen, die nicht aus den Kreisen des alten Adels stammen.*
2 *Kollegien* (collegia): *Vereinigungen zu religiösen, beruflichen und häufig politischen Zwecken.*

M 16 **Sarkophag eines römischen Konsuls, 3. Jh. n. Chr.** – *Der vornehme Alte rechts symbolisiert den Senat; er sieht den Konsul an und fordert ihn mit einer Handbewegung auf, sein Konsulat mit einem feierlichen Umzug zu beginnen. Der Junge in der Toga ist der Sohn des Konsuls; er nimmt am Umzug teil.*

15 b) Sallust (86–35 v. Chr.) schreibt in „Der Krieg gegen Jugurtha“ über den späteren Heeresreformer Gaius Marius (156–86 v. Chr.):
Aber jenen [Marius] trieb schon lange der leidenschaftliche Wunsch nach dem Konsulat um, zu dessen Erlangung – außer dem Alter seiner Familie – alles andere reichlich vorhanden war: Energie, Redlichkeit, große Erfahrung im Militärwesen, eine im Krieg unbändige, im Frieden bescheidene Haltung, siegreich über Begierde und Reichtum, nur allein auf Ruhm bedacht.

Aber er war in Arpinum geboren und hatte dort seine ganze Kindheit verlebt; sowie er das militärpflichtige Alter erreichte, widmete er sich dem Kriegsdienst, nicht griechischer Beredsamkeit und städtischen Eitelkeiten: So bildete sich bei gesunden Beschäftigungen sein Geist, ohne verdorben zu werden, in kurzer Zeit heran. Als er das Militärtribunat vom Volk erbittet, wird er daher, obschon die meisten sein Gesicht noch nie gesehen hatten und er nur durch seine Taten bekannt war, in allen Stimmabteilungen anstandslos gewählt. Nach diesem Amt erwarb er sich dann ein anderes, später wieder ein anderes, und immer bewährte er sich in seinen Stellungen so, dass er einer einflussreicheren, als er innehatte, für würdig gehalten wurde. Dennoch wagte er, bis anhin ein Mann solcher Art – denn später stürzte ihn sein Ehrgeiz ins Verderben –, es nicht, sich um das Konsulat zu bewerben. Damals noch verlieh andere Ämter das Volk, das Konsulat gab der Adel unter sich von Hand zu Hand weiter; als *homo novus*, mochte einer noch so berühmt sein und noch so hervorragende Taten aufweisen, wurde er jener Ehre für unwürdig und gleichsam für schmutzig gehalten.

Sallust, Jugurtha 63, Übers. André Lambert, Zürich (Artemis) 1978, S. 143 f.

15 c) Kaiser Claudius hielt 48 n. Chr. eine Rede über die Aufnahme von Galliern in den Senat:
Meine Vorfahren, deren ältester Clausus, von Abkunft ein Sabiner, zugleich in die römische Bürgergemeinschaft und unter die

M 17 **Römische Konsuln in ausgewählten Jahren 222–134 v. Chr.** – *Nr. 4 heiratete die Tochter von Nr. 10, Nr. 8 heiratete die Enkelin von Nr. 10; der Cornelier Publius Cornelius Scipio adoptierte Nr. 14; Nr. 14 heiratete die Nichte seines Adoptivvaters Publius Cornelius Scipio.*

patrizischen Familien aufgenommen wurde, mahnen mich, den Senat nach gleichen Grundsätzen zu verwalten, indem ich hierher versetze, was sich irgendwo Vortreffliches findet. [...] Dass Söhnen von Freigelassenen Staatsämter übertragen wurden, ist nicht, wie viele irrig meinen, etwas Neues erst, sondern schon früher oft vom Volke geschehen. Aber mit den Senonen haben wir doch gekämpft! Nun, die Volsker und Aequer haben wohl niemals feindliche Reihen gegen uns aufgestellt? Erobert wurde von den Galliern unsere Stadt! Aber auch den Tuskern haben wir Geiseln gegeben und sind durch das Joch der Sammter gegangen. Und wenn wir auch alle Kriege insgesamt durchmustern, so ist keiner in kürzerer Zeit beendet worden als der gegen die Gallier; darauf war ununterbrochener und zuverlässiger Friede. Jetzt, durch Sitte, Kunst und Verwandtschaftsbande eins mit uns, mögen sie ihr Gold und ihre Schätze lieber zu uns bringen als für sich besitzen. Alles, Senatoren, was jetzt für uralt gehalten wird, war einstmals neu. Plebejische Beamte folgten den patrizischen, latinische auf die plebejischen, die der übrigen Völker Italiens auf die latinischen. Auch dies wird veralten, und was wir durch Beispiele heute in Schutz zu nehmen suchen, selbst zum Beispiel werden.

Zit. nach: Tacitus, Annalen XI 24, in: Ders., Sämtliche Werke, Übers. Wilhelm Bötticher/Andreas Schaefer, Essen (Phaidon) o. J., S. 495.

M 18 Moderne Forscher über die Nobilität

18 a) Der Historiker Jochen Bleicken (1981):
Es wurde dargelegt, dass zwar alle Nobiles reich waren, dass sie alle zahlreiche Klienten besaßen und allein schon deshalb Autorität hatten, dass aber nicht dies, sondern die politischen Leistungen des Einzelnen bzw. die der Vorfahren das konstitutive Element der *nobilitas* waren. Nicht das Vermögen machte den Vornehmen, wie in allen rein timokratischen Ordnungen, und auch nicht die bloße Herkunft, wie in den von der Heiligkeit des Blutes und von dem Gedanken der Ebenbürtigkeit getragenen Adelsgesellschaften des Mittelalters und der Frühen Neuzeit, sondern die Tätigkeit für den Staat.

Die politische Tätigkeit des Nobilis kann nach Form und Bedingung noch etwas genauer charakterisiert werden. Denn wenn auch alle Nobiles politisch aktiv waren, hatten doch nicht alle gleiches Gewicht. Ein Blick auf die Senatsverhandlungen lehrt das. Hier wurden bei der Umfrage in einer feststehenden Reihenfolge zunächst diejenigen, die das Konsulat bekleidet hatten, also die Konsulare, befragt, unter ihnen wiederum zuerst die Patrizier, darauf die Plebejer; innerhalb dieser Gruppen entschied dann die Anciennität über die Reihenfolge. Nach demselben Schema ging die Umfrage weiter an diejenigen, die Prätor gewesen waren, dann an die Ädilizier und so die ganze Beamtenhierarchie hinab.

Jochen Bleicken, Die Nobilität der Römischen Republik in: Gymnasium 88, 1981, S. 248 f. (C. Winter).

18 b) Geza Alföldy, Historiker, über die Abgrenzung der Senatoren und der Nobilität (1984):
Kurz nach dem Zweiten Punischen Krieg kam diese Absonderung [der Senatoren] auf eine sehr bezeichnende Art und Weise dadurch zum Ausdruck, dass den Senatoren bei den öffentlichen Spielen besondere Ehrenplätze zugewiesen wurden. Als besonders wichtig erschien den Senatoren ihre deutliche Trennung von den Neureichen, die sich im Ritterstand als geschlossene soziale Gruppe zu formieren begannen [...], außerdem mussten die Ritter, die durch den Zugang zu den Magistraturen in den Senat aufstiegen, ihr bisheriges Statussymbol, das ihnen vom Staat verliehene Ritterpferd, abgeben.

Wie diese zuletzt erwähnte Regelung zeigt, konnten sich die reichen Ritter bei den Wahlen um die niedrigen Magistraturen oft erfolgreich bewerben. Das bedeutete zugleich, dass eine kontinuierliche Ergänzung der Aristokratie durch Aufsteiger, auch durch Männer niedriger sozialer Herkunft, keineswegs ausgeschlossen war. [...] Aber die höchsten Ämter im Staate waren für die sozialen Aufsteiger und überhaupt für die breite Mehrheit der Senatsmitglieder kaum zugänglich. [...] Da die Zahl der hohen Stellen sehr begrenzt war (so entsprachen z. B. den zehn Volkstribunen eines Amtsjahres nur zwei Konsuln), bildeten deren Inhaber nur eine kleine Spitzengruppe innerhalb der senatorischen Aristokratie. Die Nobilität, jene Spitzengruppe, die aus den Inhabern der höchsten Ämter und deren Nachkommen bestand, hatte sich freilich schon lange vor dem Zweiten Punischen Krieg herausgebildet. Aber nach dem Krieg gegen Hannibal hat sie ihren Kreis fest geschlossen: Der Zugang zum Konsulat wurde ein Privileg für die Mitglieder von ungefähr 25 hochadligen Familien, die ihre führende Position mehrere Generationen lang hartnäckig verteidigten und die gewöhnlichen Senatoren vom Konsulat fern hielten. Es ist bezeichnend, dass zwischen Manius Acilius Glabrio (Konsul 191) und Gaius Marius (Konsul das erste Mal 107) nur zwei *homines novi* den Aufstieg bis zum Konsulat erkämpfen konnten, nämlich Quintus Pompeius (Konsul 141), der erste Konsul aus dem Geschlecht der Pompei, und Publius Rupilius (Konsul 132), ein Großunternehmer. [...]

Dass die erwähnten Familien innerhalb des Senatsadels als Oligarchie eine derartig feste Führungsposition besaßen, war in erster Linie ihren politischen Erfahrungen und Erfolgen zu verdanken. Die Qualifikation, die ein Staatsmann unter den ganz neuen Bedingungen für die römische Politik, vor allem für die Führung von Feldzügen in fremden Ländern oder für Verhandlungen mit hellenistischen Königen, brauchte, war kaum anders zu erlangen als durch Erziehung in den traditionsreichen Familien der Nobilität, und jeder Sieg oder jeder diplomatische Erfolg einzelner Feldherren und Politiker stärkte das Prestige ihrer Familien noch mehr. Zugleich konnten gerade diese erfolgreichen Söhne der hochadeligen Familien durch ihre Popularität beim Volk in Rom und bei den Soldaten, ferner durch ihre Klientel in Italien und nunmehr auch in den Provinzen auf den breitesten politischen Anhang und somit auf großen Einfluss zählen. [...] Die siegreichen Feldherren kehrten nach Rom mit Mengen erbeuteter Schätze zurück und schwammen im Geld, das sie vor allem als Lösegeld von Gefangenen erpresst hatten. [...] Diese Vermögen wurden vor allem in Grund und Boden in Italien und auch in Sklaven investiert. Die reichsten Familien kauften die Grundstücke der Bauern auf oder eigneten sie sich auch durch Drohungen und Gewalt an.

Geza Alföldy, Römische Sozialgeschichte, Wiesbaden (Steiner) 1984, S. 46 f.

22 „Politische Eliten heute" – Entwerfen Sie eine Mindmap zu der Frage, wer heute zur politischen Elite unseres Landes zählt.

M 19 **Triumphzug, Silberbecher, Anfang 1. Jh. n. Chr.** – *Dargestellt ist der Triumph von Kaiser Tiberius 12 n. Chr. Der Triumph war die höchste militärische Auszeichnung, die der Senat für einen siegreichen Konsul beschließen konnte. Voraussetzung war, dass mindestens 5000 Feinde gefallen waren. Auf dem Zug wurden kostbare Beutestücke, Gefangene sowie Tafeln von Höhepunkten des Krieges mitgeführt. Die Route führte über mehrere Kilometer durch das Zentrum Roms; moderne Schätzungen gehen von bis zu 400 000 Zuschauern aus. Höhepunkt war das Opfer vor dem Jupitertempel. Bei wichtigen Siegen konnte eine Triumphfeier bis zu drei Tagen dauern.*

23 a) Arbeiten Sie aus dem Brief M15a heraus, wie man in Rom politische Macht und politischen Einfluss gewinnen konnte.
b) Lassen sich von dem Brief Parallelen zur Gegenwart ziehen? Begründen Sie Ihre Position.
24 a) Was sagen die Quellen M15a bis c über die Möglichkeiten aus, in das höchste römische Amt, das Konsulat, zu gelangen? Halten Sie Gemeinsamkeiten und Unterschiede fest. Ziehen Sie auch Bild M16 heran.
b) Welche Überlegungen des Claudius (M15c) könnte man als „modern" bezeichnen? Stellen Sie auch Bezüge zu vergleichbaren politischen Problemen der Gegenwart her.
25 Untersuchen Sie anhand von M18a und b, welche Personen zur Nobilität gehörten und woraus ihre besondere Stellung herrührte. Klären Sie auch die Unterschiede zwischen
- Senatoren und Rittern,
- der Nobilität und dem übrigen Senatsadel.

26 Klären und begründen Sie, ob die Grafik M17 die Thesen Alföldys (M18b) über den Zugang zum Konsulat und die Zusammensetzung der Nobilität bestätigt oder widerlegt.
27 Vorschläge für Hausaufgaben:
a) „Die Macht des Triumphs!" – Schreiben Sie ausgehend von Bild M19 einen Essay über den Zusammenhang von militärischem Ruhm und politischer Macht in Rom.
b) „Die Macht der Männer!" – Verfassen Sie (mithilfe der Darstellung zu Kapitel 6, S. 72 f.) einen Aufsatz zu der Frage, inwieweit in der römischen Gesellschaft Geschlecht und politische Macht zusammenhingen.
28 Referat: „Die politische Elite einer modernen Supermacht: Politiker in den USA heute" (z. B. Herkunft, sozialer Status, Kommunikationsformen, Lebensstil eines Präsidenten).

M20 Die Verfassung der Römischen Republik im politischen Alltag – eine Bewertung des Polybios (um 200–120 v. Chr.)

Nach der Auflistung der formalen Kompetenzen von Senat, Konsuln und Volk beschäftigt sich Polybios mit der Frage, wie die für ihn zentralen Institutionen der römischen Verfassung im politischen Alltag zusammenwirken:
Im Vorstehenden habe ich dargelegt, wie die staatlichen Kompetenzen auf die drei Faktoren der Verfassung [Senat, Konsuln, Volk] verteilt sind. Nun will ich zeigen, in welcher Weise sie wiederum, wenn sie wollen, einander entgegenwirken oder sich gegenseitig unterstützen können.

Wenn der Konsul im Besitz der geschilderten Machtvollkommenheit an der Spitze des Heeres ins Feld zieht, scheint er unumschränkte Gewalt zur Durchführung seiner Pläne zu haben, in Wirklichkeit aber bleibt er auf Volk und Senat angewiesen und ist ohne diese nicht in der Lage, seine Unternehmungen zu einem guten Ende zu bringen. Denn selbstverständlich bedarf das Heer dauernder Versorgung, ohne den Willen des Senats aber kann ihm weder Brotgetreide noch Kleidung noch Sold geliefert werden, sodass die Operationspläne der Feldherren undurchführbar werden, wenn der Senat sie vereiteln oder sabotieren will. Und auch das hängt vom Senat ab, ob der Befehlshaber seine Pläne und Unternehmungen vollenden kann. Denn in der Macht des Senats liegt es, wenn das Amtsjahr abgelaufen ist, ihm einen Nachfolger zu schicken oder ihm das Kommando zu verlängern. Ebenso steht es bei ihm, die Erfolge der Heerführer zu verherrlichen und zu feiern oder umgekehrt sie herabzusetzen und zu verdunkeln. Denn die Triumphe, wie man es dort nennt, durch welche die Feldherren den Bürgern den Ruhm ihrer Taten sinnfällig vor Augen stellen, können diese nicht in würdiger Weise begehen, ja manchmal überhaupt nicht durchführen, wenn der Senat sie nicht genehmigt und die Mittel dafür bewilligt. Vollends ist es für sie notwendig, die Gunst des Volkes zu gewinnen, auch wenn sie noch so weit von der Heimat entfernt sind. Denn das Volk hat wie gesagt alle Abkommen und Friedensverträge zu bestätigen oder abzulehnen. Vor allem aber muss der Konsul bei der Niederlegung des Amtes vor dem Volk Rechenschaft über seine Handlungen ablegen. Es ist daher in jeder Hinsicht gefährlich für die Feldherren, sich um die Sympathien von Senat und Volk nicht zu kümmern.

Der Senat wiederum, der doch so große Macht hat, ist erstens in allen politischen Angelegenheiten gezwungen, auf die Stimmung des Volks zu achten und seine Wünsche zu berücksichtigen. Er kann die Untersuchung und Ahndung der schwersten

Verbrechen gegen den Staat, auf die Todesstrafe steht, nicht durchführen, wenn das Volk nicht die Vorentscheidung des Senats bestätigt. Ebenso liegen die Dinge auch hinsichtlich seiner ureigensten Befugnisse. Wenn nämlich jemand ein Gesetz einbringt, das dem Senat irgendein ihm nach dem Herkommen zustehendes Recht entziehen, zum Beispiel Ehrenplätze im Theater oder andere Vorrechte aberkennen oder sogar Vermögen und Privatbesitz angreifen will, so hat das Volk auch in diesem Fall die Entscheidung, solche Anträge anzunehmen oder abzulehnen. Vor allem aber, wenn nur ein einziger Volkstribun sein Veto einlegt, kann der Senat weder eine Beratung zu Ende führen noch auch nur zusammenkommen und eine Sitzung abhalten; die Volkstribunen aber sind stets verpflichtet zu tun, was das Volk will, und seine Wünsche zu beachten. Aus allen diesen Gründen fürchtet der Senat die Menge und muss auf das Volk Rücksicht nehmen.

Ebenso ist wiederum das Volk vom Senat abhängig und muss sich nach ihm richten, im staatlichen wie im privaten Leben. Für alle öffentlichen Arbeiten, die in ganz Italien von den Zensoren vergeben werden zur Wiederherstellung oder Neuerrichtung von Bauten – es wäre nicht leicht, sie alle aufzuzählen –, für alle Pachtungen von Zöllen an Flüssen und Häfen, von Gärten, Bergwerken, Ländereien, kurz, allem, was der römischen Herrschaft untersteht, für all dies kommen die Unternehmer aus der breiten Masse des Volkes und sozusagen fast jeder Bürger ist an diesen Submissionen und Pachtungen beteiligt. Die einen erstehen selbst von den Zen-

M21 Die Verfassung der Römischen Republik (im 3./2. Jh. v. Chr.)

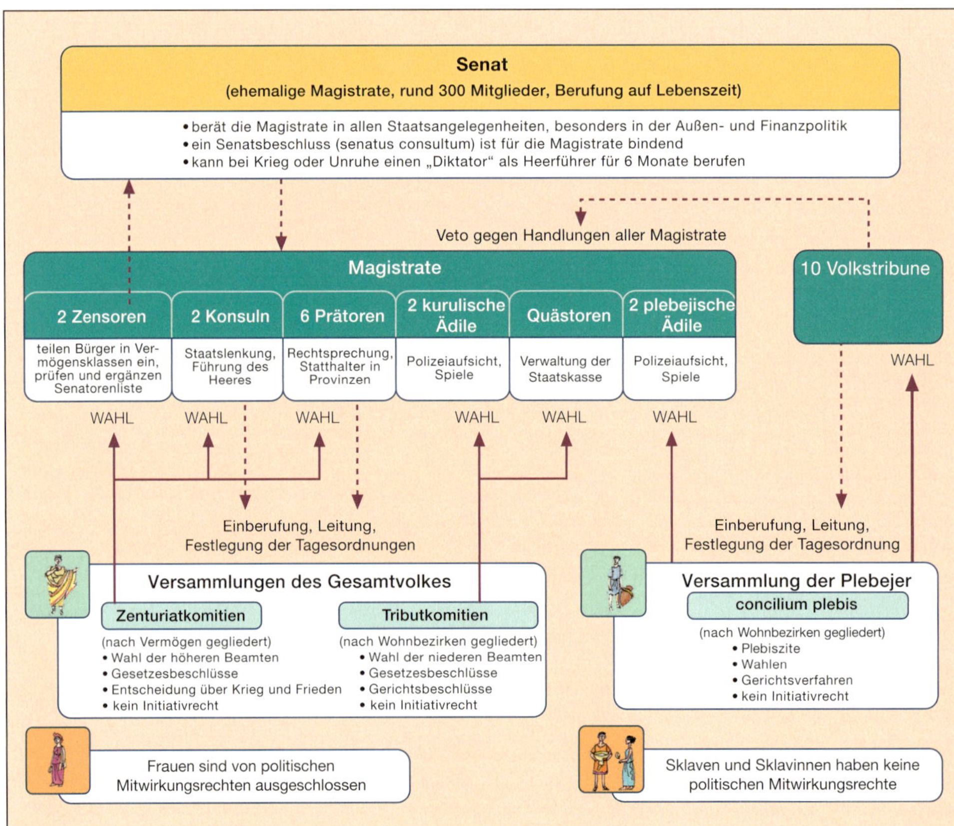

soren die ausgebotenen Unternehmungen und Pachtungen, die anderen treten als Teilnehmer ins Geschäft, andere leisten dafür Bürgschaft, wieder andere zahlen aus ihrem Vermögen in die Staatskasse. Die Entscheidung aber über all diese Dinge liegt beim Senat. Er kann Zahlungsaufschub bewilligen, bei einem Unglück Nachlass gewähren oder, wenn ein Hindernis die Ausführung der Arbeit gänzlich unmöglich macht, von den Verpflichtungen aus dem Werkvertrag ganz entbinden. So hat der Senat vielerlei Möglichkeiten und Gelegenheiten, den Unternehmern großen Schaden zuzufügen und bedeutende Vorteile zuzuwenden. Denn in allen diesen Dingen muss man sich an ihn wenden. Was aber die Hauptsache ist – aus den Reihen der Senatoren werden die Richter gewählt für fast alle öffentlichen und privaten Prozesse, soweit es sich um schwerwiegendere Fälle handelt. Da also alle Bürger sich der richterlichen Entscheidung der Senatoren anvertrauen müssen und angesichts der Ungewissheit des Ausgangs in Furcht leben, hüten sie sich wohl, den Wünschen des Senats Widerstand zu leisten und entgegenzuwirken. Ebenso finden sie sich nicht leicht bereit, den Plänen der Konsuln Hindernisse in den Weg zu legen, weil jeder Einzelne und alle insgesamt im Felde ihrer Befehlsgewalt unterstehen.

Obwohl jeder der drei Teile solche Macht hat, einander zu schaden oder zu helfen, so wirken sie doch in allen kritischen Situationen so einträchtig zusammen, dass man unmöglich ein besseres Verfassungssystem finden kann.

Polybios, Geschichte VI 15–18, Übers. Hans Drexler, Zürich (Artemis) 1963, S. 543–546.

M 22 Die Römische Republik: Demokratie – Aristokratie – Monarchie?

22 a) Der Historiker Ulrich von Lübtow über die Volksversammlungen (1955):

Ferner galt als unumstößlicher Grundsatz des Verfassungsrechts, dass die abstimmenden Volksversammlungen *(comitia)* nur von den dazu berechtigten Magistraten einberufen werden, nur unter ihrer Leitung Beschlüsse fassen und, jedenfalls soweit es sich um Gesetzesvorlagen handelte, nur mit Ja oder Nein abstimmen durften. Anders als in Athen waren auch Zusatz- oder Abänderungsanträge des einzelnen Bürgers unzulässig. Ebenso wenig gab es in den *comitia* eine Diskussion über das Für und Wider der magistratischen Gesetzesvorschläge.

Ulrich von Lübtow, Das römische Volk, Frankfurt/M. (Klostermann) 1955, S. 249.

22 b) Die Historiker Wolfgang Kunkel und Roland Wittmann über die Volksversammlungen (1995):

Die Volkswahl verlieh den Magistraten ihre Gewalt über die Bürger und ihre Legitimation, für die Gesamtheit der Bürger, d. h. für den Staat zu handeln. Die politische Doktrin der Römer sah in ihr ein spezifisch demokratisches Verfassungselement. In Wahrheit war sie dies jedoch nur in einem sehr beschränkten, mehr formalen als substanziellen Sinne. Die eigentümliche, recht undemokratische Struktur der Volksversammlungen, besonders der für die Wahl der Obermagistrate zuständigen Zenturiatkomitien, der Einfluss, den die führenden Familien des Senatsadels durch ihr Ansehen und ihre weit verzweigten Klientelen ausübten, und schließlich auch die Manipulierbarkeit des komplizierten Wahlverfahrens: diese drei Faktoren schlossen eine wahrhaft demokratische Entscheidung weithin aus. Sie machten die Volkswahl geradezu zu einem Instrument der Senatsoligarchie oder der Faktionen, die innerhalb dieser Oligarchie um Einfluss und Macht kämpften. Für Außenseiter ohne Ahnen und ohne Helfer aus dem Kreise der mächtigen Politiker war darum die Volkswahl keineswegs ein bequemer Zugang, vielmehr im Gegenteil eine fast unüberwindliche Hürde auf der Bahn zur Magistratur, vor allem zu den höheren Ämtern.

22 c) Wolfgang Kunkel und Roland Wittmann über den Senat und die Ämterlaufbahn (1995):

Insgesamt wird man wohl behaupten können, dass dem Senat infolge einer traditionalistischen Handhabung der lectio[1] durch die Zensoren bis in die Krisenzeit der Republik[2] seine aristokratische Grundstruktur erhalten geblieben ist. Es gelangten zwar immer wieder neue Elemente in ihn, zumeist wohl durch die Bekleidung der unteren Magistraturen, die eine Anwartschaft und später ein Anrecht auf den Senatssitz begründeten, zu einem kleineren Teil vielleicht aber auch durch freie Auswahl seitens der Zensoren. Einfluss konnten aber solche *homines novi* dank der eigentümlichen Geschäftsordnung des Senats im Allgemeinen nur dann gewinnen, wenn sie in der Ämterlaufbahn bis zu den Obermagistraturen, zur Praetur oder gar zum Konsulat aufstiegen, und dies gelang stets nur wenigen. Wer ein Amt nicht bekleidet hatte und auch später nicht erreichte, verblieb in den Reihen der *pedarii senatores*, die nie um ihre Meinung befragt wurden, sondern nur über die Beschlussvorschläge anderer abstimmen durften.

1 Ernennung der Senatoren, Erstellen der Senatslisten
2 ca. 133–27 v. Chr. (vgl. Kapitel 4)

22 d) Wolfgang Kunkel und Roland Wittmann über das Volkstribunat (1995):
Da der Senat sich den Obermagistraten gegenüber trotz seines Weisungsrechts häufig auf die bloße Weichenstellung oder Koordinierung beschränkte, machte ihm der Umgang mit den weisungsunabhängigen Volkstribunen keine Schwierigkeit. Die kollegiale Interzession[1] verhinderte einen unangemessenen, den gesamtstaatlichen Rahmen sprengenden Gebrauch der tribunizischen Gewaltbefugnisse und des Rogationsrechts[2]. Senat und Volkstribunat waren somit zwar als Verfassungsorgane rechtlich voneinander unabhängig, in der politischen Praxis aber aufeinander angewiesen. Die *lex Atinia*[3] zog hieraus auch für die Mitgliedschaft im Senat die notwendige Konsequenz, indem sie die Aufnahme der ehemaligen Volkstribune in den Senat anordnete.
M22b bis d: Wolfgang Kunkel/Roland Wittmann, Staatsordnung und Staatspraxis in der Römischen Republik, München (C. H. Beck) 1995, S. 11, 443 und 638.

1 Kollegiale Interzession: Vetorecht eines Amtsträgers gegenüber seinem Kollegen; Magistrate waren in Rom immer zweifach (kollegial) besetzt.
2 Rogationsrecht: Recht der Volkstribune, gegen Gesetzesanträge und Senatsbeschlüsse Einspruch zu erheben.
3 lex Atinia: *149 v. Chr.*

M 23 Wer verfügt über die öffentlichen Finanzen?

Der Historiker Polybios (um 200–120 v. Chr.):
[Die Konsuln] sind berechtigt, aus öffentlichen Mitteln Ausgaben in jeder Höhe zu machen, die ihnen notwendig scheint, und der Quästor, der ihnen beigegeben ist, führt anstandslos jeden ihrer Befehle aus. […]

Der Senat sodann hat erstens die Finanzhoheit. Er verfügt über alle Einnahmen und ebenso über die Ausgaben. Denn unter keinem einzigen Titel können die Quästoren Zahlungen leisten, ohne dass ein Senatsbeschluss dafür vorliegt, mit Ausnahme der Zahlungen an die Konsuln. Ebenso hat der Senat die Entscheidung über die bei weitem größten und wichtigsten Aufwendungen, die die Zensoren alle vier Jahre für die öffentlichen Arbeiten, Reparaturen und Neubauten machen; er muss ihnen das Geld bewilligen.
Polybios, Geschichte VI, 12–14, Übers. Hans Drexler, Zürich (Artemis) 1963, S. 541.

29 a) Erläutern Sie mithilfe des Schemas M21 Grundmerkmale der römischen Verfassung in der Zeit der Republik.
b) Halten Sie in wenigen Stichworten fest, worin sich der Aufbau der römischen Verfassung grundlegend von unserem Grundgesetz heute unterscheidet.
30 Polybios steht der römischen Verfassung positiv gegenüber. Zeigen Sie (M20), woran man diese Haltung sprachlich erkennen kann. Gehen Sie auch auf die Biografie des Polybios und seinen sozialen Stand in Rom ein.
31 Demokratie – Oligarchie – Aristokratie?
a) Klären sie zunächst die genannten Herrschaftsbegriffe mithilfe eines Lexikons.
b) Erörtern Sie unter Zuhilfenahme der modernen Forschungsergebnisse (M22a bis d) und der Quelle M23, ob man die Verfassung der Römischen Republik einer der genannten Herrschaftsformen zuordnen kann oder ob sie, wie Polybios im 2. Jh. v. Chr. meinte, eine „Mischverfassung" sei, die Elemente der Demokratie, der Oligarchie und der Aristokratie enthalte.
c) Bilden Sie sich Ihre eigene Meinung. Suchen Sie gegebenenfalls einen anderen Herrschaftsbegriff, der Ihrer Meinung nach die römische Verfassung am besten charakterisiert.

Rom und die USA – zwei Weltmächte im Vergleich

M24 Peter Bender, Journalist und Althistoriker, in einem historischen Essay 2002

Wie verhalten sich kleine Länder zu einem übermächtigen großen? Wenn sie einem Eroberer erliegen, folgen die alten Geschichten von Aufstand und Befreiung oder Resignation und Unterwerfung. Wenn der übermächtige Große ein Freund und Befreier ist, spalten sich die Gefühle. „Jeder westeuropäische Staatsmann", schrieb Alfred Grosser, „empfindet zwei gegensätzliche Gefühle: Befreiung darüber, dass die USA existieren, und Ärger darüber, dass das Leben und Wohl seiner Mitbürger in großem Maße von den Entscheidungen eines fremden und fernen Präsidenten abhängen." […]

Was geschieht, wenn die Großen einen Krieg führen, der den Kleinen nicht behagt? Als Rom im Jahr 171 v. Chr. gegen den Makedonenkönig Perseus zu Felde zog, plädierte im Achäischen Bund die radikale Rom-Partei für uneingeschränkte Unterstützung, die Mehrheit hingegen für Neutralität und militärische Hilfe nur auf ausdrückliche Anforderung. Was werden die Europäer tun, wenn Präsident Bush gegen den Irak losschlägt? Schicken sie Soldaten freiwillig oder nur auf Anforderung? Soldaten für den Kampf oder als Wachschutz nach dem Kampf? Bezahlen sie den Krieg und räumen nachher auf, was die Amerikaner zerbomt haben? […]

Wenn man Römer und Amerikaner gemeinsam fragen könnte, was sie von alledem halten, würden sie im Chor zunächst die Undankbarkeit der Griechen und Europäer beklagen: Rhodos und Pergamon, würden die Römer sagen, haben uns gegen den wüsten Eroberer Philipp von Makedonien zu Hilfe gerufen, unsere Legionen haben ihn besiegt und den Griechen die Freiheit gegeben, danach sind sie nach Hause gegangen. […] Und Amerika würde argumentieren: England bestürmte uns, ihm gegen Hitler beizustehen, wir haben Europa von der Tyrannei der Nationalsozialisten und Faschisten befreit und dann die Freiheit der Westeuropäer gegen den sowjetischen Kommunismus verteidigt. […]

Nachdem sie die Undankbarkeit beklagt haben, würden Römer und Amerikaner kühl daran erinnern, dass weder die Griechen noch die Europäer in der Lage waren und sind, ihr eigenes Haus in Ordnung zu halten. Von Pergamon bis Athen reichten sich die Gesandtschaften die Klinke in die Hand, um sich über ihre Nachbarn zu beschweren, ohne Unterlass musste der Senat Beauftragte in den Osten schicken, die dort die ewigen Streitereien schlichteten und sogar Kriege verhinderten oder beendeten. Und Amerika? Seine Antwort: Die Europäer haben zwar – mit unserer amerikanischen Nachhilfe – ein respektables Maß an Einigkeit erreicht, aber als auf dem Balkan Zwergvölker übereinander herfielen, waren sie außer Stande, dort Ruhe zu schaffen. Wir mussten erst kommen und das Ende von Mord und Vertreibungen erzwingen. An der Art, wie wir das taten, hatten sie dann sofort herumzumäkeln. […]

Gegen die Macht gibt es keine Argumente, sondern nur den Beweis eigener Kraft. Die Griechen hatten im 2. vorchristlichen Jahrhundert keine Chance, auch der stärkste Verfechter der achäischen Unabhängigkeit wusste, „dass einmal für die Griechen die Zeit kommen wird, da sie gezwungen sind, alles zu tun, was ihnen befohlen wird".
So war es dann auch, aber in Europa ist es nicht so. Frankreich ist nicht Athen, England nicht Rhodos, Deutschland nicht Pergamon. Europa ist sehr viel stärker als das alte Griechenland und der Großmacht Amerika wirtschaftlich sogar ebenbürtig. Die Europäer haben die Wahl, die den Griechen versagt blieb. Wenn sie überzeugt bleiben, ohne Amerika in äußere und innere Unsicherheit zu fallen, sollten sie weniger der „Ehre" als dem „Nutzen" folgen und sich ohne „Murren" in die transatlantische Abhängigkeit fügen. Wenn sie den Mut zur wirklichen Selbstständigkeit aufbringen, dürfen sie nicht mehr nach Washington starren, ob sich dort ein „Zeichen des Missfallens" regt.

Peter Bender, in: Die Zeit Nr. 41, 2. Oktober 2002.

32 Erläutern Sie die Parallelen Benders in M24.
33 Bewerten Sie seine Folgerungen Z. 68–91.

Weiterführende Arbeitsanregungen zur Römischen Republik

Projekt: „Die private Kulisse der Nobilität" – Hausbau und Lebensstil

Der Grundtyp des römischen Hauses, das Atriumhaus, entstand im 4. Jahrhundert v. Chr. Es handelte sich dabei um einen meist einstöckigen, nach außen geschlossenen Bau; im Zentrum lag ein Hof, der bis auf einen Lichtschacht von einem Dach überdeckt war; um dieses Atrium gruppierten sich Wohnräume, im hinteren Teil lag ein Garten. Der Grundtypus war bis zum Stadtpalast erweiterbar. „Für hoch stehende Personen", schrieb der römische Ingenieur Vitruv, „müssen fürstliche, hohe Vorhallen, sehr weiträumige Atrien und Peristyle gebaut werden [...], die der Würde angemessen angelegt sind; außerdem Bibliotheken, Räume für Gemäldesammlungen und basilikaähnliche Hallen, [...] weil in den Häusern dieser Männer öfter politische Beratungen abgehalten und Urteile und Entscheidungen gefällt werden."

Arbeitsanregungen und Literaturhinweise

1 Der Bau von Stadtvillen lässt sich vor allem an den ausgegrabenen Häusern der süditalischen Stadt Pompeji nachvollziehen. Sammeln Sie Bildmaterial über diese Häuser. Untersuchen Sie archäologische Überreste, Grundrisse, Inneneinrichtungen und ggf. Modelle. Literaturhinweise:
Philippo Coarelli (Hg.), Pompeji, Übers. Eva Ambross, München (Hirmer) 2002 (mit zahlreichen Fotos).
Robert Etienne, Pompeji. Das Leben in einer römischen Stadt, Ditzingen (Reclam) 1998.

2 Bei Vitruv (Anfang 1. Jh. n. Chr.) und Plinius dem Jüngeren (61/62–113 n. Chr.) finden sich schriftliche Überlieferungen über Häuser und Lebensstil der Oberschicht:
Vitruv, Zehn Bücher über Architektur/De architectura libri decem, Übers. Curt Fensterbusch, 5. Aufl. Darmstadt (Wiss. Buchgesellschaft) 1991, dort die Stelle VI, 1–2.
Plinius, Epistulae/Briefe, Buch V, lateinisch-deutsch, Übers. Heribert Philips Stuttgart (Reclam) 1998, dort die Stelle 6, 14–46 (siehe auch in diesem Heft S. 105, M2c).

M25 **Peristyl der *Casa dei Vettii* in Pompeji, 1. Jh. v. Chr.** – *Vitruv schrieb in seinem Werk* De architectura *über die Zimmer römischer Privatwohnungen: „Dann muss man seine Aufmerksamkeit auch darauf richten, in welcher Weise in Privatgebäuden die Zimmer gebaut werden müssen, die allein den Hausherren gehören, und wie die, die auch Leuten zugänglich sind. Denn in die Privaträume haben nicht alle Zutritt, sondern nur geladene Gäste. [...] Allgemein zugängliche Räume aber sind die, in die auch uneingeladene Leute aus dem Volk mit Fug und Recht kommen können, d. h. Vorhallen, Höfe, Peristyle [...]. Daher sind für Leute, die nur durchschnittliches Vermögen besitzen, prächtige Vorhallen, Empfangssäle, Atrien nicht notwendig."*

4 Die späte Republik – Krise der *res publica*

Nur wenige Jahre, nachdem Rom Karthago endgültig besiegt und alle außenpolitischen Widerstände gebrochen hatte, begann mit dem Jahr **133 v. Chr.** eine Zeit der inneren Unruhen und der Bürgerkriege, die über hundert Jahre dauern sollte. Erst Augustus gelang es nach **31 bzw. 27 v. Chr.**, eine politische Ordnung zu etablieren, die das Römische Reich und seine politische Elite wieder dauerhaft einigen konnte (den Prinzipat; vgl. Kapitel 5).

Reformversuche: Die Gracchen

Die Kriege gegen Karthago im Westen sowie gegen Makedonien und andere im Osten hatten den Ruin vieler Kleinbauern nach sich gezogen, die als Soldaten ihre Höfe nicht mehr versorgen konnten (vgl. Kapitel 3, S. 16). Im Jahre 133 v. Chr. versuchte der Volkstribun **Tiberius Sempronius Gracchus** (162–133 v. Chr.) dieses soziale Problem zu lösen: Er begrenzte den Besitz an Staatsland *(ager publicus)* – das durch die Expansion in römische Hand gelangt war und das sich vor allem Großgrundbesitzer aus dem Senatorenstand privat angeeignet hatten – und verteilte den so frei gewordenen Ackerboden an Neusiedler. Das Gesetz wurde zwar beschlossen, aber seine Durchführung hintertrieben und Tiberius ermordet.

Zehn Jahre später setzte der Bruder, **Gaius Sempronius Gracchus** (153–121 v. Chr.), die Reformen als Volkstribun fort. Auch er wollte mit Acker-, Getreide- und Militärgesetzen den Besitzlosen helfen: Das Getreide sollte für Stadtbürger verbilligt und die Militärzeit begrenzt werden; Gerichtsgesetze zielten darauf ab, den Einfluss des Senats zurückzudrängen. Doch die führende politische Elite, Senatoren und Ritter, widersetzte sich auch dieses Mal. Gaius wurde zusammen mit vielen Anhängern getötet. Die Reformen scheiterten.

Die Krise spitzt sich zu: Marius gegen Sulla

In den folgenden Jahren musste Rom sich gegen die Einfälle von Germanenvölkern (Kimbern, Teutonen) verteidigen (vgl. Kapitel 9, S. 102). Der erfolgreiche Feldherr Gaius **Marius** (156–86 v. Chr.), ein *homo novus* bäuerlicher Herkunft, führte 105 bis 101 als Konsul eine Heeresreform durch, die die römischen Traditionen stark veränderte: Er nahm landlose Freiwillige und Bundesgenossen in seine Legionen auf, rüstete sie auf Staatskosten aus und versprach ihnen für die Zeit nach dem Dienst ein Stück Land. Aus dem Bürgerheer wurde so ein **Berufsheer.**

Im italischen Raum spitzten sich die politischen Auseinandersetzungen auf einen Kampf zwischen dem **Popularen** Marius und dem Rivalen Lucius Cornelius **Sulla** (138–78 v. Chr.) zu, der als **Optimat** die Interessen des Senats vertrat. Sulla setzte sich in einem blutigen Bürgerkrieg (88–82 v. Chr.) durch und verwirklichte anschließend als Diktator ein restauratives Gesetzeswerk. Dieses entmachtete die Volkstribunen und war insgesamt auf die Belange der Senatsherrschaft zugeschnitten. In den **Proskriptionen** wurden tausende von Gegnern geächtet, ermordet und ihr Vermögen beschlagnahmt. Zur Überraschung der Zeitgenossen legte Sulla ein Jahr vor seinem Tod die Diktatur nieder und zog sich zurück. Die meisten seiner Gesetze wurden wieder aufgehoben.

Pompeius und Caesar

Nach Sulla bestimmten vor allem zwei Männer die römische Politik, Gnaeus **Pompeius** Magnus (106–48 v. Chr.) und Gaius Julius **Caesar** (100–44 v. Chr.). Pompeius erwarb sich Ansehen durch erfolgreiche Feldzüge in Spanien und Kleinasien sowie durch die Bekämpfung der

Seeräuber. Caesar eroberte von 58 bis 51 v. Chr. das „freie Gallien" im nördlichen Frankreich (Südfrankreich hatte Rom schon zuvor erobert) und er griff auch vorübergehend nach Germanien und Britannien aus. Sein Machtzuwachs führte zum Konflikt: zum einen mit dem Senat und zum anderen mit Pompeius, der zunächst sein Verbündeter war, sich später aber immer stärker dem Senat zuwandte. Als der Senat Caesar als Kommandeur in Gallien ablösen wollte, marschierte dieser mit seinen Truppen – wie zuvor auch Sulla – gegen Rom. Mit seinem legendären Übertritt über den **Rubikon** überschritt er den Grenzfluss zwischen dem Machtbereich seiner Provinz und dem italischen Machtbereich. Die erste Phase dieses Bürgerkrieges endete im August 48 v. Chr., als Caesar Pompeius in Griechenland besiegte (dorthin hatte sich der Bürgerkrieg verlagert). In den folgenden drei Jahren überwand Caesar in Kleinasien, Afrika und Spanien auch alle anderen senatorischen Gegner (zuletzt die Söhne des Pompeius bei Munda) und ernannte sich im Februar 44 v. Chr. zum **Diktator auf Lebenszeit.** Doch am 15. März 44 v. Chr., nach dem römischen Kalender die „Iden" des März, wurde er ermordet.

Antonius und Octavian

Der Mord an Caesar brachte nicht die von seinen Gegnern erhoffte Rückkehr zur Republik. Stattdessen begann ein neuer Bürgerkrieg zwischen den Caesarmördern (Cassius, Brutus) auf der einen Seite und **Octavian** (63 v. Chr.–14 n. Chr.; später Augustus) und dem Konsul Marcus **Antonius** (82–30 v. Chr.) auf der anderen Seite. Als die Caesarmörder besiegt waren, teilten Antonius und Octavian die Herrschaft in einen östlichen und westlichen Bereich auf. Antonius residierte in Alexandria, wo er mit **Kleopatra**, der ägyptischen Königin und vormaligen Geliebten Caesars, liiert war; Octavian blieb in Rom.

Die Einigung hielt nur kurze Zeit, das Verhältnis wurde gespannter, bis es in einem offenen Krieg eskalierte. Nach dem Sieg in der **Seeschlacht bei Actium (31 v. Chr.)** wurde Octavian Alleinherrscher und erhielt 27 v. Chr. vom Senat den Ehrennamen **Augustus** (der Erhabene).

- Stellen Sie sich vor, Sie als Historiker/in hätten bei einer Grabung die Münze M1 entdeckt:

a) Beschreiben und erläutern Sie das Münzbild. Nutzen Sie als Hilfe die Bildlegende.
b) Formulieren Sie ausgehend von M1 und Ihren bisherigen Kenntnissen Hypothesen zu der Frage, wie sich die Politik in der späten Römischen Republik (133–27 v. Chr.) verändert hat.
c) Verändern Sie gegebenenfalls Ihre Hypothesen nach der Bearbeitung des Kapitels.

M1 **Vorderseite einer römischen Silbermünze (Denar) mit Caesar-Porträt, geprägt 44 v. Chr.** – *Zum ersten Mal begegnet hier auf einer Münze der Republik der Kopf einer noch lebenden Person.*
Umschrift: CAESAR DICT(ator) QUART(um).
Übersetzung: Caesar zum vierten Mal Diktator.
Kopfschmuck: Der Kranz ist das Herrschaftszeichen der etruskischen Könige.
Krummstab: Zeichen des Auguren-Amtes.

Hinweise zur Arbeit mit den Materialien

Die Expansion im 3. und 2. Jahrhundert v. Chr. hatte die Gesellschaft der Stadt Rom, der italischen Völker und der Provinzen nachhaltig verändert (vgl. Kapitel 3). Die Herausbildung der Geldwirtschaft und die Entstehung eines vermögenden Ritterstandes, die Aneigung und Übernahme der griechischen Weltkultur, die Verarmung der Bauern und die Ausweitung der Sklaverei, der Rückgang und die Unzufriedenheit der Wehrfähigen und nicht zuletzt der Machtzuwachs Einzelner stürzten das Weltreich im 1. Jahrhundert v. Chr. in eine tiefe Krise. Die politische Ordnung, vormals erschaffen für ein kleinräumiges Gemeinwesen, erwies sich jetzt als reform*bedürftig*. Aber waren die Gesellschaft und die politische Elite auch reform*fähig?*
Dazu vier Beispiele:
- die **Reformversuche der Gracchen** 133–121 v. Chr. (M2a bis e bieten schriftliche Quellen, M3 und M4 antikes Bildmaterial und M5a bis d Forschungsmeinungen);
- die **Heeresreform des Marius** Ende des 1. Jh. v. Chr. (schriftliche Überlieferungen in M6a und b, ein Münzbild in M6c);
- die **Diktatur Sullas** 88–79 v. Chr. (schriftliche Überlieferungen in M7a bis c);
- die Herrschaft von **Julius Caesar** (antike Münzbilder in M1, M10, M11; schriftliche Überlieferungen und Sekundärtexte in M12a bis M13b).

Methodische Anregungen: Die Entwicklung der Geldwirtschaft und die Inanspruchname von Münzbildern für politische Zwecke legen es nahe, einen methodischen Schwerpunkt beim Thema **Münzen als Quellen** zu legen (Einstieg: Münzbild M1; Vertiefung: *Methodensonderseite 49 f.*). – *Arbeitsteilige Gruppenarbeit:* die Heeresreform des Marius und die Diktatur Sullas.

Weiterführende Arbeitsanregungen S. 54: Geschichte in **Literatur und Spielfilm – Caesar.**

M2 Ein expandierendes Agrarland in der Krise: die Reformversuche der Gracchen

2 a) Der griechische Schriftsteller Plutarch (um 46–nach 119 n. Chr.) schreibt in seiner Biografie über Tiberius Gracchus zur Vorgeschichte der Agrarreformen:

Die Römer pflegten das Land, das sie ihren Nachbarn im Kriege abnahmen, zum einen Teil zu verkaufen, zum andern in Staatsbesitz überzuführen und dann bedürftigen Bürgern oder solchen ohne eigenen Boden gegen eine geringe Abgabe an die Staatskasse zur Nutzung zu überlassen. Als jedoch die Reichen anfingen, den Pachtzins in die Höhe zu treiben und die Armen von ihrer Scholle zu verdrängen, wurde ein Gesetz erlassen, welches bestimmte, dass niemand mehr als fünfhundert Morgen Land besitzen dürfe. Für kurze Zeit tat diese Vorschrift der Habgier Einhalt und half den Armen, welche auf den gepachteten Höfen blieben und den Anteil des staatlichen Bodens bewirtschafteten, den sie von jeher besessen hatten. Später aber brachten die reichen Nachbarn durch vorgeschobene Mittelsmänner die Pachtverträge in ihre Hände und verwalteten schließlich das meiste ganz offen als eigenen Besitz. Aus ihren Heimwesen gejagt, taten die Armen ihre Soldatenpflicht nur noch mit Widerwillen und zeigten auch keine Lust mehr, Kinder großzuziehen, sodass ganz Italien binnen kurzem die freie Bevölkerung zurückgehen sah, während das Land sich mit den Kasernen ausländischer Sklaven bedeckte, welche nunmehr die Ländereien bestellten, aus denen die Reichen ihre Mitbürger vertrieben hatten. Schon Scipios Freund Gaius Laelius[1] hatte einen Reformversuch unternommen, aber aus Angst vor Unruhen wieder aufgegeben, als die Großgrundbesitzer sich dem Plane entgegenstemmten.

1 Gaius Laelius (um 190–nach 129 v. Chr.): Freund des jüngeren Scipio Africanus; als Konsul (140) machte er Vorschläge zur Besserung der Lage der italischen Bauern, ließ diese aber mit Rücksicht auf die Interessen der Nobilität wieder fallen.

2 b) Plutarch über die allgemeine Lage der italischen Bauern zur Zeit des Tiberius Gracchus:

Die wilden Tiere, welche in Italien hausen, haben ihre Höhle, jedes weiß, wo es sich hinlegen, wo es sich verkriechen kann – die Männer aber, die für Italien kämpfen und sterben, sie haben nichts außer Luft und Licht. Heimatlos, gehetzt irren sie mit Weib und Kind durch das Land. Die Feldherren lügen, wenn sie in der Schlacht die Soldaten aufrufen, für ihre Gräber und Heiligtümer sich zu wehren gegen den Feind, denn von all diesen Römern besitzt keiner einen Altar, den er vom Vater ererbt, keiner ein Grab, in dem seine Vorfahren ruhen, vielmehr kämpfen und sterben sie für anderer Wohlleben und Reichtum. Herren der Welt werden sie genannt und haben nicht eine Scholle Landes zu Eigen.

2c) Plutarch beurteilt in seiner Biografie des Kaisers die Reformen des Tiberius:
Nach den Angaben der Historiker war dies in Rom der erste Parteikampf seit dem Sturz der Königsherrschaft, der durch Bürgerblut und Bürgermord entschieden wurde. Bis dahin hatte man innere Wirren, mochten sie noch so tief greifen und an entscheidende Fragen rühren, durch gegenseitige Nachgiebigkeit beigelegt, denn der Adel hatte Furcht vor der Macht der Menge und das Volk empfand Achtung vor dem Senat. Auch damals hätte sich Tiberius wahrscheinlich leicht zum

M3 **Bodenmosaik aus einem römischen Haus in Vienne/Südfrankreich, um 200 n. Chr.** – *Getreide war das wichtigste Grundnahrungsmittel in der römischen Welt.*

Einlenken bereden lassen, umso leichter, wenn sie ohne Mord und Gewalttat zu ihm gekommen wären, hatte er doch nicht mehr als dreitausend Anhänger um sich. Es hat indes den Anschein, die Verschwörung gegen ihn sei mehr durch die Wut und den Hass der Reichen zu Stande gekommen als infolge der Gründe, die gegen ihn ins Feld geführt wurden. Die rohe, Recht und Gesetz verhöhnende Misshandlung des Toten beweist dies klar.

M2a bis c: Plutarch, Tiberius Gracchus 8, 9 und 20, Übers. Walter Wuhrmann, Zürich (Artemis) 1965, S. 243 f., 245 f. und 257.

2 d) Der Historiker Plutarch schreibt in einer Biografie über die Maßnahmen des Gaius Gracchus:

Unter den Gesetzesanträgen, die Gaius einbrachte, um das Volk zu gewinnen und die Macht des Senates zu brechen, sah das Ackergesetz die Verteilung des Staatsgrundes an die Armen vor, das Militärgesetz bestimmte, der Staat habe den Soldaten im Felde die Ausrüstung zu liefern, und zwar ohne Verkürzung des Soldes, auch dürfe niemand unter siebzehn Jahren zum Kriegsdienst aufgeboten werden. Das Bundesgenossengesetz sollte den Italikern das gleiche Stimmrecht verschaffen wie den römischen Bürgern, das Getreidegesetz der unbemittelten Bevölkerung niedrige Marktpreise sichern. Doch tat das Richtergesetz dem Einfluss der Senatoren den empfindlichsten Abbruch; denn sie allein hatten die Rechtsprechung in Händen und waren deshalb bei Volk und Richtern gefürchtet und gehasst. Gaius fügte nun zu den dreihundert senatorischen Richtern dreihundert weitere aus dem Ritterstand und ließ die Urteile von den sechshundert gemeinsam fällen. Für diesen Antrag setzte er sich, wie es heißt, mit ganz besonderem Eifer ein, ja noch mehr: Während vor ihm alle Vertreter des Volkes von der Rednerbühne aus zum Senat und dem so genannten Comitium hingeblickt hatten, wandte er sich in jenem Augenblick zum ersten Male dem Forum zu, als er zum Volke sprach, und soll es auch in Zukunft so gehalten haben. Durch eine kleine Drehung, eine kaum merklich veränderte Haltung brachte er die Fundamente des Staates ins Wanken und schuf ihn aus einer Aristokratie um in eine Demokratie, in der die Redner auf die Menge, nicht auf den Rat Rücksicht nehmen müssen.

Plutarch, Gaius Gracchus 26, Übers. Walter Wuhrmann, Zürich (Artemis) 1965, S. 264 f.

2 e) Der griechischstämmige Historiker Appian (2. Jh. n. Chr.), römischer Bürger und Ritter, schreibt in seiner „Römischen Geschichte", die unter anderem eine Darstellung der römischen Bürgerkriege umfasst, über das Ende der gracchischen Reformen:

Damit fand der Aufruhr des jüngeren Gracchus sein Ende, und es währte nicht lange, dass ein Gesetz durchging, demzufolge die Grundbesitzer das strittige Land verkaufen durften; war doch auch dies nach dem Gesetz des älteren Gracchus untersagt. Und sofort begannen die Reichen, die Landlose der Armen aufzukaufen, oder zwangen sie unter verschiedenen Vorwänden dazu. Dadurch erging es den Armen noch schlimmer als zuvor, bis endlich der Volkstribun Spurius Thorius ein Gesetz einbrachte, nach dem die Aufteilung von Staatsgrund beendet werden und das Land den Inhabern gehören solle; diese aber sollten dafür Abgaben an das Volk entrichten und das eingehende Geld sollte verteilt werden. Zwar war die Verteilung ein gewisses Trostpflaster für die Armen, genügte aber nicht für eine so große Menschenmenge. Nachdem nun einmal durch diese Winkelzüge das Gesetz des Gracchus – eine ganz hervorragende und sehr nützliche Maßnahme, wenn ihre Durchführung nur möglich gewesen wäre – durchbrochen war, wurden kurz danach auf Veranlassung eines anderen Volkstribunen auch die Abgaben aufgehoben, und so verlor das Volk alles zugleich. Dies aber hatte zur Folge, dass die Zahl sowohl der Bürger wie der Soldaten noch weiter abnahm, und ebenso erging es mit den Einkünften aus dem Land, den Zuteilungen und den Landlosen selbst. Etwa fünfzehn Jahre nach der Gesetzgebung des Gracchus herrschte infolge von Prozessen allgemeine Untätigkeit.

Appian, Römische Geschichte, Bürgerkriege I 121–124, Übers. Otto Veh, Stuttgart (Hiersemann) 1989, S. 31 f.

M 4 Fresko aus dem Haus eines Bäckereibesitzers, Pompeji, Ende 1. Jh. v. Chr. – *Ursprünglich bestand die Bevölkerung Roms aus Ackerbürgern, die ihre Lebensmittel selbst herstellten. Spätestens im 2. Jh. v. Chr. kaufte man jedoch beim Bäcker ein. – Das Fresko zeigt entweder den Verkauf oder die kostenlose Brotausgabe durch einen Bäcker, der in ein öffentliches Amt gewählt worden war.*

M 5 Die Reformen der Gracchen im Urteil moderner Historiker

5 a) Helmut Schneider (1977):

Auf die gracchische Reformpolitik hat der Senat, der dieser Politik sachlich nichts entgegenzusetzen hatte, mit einer Obstruktionspolitik und, als diese sich erfolglos erwies, mit einer gewaltsamen Niederschlagung der gracchischen Reformbewegung reagiert; die Senatoren, die Tiberius Gracchus wiederholt vorgeworfen hatten, er habe die Grundsätze der Verfassung missachtet, gebrauchten in der politischen Auseinandersetzung selbst rechtswidrige und außerordentlich brutale Methoden, deren Billigung die Verlogenheit der senatorischen Polemik deutlich offenbarte. Das Jahr 133 stellt für die römische

Politik eine entscheidende Wende dar: Das erste Mal seit dem Ende der Kämpfe zwischen Patriziern und Plebejern in der frühen Republik waren die sozialen Interessen der Bevölkerung formuliert, die aus ihnen resultierenden Forderungen mit Nachdruck gestellt und die Massen zur Unterstützung einer ihren Interessen dienenden Politik mobilisiert worden. Die tribunizische Politik hatte sich 133 endgültig aus ihrer Abhängigkeit vom Senat gelöst. Die Polarisierung der römischen Politik, die Aktivität der Massen, der permanente senatorische Widerstand gegen die gracchische Politik und die Eskalation des Konflikts bis zur gewaltsamen Beseitigung des Tiberius Gracchus waren deutliche Indizien dafür, dass die bis dahin latenten Konflikte zwischen Plebs und Großgrundbesitzern sich in einen offen ausgetragenen sozialen Konflikt verwandelt hatten.

Helmut Schneider, Die Entstehung der römischen Militärdiktatur, Köln (Kiepenheuer) 1977, S. 65.

5 b) Horst Dieter und Rigobert Günther (1979):

So hatten die Gracchen mit ihren Reformen nur Teilerfolge erzielen können. Den größten Vorteil brachten die Reformen der Ritterschaft, die ökonomisch und politisch gestärkt aus der demokratischen Bewegung hervorging. Der Versuch, die Bauernschaft in ihrer vormaligen Stärke wiederherzustellen, erwies sich unter den Bedingungen der auf Sklaverei beruhenden Produktionsweise, die sich noch in einer aufsteigenden Entwicklungsphase befand, als undurchführbar. Den Gracchen gelang es fernerhin nicht, die dem Senatorenstand oppositionell gegenüberstehenden Klassen und Schichten zu einem festen Bündnis zusammenzuschließen, sie boten ein zu unterschiedliches ökonomisches und soziales Bild. Die Ursache hierfür ist vornehmlich darin zu suchen, dass der besonders im 2. Jh. im Gefolge der Eroberungen einsetzende Aufschwung von Handel und Wucher im Gegensatz zu den griechischen Stadtstaaten des 6. und 5. Jh. [v. Chr.] nicht von einem adäquaten Aufschwung der handwerklichen Produktion begleitet war. Infolgedessen kam es in Rom nicht in dem Maße wie in Griechenland zur Ausbildung stärkerer Mittelschichten, die hier zu den wichtigsten Stützen der Demokratie gehörten. Ritterschaft und Plebs waren ökonomisch und politisch zu weit voneinander entfernt, als dass sie sich als verlässliche Bündnispartner im Kampf gegen die Nobilität hätten betrachten können. Forderungen der Plebs nach Landaufteilung und nach Schuldentilgung mussten ebenso den Interessen der Ritter zuwiderlaufen. Die soziale Heterogenität der Opposition in Rom war die Hauptursache dafür, dass die demokratische Bewegung hier nie zum Erfolg führte. Dennoch konnten die inneren Auseinandersetzungen nicht mehr beigelegt werden und noch am Ausgang des 2. Jh. verschärften sie sich erneut. Bürgerliche Althistoriker wie J. Vogt, A. Heuss und H. Bengtson sehen in den Gracchen „Revolutionäre" und begründen das einhellig damit, dass die Gracchen gegen die althergebrachte römische Verfassung verstoßen haben. Hierin zeigt sich einer der Grundzüge der bürgerlichen Historiografie heute, nämlich der Konservatismus, der mit der Entstellung und Diskreditierung des marxistisch-leninistischen Revolutionsbegriffes einhergeht.

Horst Dieter/Rigobert Günther, Römische Geschichte bis 476, 3. Aufl., Berlin (Deutscher Verlag der Wissenschaften) 1990, S. 125.

5 c) Karl Christ (2000):

Von ihnen, insbesondere von C. Gracchus, wurden nahezu alle Aspekte der großen Krise, militär- und bevölkerungspolitische wie wirtschaftliche, Bundesgenossenfrage wie Sklavenproblem in eine breite und intensive öffentliche Diskussion gebracht, Leidenschaften der Armen wie der Besitzenden, der Privilegierten wie der Benachteiligten geweckt und entzündet. Mochten Thematik und Inhalt wie Zielsetzungen ihrer Reformen teilweise auf breites Verständnis stoßen, so ist es um die gewählten Methoden anders bestellt. Hier sind die Gracchen auch ein Beispiel für die Verstrickung von Reformern in die formalen wie rechtlichen Prinzipien und Traditionen einer Verfassung. Der verfassungspolitische Minimalkonsens wurde von ihnen in Frage gestellt, traditionelle Rechte des Senates beschnitten, diese Körperschaft immer wieder vor vollendete Tatsachen gestellt. Hier wurde ganz bewusst der Nachweis geführt, dass entscheidende staatspolitische Maßnahmen auch ohne und gegen den Senat durchgeführt werden konnten. Die Gracchen wollten allem Anschein nach keinen gewaltsamen Umsturz von Gesellschaft, Verfassung und Staat, sie haben ihn jedenfalls nicht planmäßig vorbereitet. Doch sie führten Situationen herbei, die durchaus in einen Umsturz münden konnten. Agitation und Gewalt solchen Ausmaßes hatte es in Rom seit den Ständekämpfen nicht mehr gegeben. Von den Gracchen führt auch ein Weg zu den anarchischen Verhältnissen im Rom der Fünfzigerjahre des 1. Jahrhunderts v. Chr. unter Clodius und Milo.

Karl Christ, Krise und Untergang der Römischen Republik, Darmstadt (Wiss. Buchgesellschaft) 2000, S. 148.

5d) Werner Dahlheim (1994):
Der Sieg des Senates war 121 so gründlich, dass für zwei Jahrzehnte alle mit dem Namen der Gracchen verbundenen Probleme ausgestanden schienen. Nach dem Tod ihrer Führer schwanden sofort die Energien der Volksmassen, die das soziale Programm und noch mehr die politische Leidenschaft der Gracchen mobilisiert hatten. Erneut zeigte sich, dass der kleine Mann in Rom nicht dauerhaft politisiert werden konnte: Zu eindeutig war die aristokratische Überlegenheit in einem Gesellschaftssystem festgeschrieben, das Politik allein den Reichen und Mächtigen gestattete und von allen übrigen Schichten Gehorsam verlangte.

Werner Dahlheim, Die Antike, Paderborn (Schöningh) 1994, S. 399.

1 a) Arbeiten Sie aus den Quellen M2a bis e heraus, welche Missstände die Gracchen zu ihren Reformen veranlassten.
b) Welche Gründe nennen die Quellen für das Scheitern der Reformen?
2 a) Welches grundlegende Merkmal der römischen Gesellschaft thematisiert Bild M3?
b) Die Interpretation des Bildes M4 ist nicht eindeutig. Begründen Sie, welche Deutung Sie (vgl. Bildlegende) für wahrscheinlich halten.
c) Welchen gesellschaftlichen Wandel beleuchten die Bilder M3 und M4?
3 In M5a bis d bewerten moderne Historiker die Gracchen. Skizzieren Sie jeweils Standort und Perspektive der Autoren.

M6 Die Heeresreform des Marius

6a) Der römische Historiker Sallust (86 bis 35 v. Chr.) über die Heeresreform des Marius:
Er selbst [= Marius] hebt unterdessen Soldaten aus, nicht nach altem Brauch und nicht in den Vermögensklassen, sondern wie jeder Lust hatte, meistens Leute ohne Besitz. Die einen sagten, der Konsul habe dies gemacht, da er keine besseren bekommen konnte, die andern, es sei aus Rücksichtnahme, da er von dieser Art Leute umjubelt und gefördert worden war und für einen Menschen, der Macht sucht, gerade die Ärmsten die Willkommensten sind, denen ihr Eigentum nicht lieb ist, weil sie keines haben, und alles, was mit Gewinn verbunden, ehrenhaft scheint.

Sallust, Jugurtha 86, Übers. André Lambert, Zürich (Artemis) 1978, S. 166.

6b) Appian (2. Jh. n. Chr.) in seiner „Römischen Geschichte" über die Gründe der Reform:
[68] Diese beiden einer Vielzahl entnommenen Beispiele sollen die damals herrschende Zuchtlosigkeit beleuchten! Ihren Grund hatten die Zustände darin, dass die Mehrzahl der Befehlshaber, wie es bei Bürgerkriegen zu sein pflegt, nicht auf ordnungsgemäße Art und Weise gewählt wurden; außerdem waren ihre Heere nicht nach Väterbrauch aufgrund von Stammrollen und nicht nach den Bedürfnissen des Vaterlandes aufgestellt, dienten auch nicht so sehr dem allgemeinen Besten als vielmehr den Einzelpersonen, die sie um sich sammelten, und selbst diesen nicht unter dem Zwang von Gesetzen, sondern wegen persönlicher Zusagen. Ihre Gegner waren überdies nicht gemeinsame Feinde, sondern persönliche Widersacher, und auch nicht Fremde, sondern Mitbürger und Gleichgestellte. [69] Dies alles trug dazu bei, die militärische Disziplin bei ihnen zu untergraben, und die Soldaten bildeten sich ein, nicht so sehr in einem regelrechten Heer zu dienen, als vielmehr nach eigener Gunst und Entscheidung Beistand zu leisten, und meinten, ihre Führer benötigten sie gezwungenermaßen zur Verfolgung persönlicher Ziele. [70] Das Desertieren, ehedem bei den Römern unnachsichtig verfolgt, wurde jetzt sogar mit Geschenken honoriert und ganze

Heere sowie einige vornehme Männer ließen sich darauf ein; hielten sie es doch nicht für Fahnenflucht, wenn sie zu einer gleich gearteten Partei überwechselten, [71] da alle einander glichen und keine von ihnen sich als Kämpferin gegen den gemeinsamen Feind der Römer unterschied. Der allgemeine Vorwand der Feldherrn, sie stritten samt und sonders für das Wohl des Vaterlandes, machte den Leuten das Überlaufen leicht, denn jeder konnte glauben, dass er überall bei jeder Partei diesem Vaterlande helfen könne. Das wussten auch die Feldherrn und duldeten darum das Betragen ihrer Soldaten, überzeugt, dass ihre Macht nicht so sehr vom Gesetz als vielmehr von ihren Geschenken abhing.

Appian, Römische Geschichte, Bürgerkriege V 68–71, Übers. Otto Veh, Stuttgart (Hiersemann) 1989, S. 360.

6c) Marius im Triumphwagen, römische Münze, geprägt 101 v. Chr. Inschrift: C(aius) FUNDAN(ius) (Münzmeister). Als Marius 101 auch im Senat im Triumphkleid auftrat, nahm der Senat daran Anstoß.

M 7 Die Diktatur des Sulla

7 a) Appian (2. Jh. n. Chr.) über Sulla:
Selbstherrschertum war schon früher das Amt der Diktatoren gewesen, jedoch zeitlich eng begrenzt; doch damals wurde die Diktatur in ihrer Dauer zum ersten Mal unbegrenzt und damit vollständig. Gleichwohl fügten sie, um eine schickliche Redewendung zu gebrauchen, noch hinzu, dass Sullas Wahl zum Diktator ihm die Möglichkeit zum Erlass von Gesetzen, wie sie ihm selbst am besten erschienen, und zur Neuordnung des Staatswesens gewähren solle. So versuchten es denn die Römer, nachdem sie mehr als 60 Olympiaden Könige und dann weitere 100 Olympiaden unter jährlich gewählten Konsuln als Staatslenkern eine Demokratie gehabt hatten, erneut mit dem Königtum. Nach der griechischen Zeitrechnung war das in der 175. Olympiade [80–76 v. Chr.], und mit Ausnahme der Läufe im Stadium fanden damals keine Wettspiele zu Olympia statt; denn Sulla hatte die Wettkämpfer und alle sonstigen Schaustücke nach Rom geholt, um so seinen Kriegstaten gegen Mithridates und die Italiker Glanz zu verleihen. Als Vorwand diente ihm die Notwendigkeit, nach all den vorausgegangenen Heimsuchungen die Masse wieder aufatmen und sich vergnügen zu lassen. Um indes an die Form der väterlichen Verfassung anzuknüpfen, überließ Sulla dem Volke die Bestellung der Konsuln, und so wurden Marcus Tullius Decula und [Cn.] Cornelius Dolabella gewählt. Er selbst stand freilich wie ein regierender König als Diktator über den Konsuln; 24 Beile wurden ihm nämlich als Diktator vorausgetragen, ebenso viele wie den früheren Königen, und außerdem hatte er eine starke Leibgarde um sich. Er widerrief Gesetze und erließ neue. Keiner durfte mehr Prätor werden, ehe er nicht Quästor gewesen war, und das Konsulat bekleiden, bevor er die Praetur versehen hatte. Er verbot auch, das gleiche Amt vor Ablauf einer Frist von zehn Jahren wieder zu übernehmen. Das Volkstribunat schwächte er in seinen Befugnissen bis fast zur Auflösung; nach einem Gesetz durfte ein Volkstribun kein weiteres Amt mehr führen, und so kam es, dass alle, die auf Ansehen und Herkunft Wert legten, künftighin diese Stellung mieden. Leider kann ich nicht eindeutig sagen, ob Sulla das Amt vom Volk auf den Senat, wie es jetzt der Fall ist, übertragen hat. Den Senat selbst, der durch die Parteikämpfe und Krieg in seiner Zahl sehr stark verringert worden war, ergänzte er durch etwa 300 Mitglieder aus dem Kreis der besten Ritter, wobei er jeden einzelnen durch die Tribus bestätigen ließ. Die Plebejer erfuhren eine Verstärkung durch mehr als 10 000 Sklaven der proskribierten Bürger. Dazu wählte Sulla die jüngs-

ten und kräftigsten aus, schenkte ihnen die Freiheit und das römische Bürgerrecht und hieß sie nach seinem Namen Cornelier. Damit wollte er sich aus dem Kreise der Plebejer 10000 stets seinen Befehlen gehorsame Männer sichern. Um das gleiche Ziel auch in ganz Italien zu erreichen, verteilte er an die einst unter ihm dienenden 23 Legionen, wie ich schon vorher gesagt habe, viel Land in den Städten, das sich teils aus noch unverteiltem, teils den Städten strafweise abgenommenem Besitz zusammensetzte.

Appian, Römische Geschichte, Bürgerkriege I 462–470, Übers. Otto Veh, Stuttgart (Hiersemann) 1989, S. 79 f.

7 b) Plutarch (um 46–nach 119 n. Chr.) schreibt in seiner Biografie über Sulla:

Aber die nunmehrigen Feldherren, die mit Gewalt, nicht durch Verdienst, an die erste Stelle zu kommen strebten und die Waffen mehr gegeneinander als gegen die Feinde brauchten, sahen sich genötigt, während sie Befehlshaber waren, sich wie Demagogen zu benehmen, und indem sie mit den Geldern, die sie für das Wohlleben ihrer Soldaten aufwendeten, ihre Dienste erkauften, machten sie unvermerkt das ganze Vaterland zur Marktware und sich selbst zu Sklaven des schlechtesten Gesindels, um über die Besseren zu herrschen. Dies war es, was Marius vertrieb und ihn wiederum gegen Sulla zurückführte, dies machte den Cinna zum Mörder des Octavius, den Fimbria zum Mörder des Flaccus. Zu dem allen gab nicht zum wenigsten Sulla den Anstoß, indem er, um die anderen Führern unterstellten Truppen zu bestechen und zum Übertritt zu verleiten, seine eigenen Leute mit Gaben überschüttete, sodass er, indem er die anderen zum Verrat, die eigenen Leute zu ausschweifendem Leben verführte, große Geldsummen brauchte.

Plutarch, Sulla 12, Übers. Konrat Ziegler, Zürich (Artemis) 1955, S. 64.

7 c) Velleius Paterculus, römischer Geschichtsschreiber und Offizier aus ritterlicher Familie (geb. ca. 20 v. Chr.; Todesjahr unbekannt):

Die Leiden des Bürgerkriegs schienen beendet, da wurden sie durch Sullas Grausamkeit noch gesteigert. Er ließ sich zum Diktator ernennen. (Dieses Amt hatte 120 Jahre lang niemand mehr innegehabt. Der letzte Diktator vor Sulla war im Jahr nach Hannibals Abzug aus Italien gewählt worden, was zeigt, dass das römische Volk die Diktatur in Zeiten der Furcht zwar wünschte, gleichermaßen aber auch ihren Missbrauch in Friedenszeiten fürchtete.) Dieses Amt, das man bei den Römern einst innegehabt hatte, um den Staat aus größter Gefahr zu erretten, diente Sulla nun dazu, seine maßlose Grausamkeit ungehindert ausüben zu können. Er war der Erste – wäre er doch auch der Letzte gewesen! –, der die Proskriptionen und damit ein böses Beispiel einführte. Dadurch kam es so weit, dass öffentlich ein Handgeld für die Ermordung römischer Bürger ausgesetzt wurde – und das in einem Staat, wo sogar ein Schauspieler für eine mutwillige Beleidigung vor Gericht Genugtuung findet. Der besaß nun am meisten, der die meisten umgebracht hatte. Für einen getöteten Feind gab es keinen reicheren Lohn als für einen erschlagenen Mitbürger, und jeder zahlte den Preis, der auf seinen Kopf gesetzt war, selber aus. Man wütete durchaus nicht nur gegen diejenigen, die [gegen Sulla] zu den Waffen gegriffen hatten, sondern auch gegen viele Unbeteiligte. Dazu kam noch, dass das Hab und Gut der Geächteten verkauft wurde und deren Kinder das Erbrecht verloren, ja dass sie sogar von der Bewerbung um Staatsämter ausgeschlossen wurden. Und was der Gipfel der Ungerechtigkeit ist: Die Söhne von Senatoren mussten die Lasten ihres Standes tragen, hatten aber dessen Rechte verloren.

Velleius Paterculus II 28, Übers. Marion Giebel, Stuttgart (Reclam) 1989, S. 91 und 93.

4 a) Finden Sie aus den Quellen M6a und b heraus, worin die Reform des Marius bestand.
b) Welche längerfristigen Auswirkungen werden ihr von den Autoren zugeschrieben?

5 Prüfen Sie, ob die Sichtweise der Autoren den an der Reform Beteiligten gerecht wird.

6 a) Arbeiten Sie aus M7a bis c die politischen Ziele und Maßnahmen Sullas heraus.
b) Rekonstruieren Sie das Sulla-Bild, das sich aus der Überlieferungen M7a bis c ergibt.

7 „Sullas Diktatur – eine historische Zäsur in der Geschichte Roms." Nehmen Sie Stellung.

Geld und Propaganda? Römische Münzen als Quellen

In einer Zeit, in der es weder Zeitungen, Rundfunk noch Fernsehen gab und in der jede Form der Kommunikation mühsam war, konnten Münzen über ihre wirtschaftliche Funktion hinaus zu einem Träger politischer Botschaften werden, mit denen man selbst Menschen in weit entlegenen Regionen erreichte. Als solche sind Münzen für Historikerinnen und Historiker, die nach der Verteilung von Macht und Herrschaft oder dem politischen Selbstverständnis einer Gesellschaft fragen, eine wertvolle Quelle.

Münzarten: Zunächst gab es in Rom nur schwere, unhandliche Metallbarren *(aes)*. Münzen (in Bronze oder Silber) sollen in Rom, so Livius, seit 269 v. Chr. geprägt worden sein, und zwar nach den ersten Kontakten mit den Griechen. Die Hauptmünze war seit ca. 200 v. Chr. und bis weit in die Kaiserzeit hinein der silberne **Denar.** Er bildete die Grundlage der römischen Geldwirtschaft. Die vor Augustus selten geprägte kleinere **Sesterze** wurde in der Kaiserzeit eine sehr große, schwere und häufig geprägte Münze. Die verbreitetste Kleinmünze war der **As** (Plur. Asses). Sie bestand zunächst aus Bronze, später aus Kupfer. Der **Aureus**, eine Goldmünze, war selten und kam erst in der Kaiserzeit häufiger vor.

Wer prägte die Münzen? Bis zur Zeit Caesars lag das Münzprägerecht beim Senat; zuständig für die Herausgabe waren die Konsuln, die die Aufträge an Münzmeister vergaben. Gold- und Silbermünzen durften seit Augustus nur noch im Auftrag des Kaisers editiert werden.

Gestaltung der Münzen: Die Motive zeigen charakteristische Entwicklungen: Wurden zunächst nur Stadtgottheiten oder andere Götter abgebildet, gingen die Konsuln im 2. Jahrhundert v. Chr. dazu über, auch Bilder von Familienvorfahren abbilden zu lassen. 45 v. Chr. wurde mit den Caesar-Münzen erstmals das Porträt einer noch lebenden Persönlichkeit geprägt.

In der Kaiserzeit weisen die Münzbilder relativ einheitliche Merkmale auf: Auf der Vorderseite das **Kaiserbild**, darum herum die **Titulatur** (Amtsbezeichnungen und Ehrentitel, aus Platzgründen häufig in Abkürzungen), machmal weitere Symbole. Die Rückseite verweist mit Bildern, Symbolen und Inschriften auf politische Ziele und Versprechungen oder auf Taten und Erfolge der abgebildeten Herrscher.

M8 Hilfen zur Entschlüsselung und Übersetzung häufig vorkommender Inschriften auf römischen Münzen

AUG	Augustus	„der Erhabene“: zunächst Ehrentitel des Octavius, dann Bestandteil des Kaisertitels
CAES	Caesar	ursprünglich Beiname der Familie der Iulier, der Gaius Iulius Caesar meint; später Ehrentitel des Kaisers
DIC	dictator	Diktator
DIVI	*Genitiv zu* divus	vergöttlicht
F	filius	Sohn von
IMP	imperator	Feldherr
Q	quaestor	Quaestor
TR PO	tribunicia potestate	Gewalt des Volkstribuns
PARENS *oder* PATER PATRIAE		„Vater des Vaterlandes“ (Ehrentitel)
PERPETUO		auf Lebenszeit
PUBLIC		publicus für die Allgemeinheit
S P Q R	senatus populusque romanus	„Senat und Volk von Rom“: bezeichnet als feste Wendung die Träger der Macht im Römischen Reich
S C	senatus consultum	Senatsbeschluss
I, II, III *usw.*	*röm. Zahlen*	geben an, wie oft ein vorgenanntes Amt ausgeübt wurde

M 9 Hinweise zu häufig verwendeten Symbolen auf römischen Münzen

Ähren	Sicherung der Nahrung
Blätterkranz	Herrschaftszeichen der etruskischen Könige; Zeichen des Triumphators
Füllhorn	Fruchtbarkeit, Wohlstand
Krummstab	Zeichen der Auguren, die vor wichtigen Entscheidungen die göttlichen Zeichen einholten und deuteten
über den Kopf gezogene Toga	zeigt die Person als Opfernden; verweist auf die sakrale Würde des Pontifex Maximus (oberster Priester)
Szepter	göttliche Macht
Lorbeerzweig	Frieden
Weltkugel	Weltherrschaft
Palmwedel	Siegeszeichen
am Boden liegende Person	Hinweis auf militärische Siege, Friedenssicherung

M 10 Vorderseite eines römischen Denars mit Caesar-Porträt, geprägt 44 v. Chr. – *Links zwischen Toga und Inschrift: die Priesterkappe der Flamines.*

M 11 Vorderseite eines römischen Denars mit Caesar-Porträt, geprägt 44 v. Chr.

8 a) Verschaffen Sie sich mithilfe des Internets oder anhand von Informationsbroschüren der Banken in Partner- oder Gruppenarbeit einen Überblick über die nationalen Motive, die heute in den einzelnen Ländern der Euro-Zone auf den Rückseiten der Münzen aufgedruckt sind.
b) Erläutern Sie diese Motive und deuten Sie sie.
c) Präsentieren Sie die Ergebnisse Ihrer arbeitsteiligen Partner- oder Gruppenarbeit im Kurs (Kurzreferat, OH-Folien, Beamer-Projektion).
d) Diskutieren Sie gemeinsam im Kurs die unterschiedlichen „Bildprogramme" der Euro-Länder.

9 a) Entziffern Sie mithilfe von Tabelle M8 die Inschriften auf den Münzen M10 und M11.
b) Erläutern Sie die Symbole auf den Münzen M10 und M11 (Hilfe: siehe M9).
c) Erstellen Sie mithilfe der Münzbilder M10, M11 sowie M1, S. 40, eine Liste der Ehrungen und Ämter Caesars vor seiner Ermordung.

10 Zeigen Sie, inwieweit man von den Münzinschriften und -symbolen die Motive herleiten kann, die die späteren Verschwörer gegen Caesar angetrieben haben könnten.

11 Vergleichen Sie den Weg Caesars, Münzen als Propagandamittel einzusetzen, mit heutigen Möglichkeiten, Regierungspolitik zu rechtfertigen bzw. politische Ziele zu propagieren.

M 12 Welche Herrschaft erstrebte Caesar?

12 a) Der römische Geschichtsschreiber Sueton (um 70–140 n. Chr.) über die Ehrungen Caesars:
Dennoch überwiegen seine anders gearteten Handlungen und Äußerungen, sodass man sich auf den Standpunkt stellen kann, er habe seine Macht missbraucht und sei zu Recht ermordet worden. Denn er hat ja nicht nur übermäßige Ehrungen angenommen, so ein ununterbrochenes Konsulat, die Diktatur und das Amt des obersten Sittenrichters auf Lebenszeit, darüber hinaus den Titel „Imperator" *[imperator]* als Vornamen und „Vater des Vaterlandes" *[pater patriae]* als Beinamen, weiterhin ein Standbild unter denen der Könige und einen erhöhten Ehrensitz im Theater, nein, er ließ es auch zu, dass ihm Ehrungen zuerkannt wurden, die das menschliche Maß übersteigen: ein goldener Thron in der Kurie und auf der Richtertribüne, ein Kultwagen und ein Tragegestell beim Zirkusumzug, Tempel, Altäre und Standbilder neben denen der Götter, ein Göttersitz, ein Eigenpriester, eine eigene Gruppe von Panpriestern, die Bezeichnung eines Monats nach seinem Namen, kurzum: Es gab keine Ehrungen, die er sich nicht nach Belieben nahm oder anderen verlieh. Sein drittes und viertes Konsulat hatte er nur formal inne und begnügte sich mit der ihm zusammen mit den beiden Konsulaten zuerkannten Macht der Diktatur, und in beiden Jahren setzte er für die drei letzten Monate an seine eigene Stelle je zwei Konsuln ein, dergestalt, dass er in der gesamten Zwischenzeit keine Wahlversammlungen außer denen zur Bestimmung der Volkstribunen und der plebejischen Ädilen abhielt und an Stelle der Prätoren Präfekten einsetzte, die in seiner Abwesenheit die Stadtverwaltung führten. Als am 31. Dezember einer der beiden Konsuln plötzlich starb, gab er einem Bewerber das frei werdende Amt für die wenigen verbleibenden Stunden. Mit derselben Willkür nominierte er unter Missachtung der Sitte der Väter Beamte für mehrere Jahre, gewährte zehn ehemaligen Prätoren die Amtszeichen ehemaliger Konsuln und machte Leute, denen er das römische Bürgerrecht geschenkt hatte, und sogar einige von den halbbarbarischen Galliern zu Senatoren. Außerdem betraute er mit der Leitung der Münze und der öffentlichen Steuern seine eigenen Sklaven. Die Sorge für die drei Legionen, die er in Alexandria zurückließ, und den Oberbefehl über sie übertrug er Rufio, seinem Geliebten, dem Sohn eines seiner Freigelassenen.

12 b) Sueton über Caesar und die Königswürde:
Dieser so deutlichen Geringschätzung des Senats ließ er ein noch arroganteres Vorgehen folgen. Als nämlich bei seiner Rückkehr vom Opfer anlässlich des Latinerfestes unter maßlos übertriebenen und nie dagewesenen Zurufen des Volkes einer aus der Menge seinem Standbild einen mit weißer Binde umwundenen Lorbeerkranz aufsetzte, die Volkstribunen Epidius Marullus und Caesetius Flavus jedoch die Binde von dem Kranz entfernen und den Mann festnehmen ließen, entsetzte sie Caesar nach herber Zurechtweisung ihres Amtes, sei es aus Ärger darüber, dass die Frage seiner Königsherrschaft so unglücklich ins Spiel gebracht worden war, sei es auch darüber, dass ihm – so seine eigene Version – die ruhmvolle Möglichkeit einer Ablehnung der Königswürde genommen war. Auch gelang es ihm nicht, das Gerücht zu zerstreuen, er strebe nach dem Königstitel, obwohl er einmal dem Volk, das ihn als König begrüßte, antwortete, er sei Caesar und nicht König, und ein anderes Mal am Luperkalienfest das Diadem, das ihm der Konsul Antonius auf der Rednertribüne mehrfach aufzusetzen versuchte, zurückwies und schließlich dem Jupiter Optimus Maximus aufs Kapitol schickte. Es drangen sogar unterschiedliche Gerüchte durch, so, er wolle unter Verlegung des Machtzentrums des Reiches nach Alexandria oder Troja ziehen, nachdem er Italien durch Aushebungen geschwächt und die Verwaltung der Stadt seinen Freunden überlassen hätte, auch, dass bei der nächsten Senatssitzung das Mitglied des Rates der Fünfzehn, Lucius Cotta, den Antrag stellen werde, Caesar als König zu bezeichnen, da in den Sibyllinischen Büchern geschrieben stehe, die Parther könnten nur von einem König bezwungen werden.

M12a und b: Sueton, Kaiserbiografien, Divus Iulius 76 und 79, Übers. Otto Wittstock, Berlin (Akademie Verlag) 1993, S. 85 und 87.

12 c) Der Historiker Martin Jehne bewertet die Verleihung von Ehrentiteln an Caesar (1997):
Der Senat tat sich eigentlich nur noch hervor mit immer wieder neuen, ständig gesteigerten Ehrenbeschlüssen für Caesar, der einen Teil dieser Ehren sogar ablehnte. Man erfasst das Phänomen sicher nicht, indem man unterstellt, Caesar habe über Vertrauensleute all diese Ehrungen lanciert und die wohl nicht geringe Zahl von Senatoren, die diese Inflation von Privilegien und Vollmachten eigentlich ablehnten, habe nicht den Mut besessen, dagegen Stellung zu beziehen. Vielmehr ist Ehrungshysterie ein Selbstläufer in Diktaturen (im modernen Sinne). Wenn eine Person einsam an der Spitze des Staates steht und die Macht hat, Köpfe rollen zu lassen, wenn ihr etwas nicht passt, dann lastet auf den Repräsentanten des öffentlichen Lebens ein existenzieller Druck, sich das Wohlwollen dieser Person zu erhalten, und dazu sind Ehrenbeschlüsse stets ein probates Mittel. Der Machthaber kann diesen Mechanismus auch gar nicht außer Kraft setzen, weil selbst dann, wenn er immer wieder betont, wie wenig Wert er darauf legt, nie wirklich klar werden kann, ob er es ernst meint, und das Risiko, es darauf ankommen zu lassen, immer zu groß ist. Die Machtfülle eines Diktators ruiniert die Kommunikation, und darunter leidet auch der Diktator selber, denn er kann nicht vermitteln, dass er den von ihm Abhängigen abweichende Ansichten nicht übel nimmt. Insofern war es bis zu einem gewissen Grade konsequent, dass Caesar den Senat beiseite schob; er hätte dort doch nur Bestätigungen seiner Standpunkte ernten können, eine sachdienliche Debatte konnte er – wenn überhaupt – nur mit seinen Mitarbeitern führen, die sich in Anbetracht des bewährten Vertrauensverhältnisses eine eigene Meinung leisten konnten und vielleicht auch tatsächlich leisteten.
Martin Jehne, Caesar, München (C.H.Beck) 1997, S. 109 f.

M 13 Warum scheiterte Caesar?

13 a) Der Historiker Wolfgang Schuller (2002):
[Caesar] wurde dann Prokonsul in Gallien und befehligte neun Jahre lang ein Heer, das mit ihm so verwuchs wie kein römisches Heer vorher mit seinem Befehlshaber. [...] Und doch scheint es so, als habe ihn das Soldatenleben das Fingerspitzengefühl verlernen lassen, das man in dem Dschungel der stadtrömischen Politik brauchte. Die unablässigen existenziellen Anstrengungen, die er vom Betreten Galliens im Jahre 58 bis zur Schlacht von Munda 45 v. Chr. in nicht abreißender Folge auf sich genommen hatte, ließen ihn zum Schluss reizbar, ungeduldig und hochfahrend werden, und das hat sein gewaltsames Ende mit verschuldet.

Aber doch nur als zweitrangiger Faktor. Zu tief war der strukturelle Widerspruch zwischen dem Machtstreben eines Einzelnen, der ganz nach Adelsbrauch große militärische Leistungen erbracht und sich eine große Klientel geschaffen hatte, und dem Beharrungsvermögen einer Aristokratie, die über Jahrhunderte hinweg Großes und Größtes geleistet, dabei ein Weltreich begründet hatte und die nicht einsehen konnte, warum sie sich jetzt von jemandem ihresgleichen wie Knechte behandeln lassen sollte. [...] Aristokratie und Alleinherrschaft vertrugen sich in der Antike nicht miteinander, alles andere wäre der Versuch der Quadratur des Zirkels gewesen. Bei dem starken, berechtigten Selbstbewusstsein des Senatorenstandes wäre äußerste Behutsamkeit in der Behandlung nötig gewesen und vor allem viel Zeit für eine langsame Gewöhnung. An Ersterer ließ Caesar es fehlen, dass Letztere nicht nur Verfügung stand, lag an Caesars Abreise in einen neuen Krieg, der nicht nötig war. Beides zeigt, dass er inzwischen so von Kampf und Krieg geprägt worden war, dass er die Politik verlernt hatte. Das hat ihn scheitern lassen.
Wolfgang Schuller, Das Römische Weltreich, Stuttgart (Theiss) 2002, S. 110 f.

13 b) Der Historiker Klaus Bringmann (2002):
Die rechtliche und politische Einheit Italiens war vollendet worden. Caesar hatte die Schuldenkrise gemeistert und den Kredit wiederhergestellt. Darüber hinaus waren Maßnahmen zur Befriedung des Binnenraums der *res publica* in der Weise getroffen worden, dass die Wiederaufnahme der überseeischen Kolonisation mit der Verminderung des Gewaltpotenzials in Rom und

Italien Hand in Hand ging, und schließlich hatte Caesar auch dafür Sorge getragen, dass nicht länger außerordentliche, langfristige Kommandos Einzelnen eine Macht in die Hände spielten, die es ihnen erlaubte, ihren politischen Führungsanspruch mit Gewalt durchzusetzen. Dies alles entsprach Reformvorstellungen, die mit dem Ziel entwickelt worden waren, die Republik wieder auf eine stabile Grundlage zu stellen.

Aber unter den Bedingungen der Alleinherrschaft Caesars, für den die traditionelle *res publica* nach eigener Bekundung ohnehin nur ein Schatten ohne Substanz und Gestalt war, gewannen die endlich durchgesetzten Reformen einen ganz anderen Sinn als den einer Stabilisierung der aristokratischen Republik: Sie konnten sich nur als Stütze der Alleinherrschaft des Diktators Caesar auswirken. Denn Caesar betrachtete die Diktatur nicht als ein transitorisches Notstandsamt zur Stabilisierung der aristokratischen Republik, wie das Sulla verstanden oder Cicero im Schlussmythos seines Werkes über den römischen Staat gefordert hatte, sondern als Mittel einer auf Dauer angelegten integralen Herrschaft über Staat und Reich. Insofern dienten Caesars Reformen, die unter anderen Voraussetzungen auch die Zustimmung der dezidierten Verehrer der Republik gefunden hätten, gerade nicht dem Ziel, das diesen vorschwebte.

Die Lebenszeit, die Caesar noch blieb, war zu kurz bemessen, als dass seine Reformen eine Konsolidierung der Verhältnisse hätten bewirken können. Alles war noch im Fluss, als er ermordet wurde. Auch darf nicht verkannt werden, dass das strukturelle Kardinalproblem, an dem die späte Republik litt, die ungelösten Fragen von Heeresverfassung und Veteranenversorgung, im Grunde noch gar nicht in Angriff genommen war. Zwar hatte Caesar einige demobilisierte Einheiten auf südgallischem Boden in Narbo Martius (Narbonne) und Arelate (Arles) ansiedeln können, aber das Gros der Versorgungsberechtigten bestand auf einer Bauernstelle in Italien, und diese waren ohne Enteignungen nicht in hinreichender Zahl zu beschaffen. Davor aber schreckte Caesar mit gutem Grund zurück. Auch die in seinem ersten Konsulat in die Verteilungsmasse einbezogene Staatsdomäne in Kampanien, die an bedürftige Familienväter mit drei Kindern vergeben werden sollte, war keineswegs unbesiedelt – hier hatten seit dem Hannibalkrieg die einheimischen Bauern den Boden als Staatspächter bebaut –, und möglicherweise waren die Begünstigten des zweiten Agrargesetzes des Jahres 59 nur an Stelle der Staatskasse Nutznießer der Pachterträge auf Zeit geworden. Jedenfalls kam Caesar in der Zeit seiner Diktatur auf dieses Objekt zurück, als er seine Veteranen versorgen musste. Herangezogen wurden auch die weitläufigen Güter des Pompeius und anderer nicht begnadigter Bürgerkriegsgegner, und wie im Jahre 59, als die Veteranen des Pompeius unterzubringen waren, gab es noch die Möglichkeit des Ankaufs von Land in Italien. Das alles war höchst umständlich und an eine schnelle Ansiedlung der demobilisierten Soldaten war gar nicht zu denken. Es half auch nichts, dass bei der Vorbereitung der Landverteilung auf einzelne Eingriffe in bestehende Eigentumsverhältnisse im Widerspruch zur offiziellen Politik keineswegs verzichtet wurde. In den Wartestand versetzte Veteranen waren in Massen in Kampanien konzentriert, und sie bildeten, wie die Zukunft lehren sollte, ein Unruhepotenzial, das leicht von interessierter Seite aktualisiert werden konnte. Abgesehen davon, dass die Versorgung der Veteranen Caesars noch im Gange war, als er ermordet wurde: Das generelle Problem, das die Versorgung der aus der besitzlosen Landbevölkerung rekrutierten Massenheere darstellte, hatte auch Caesar einer Lösung nicht näher gebracht.

Klaus Bringmann, Geschichte der Römischen Republik, München (C. H. Beck) 2002, S. 365 f.

12 a) Welche Herrschaftsform strebte Caesar nach Ansicht von Sueton (M12a, b) an?
b) Vergleichen Sie die Analyse Suetons mit dem Ansatz und den Thesen Jehnes (M12c).

13 Untersuchen Sie, wie die Forscher in M13a und b das Scheitern Caesars beurteilen.

14 Resümieren Sie die Probleme, die in der späten Republik zur Krise führten (M12, M13).

15 „Die Bundesrepublik heute: Stabilität oder Krise?" Verfassen Sie anhand von Presseartikeln einen Kommentar als Vergleich mit Rom.

Weiterführende Arbeitsanregungen zur Krise der Römischen Republik

Historische Personen in Literatur und Spielfilm – das Beispiel Caesar

1 Cäsar in der Literatur

Die Person Caesars hat seit dem Mittelalter auf vielfältige Weise Eingang in die Literatur gefunden: als tatkräftiger Politiker und genialer Feldherr, als Urbild eines Tyrannen oder Opfer einer Verschwörung oder als Liebhaber einer mächtigen Herrscherin: Kleopatra.

Untersuchen Sie an einem Beispiel (Vorschläge siehe unten), wie Caesar in dem jeweiligen Theaterstück bzw. Roman dargestellt wurde; achten Sie auf die Zeitgebundenheit des Dichters und des jeweiligen literarischen Produkts; begründen Sie auch, was Sie persönlich an dem Theaterstück, Roman usw. interessiert. – Wenn Sie sich vorab über die Theaterstücke bzw. Romane informieren wollen, schlagen Sie in einem Literaturlexikon nach (z. B. Kindlers Literaturlexikon).

Beispiele aus der Literatur

William Shakespeare, Julius Caesar (1599), Tragödie.
Corneille, Der Tod des Pompeius (1641), Tragödie.
George Bernhard Shaw, Caesar und Kleopatra (1901), Komödie.
Johann Gottfried Herder, Brutus (1744), Melodram.
Thornton Wilder, Die Iden des März (1948), Roman.
Bertolt Brecht, Die Geschäfte des Herrn Julius Caesar (posthum 1957), Romanfragment.
Walter Jens, Die Verschwörung (1969), Fernsehspiel.

Caesar-Biografien

Martin Jehne, Caesar, 2. Aufl., München (C. H. Beck) 2001 (TB).
Hans Oppermann, Julius Caesar, Reinbek (Rowohlt) 1999 (TB).

M14 Caesar, Marmorbüste, 45 v. Chr.

2 Caesar im Spielfilm

Am 27. und 28. Dezember 2002 strahlte die ARD das zweiteilige Filmepos „Julius Caesar" mit Jeremy Sisto als Caesar und Richard Harris als Sulla aus. Drehort des unter der Regie von Uli Edel aufwändig produzierten Films war die Insel Malta, wo Teile des alten Roms nachgebaut wurden.
Film- und Hintergrundinformationen: *www.daserste.de/juliuscaesar/*

M15 Jeremy Sisto als „Julius Caesar" in dem gleichnamigen Film, 2002

5 Augustus und das frühe Kaiserreich: Von der Republik zum Prinzipat

Augustus' Weg zur Alleinherrschaft

Nach der Ermordung Caesars 44 v. Chr. flammte der Bürgerkrieg im Römischen Reich wieder auf. Zu den Kontrahenten zählte auch ein Mann, den beim Tode Caesars nur wenige kannten. Er hieß Gaius Octavius, war gerade 18 Jahre alt und ein Großneffe des ermordeten Diktators. Mangels eigener (legitimer) Nachkommen hatte ihn Caesar testamentarisch adoptiert und zum Haupterben bestimmt. Als Neffe Caesars nannte er sich nun **Gaius Julius Caesar Octavianus** (63 v. Chr.–14 n. Chr.).

Octavian rüstete aus Mitteln seines Erbes eine Privatarmee aus und stellte sich auf die Seite des Caesarfreundes Marcus Antonius. Gemeinsam mit dem Exkonsul Lepidus teilten sie die Macht unter sich auf (Triumvirat). Sie ächteten und verfolgten die Caesarmörder, die eine Wiederherstellung der Senatsherrschaft anstrebten. Als diese mit der Schlacht von Philippi (42) auch militärisch ausgeschaltet worden waren, spitzte sich der Machtkampf auf eine Auseinandersetzung zwischen Antonius und Octavian zu – obwohl deren Bündnis offiziell in Kraft blieb.

Octavian war entschlossen, die Macht mit allen Mitteln zu erringen. Im Kampf um die vom Bruder bzw. von der Frau des Antonius, **Fulvia**, verteidigte Stadt **Perusia** ließ er nach seinem Sieg 300 Senatoren und Ritter hinschlachten (41/40).

Antonius und Octavian trennten das Reich in zwei Einflusssphären: Antonius residierte im Osten (in Alexandria), Octavian im Westen. Doch 32 erklärte der von Octavian abhängige Senat Antonius den Krieg. Um den Ruch des Bürgerkriegs zu meiden, richtete sich die Ansage nicht gegen Antonius selbst, sondern gegen die mit ihm liierte ägyptische Königin **Kleopatra.** Octavian (bzw. sein Feldherr Agrippa) besiegte beide **31 in der Seeschlacht von Actium** und war damit *de facto* Alleinherrscher. 27 verlieh ihm der Senat den Ehrentitel **Augustus**.

Die Regierung des Prinzeps Augustus und die Herrschaft im frühen Kaiserreich (1./2. Jh. n. Chr.)

Augustus vermied die Fehler Caesars, der republikanische Institutionen missachtet hatte. Augustus suchte die Aristokratie zu versöhnen und kaschierte seine Machtstellung, indem er den Schein der Republik wahrte. Er legte alle außerordentlichen Befugnisse nieder, rechtswidrige Erlasse wurden aufgehoben. Diktatur oder Konsulat auf Lebenszeit lehnte er ab und trennte Amt und Amtsbefugnis. Seine wichtigsten Kompetenzen waren die der höchsten Beamten *(imperium)* und der Volkstribunen *(tribunicia potestas).* Damit beherrschte er als ***princeps*** („der Erste“) den Senat, regierte Rom, verwaltete die Provinzen und befehligte die Legionen.

Nach fast hundert Jahren Bürgerkrieg schloss Augustus zum Zeichen des Friedens 29 v. Chr. die Tore des Janustempels. Er gab die expansive Außenpolitik auf und reorganisierte das Heer. Er versuchte das Reich an den Flussgrenzen (Rhein, Donau, Euphrat) zu konsolidieren und durch Kolonien und Klientelstaaten abzusichern. Im Jahre 9 v. Chr. wurde die *Ara pacis,* der Friedensaltar, auf dem Marsfeld eingeweiht. Zu den Segnungen der ***Pax Augusta*** („Augusteischer Frieden“) zählte eine erfolgreiche Neuordnung der Provinzverwaltung: Die privaten Pachtgesellschaften verloren das Recht, Steuern in den Provinzen einzuziehen.

Augustus erließ strenge Ehe- und Sittengesetze und belebte vergessene Kulte und alte Religionsvorstellungen. Der moralische Verfall, den er für die Bürgerkriege verantwortlich machte, sollte dadurch bekämpft und die Oberschicht in den neuen Staat integriert werden. Literatur und Kunst wurden staatlich und privat gefördert; der Name des Kulturförderers und Augustusfreundes *Maecenas* wurde typisch für Gönner der Kultur (Mäzen). Zeitgenössische Dichter wie **Horaz** und **Vergil**, Geschichtsschreiber wie **Livius** priesen das Zeitalter des Augustus.

Als Augustus 14 n. Chr. starb, war die von ihm begründete Herrschaftsform, das Prinzipat, konsolidert, der Adoptivsohn Tiberius konnte ohne Widerstand des Senats sein Erbe antreten. Bis in die Zeit der severischen Kaiser (193–235) blieb das Imperium Romanum nun stabil.

Rebellionen und Volkserhebungen wie die großen **Jüdischen Aufstände 66–70 und 132–135** bildeten die Ausnahme. Zu schweren, wenn auch kurzfristigen Krisen führte dagegen der Widerspruch zwischen autokratisch regierenden Kaisern wie Caligula (37–41), Nero (54–68) oder Domitian (81–96) und der Senatsaristokratie.

Mit dem Selbstmord Neros erlosch das julisch-claudische Herrscherhaus. In den folgenden Kämpfen des „Vierkaiserjahres" (68/69) setzte sich mithilfe der Legionen des Ostens und des Donauraumes Vespasian (69–79; Nachfolger: Titus 79–81) durch. Er legitimierte seine Herrschaft per Gesetz *(lex de imperio Vespasiani)*. Mit der Ermordung Domitians und dem Ende der Flavier (69–96) scheiterte das dynastische Prinzip aber zunächst. Die folgenden Kaiser (96–180) bestimmten ihre **Nachfolger durch Adoption.**

Die Gesellschaft im frühen Kaiserreich: Kontinuität oder Wandel?

Mit der Ausbildung des Prinzipats war die Macht von einer kleinen Gruppe von Senatoren, die sich durch großen Reichtum und lange Familientraditionen auszeichneten, auf einen Einzelnen, den Prinzeps, übergegangen. War dieser Vorgang, wie einige Historiker behaupten, eine **Entmachtung des Senats?** Bereits in der Republik hatte es einen Großteil Senatoren gegeben, die gegenüber einigen wenigen führenden Familienoberhäuptern nur begrenzten Einfluss besaßen. Ganz allgemein standen Senatoren auch im Prinzipat vor den Rittern und – auf lokaler Ebene – den Dekurionen und zählten zu den Eliten des Reiches. Sie bekleideten nach wie vor die höchsten Ämter in der zivilen Verwaltung, im Heer und in der Justiz. Ungeachtet aller Spannnungen verstanden sie ihre Tätigkeit *(officium)* nun freilich als Dienst am Kaiser. Die vormals private Ausbeutung der Provinzen wurde gleichsam „verbeamtet".

Das Prinzipat eröffnete **neue Möglichkeiten für Ritter.** In der späten Republik waren sie auf Handels- und Geldgeschäfte beschränkt, die Senatoren verboten waren; von den öffentlichen Ämtern hatten ihnen nur die der Richter und Offiziere offen gestanden. Nun konnten sie hohe Ämter der Wirtschafts- und Finanzverwaltung *(procuratores Augusti)* bekleiden. Auf unterer Ebene übernahmen sie Stellen in der Verwaltung der Städte und waren damit zugleich Angehörige des Ritter- wie des **Dekurionenstandes.** Der *ordo decurionum* bildete die Führungsschicht in den Städten des Reiches. Er umfasste in der Regel je etwa 100 Personen; Zahl, Ansehen und Reichtum der Mitglieder schwankten aber je nach Größe der Stadt. Anders als beim Senatorenstand *(ordo senatorius)* war die Zugehörigkeit zu den lokalen *ordines* aber nicht vererbbar.

Eine neue Trennlinie, die sich vor allem im Strafrecht zeigte, entstand zwischen diesen privilegierten Ständen, den **Honestiores**, und den **Humiliores**, den Angehörigen der unteren Schichten (weit über 90 Prozent der Gesamtbevölkerung). Nur die Honestiores waren z. B. vor entehrenden Formen der Todesstrafe, körperlicher Züchtigung und Zwangsarbeit geschützt.

Unter den Humiliores gab es wirtschaftliche Unterschiede; die Chance, zu relativer Wohlhabenheit zu gelangen, war vorhanden, aber selten. Hinzu kamen rechtliche Unterschiede: Auf der untersten Stufe stand der **Sklave** *(servus)*, dessen einzige Hoffnung diejenige auf Freilassung war. Sie wurde – außer für die landwirtschaftlichen Sklaven auf den Latifundien – relativ häufig gewährt (meist um das 30. Lebensjahr), da der Patron sich davon wirtschaftliche Vorteile versprach. Die Kinder von **Freigelassenen** *(liberti)* galten dann bereits als **Freie** *(ingenui)*.

Eine weitere Trennlinie verlief zwischen Stadt ***(plebs urbana)*** und Land ***(plebs rustica)***. Die Versorgung mit Lebensmitteln und die Arbeitsbedingungen waren in der Stadt meist besser, ebenso die Verdienstmöglichkeiten und die Aussichten, in den Genuss von (Getreide-)Spenden zu kommen. Insgesamt lebte aber der weitaus größte Teil der Menschen – gemessen an heutigen westlichen Maßstäben – in sehr großer Armut.

Wirtschaft im Kaiserreich

Das Römische Reich der Kaiserzeit bildete keinen einheitlichen Wirtschaftsraum. Die Eingriffe der Kaiser in die Wirtschaft waren punktuell, wenig systematisch und meist nur Antworten, mit denen die Kaiser auf Krisenerscheinungen reagierten.

In der **Produktion**, d.h. in der Fertigung von Metall-, Glas- und Keramikwaren, waren die italischen Gebiete vorherrschend. Am Ende des ersten Jahrhunderts sanken jedoch die Exporte und die Herstellung billiger Massenwaren verlagerte sich in die Provinzen, die im 2. Jahrhundert ihre wirtschaftliche Blütezeit erlebten. Neue Absatzmärkte bildeten sich in den Grenzregionen, als dort zur Abwehr äußerer Feinde vermehrt Truppen konzentriert wurden.

Das Römische Reich besaß eine gute **Verkehrsinfrastruktur**, die stetig verbessert wurde. Der Ausbau von Seehäfen, die Kanalisierung von Flüssen und die Anlage großer Fernstraßen bildeten die Basis eines ausgiebigen Handels, der bis nach Westindien führte. Bereits in der frühen Kaiserzeit gab es ein Straßennetz *(viae publicae)* von rund 80000 Kilometern. Die großen Häfen waren Ostia, Puteoli, Brindisi, Alexandria, Syrakus und Karthago. Sie wurden von Schiffen mit einer Ladekapazität von bis zu 200 Tonnen angelaufen; Meeresarchäologen haben Schiffswracks gefunden, die über 10000 Amphoren bargen. Transportiert wurden vor allem landwirtschaftliche Massengüter wie Getreide, Wein, Öl oder konservierbare Fischsoße *(garum)*.

Haupterwerbszweig war und blieb die **Agrarwirtschaft.** In Italien herrschten seit republikanischer Zeit Viehzucht und Weidewirtschaft vor, die südlichen Provinzen erntetet vor allem Getreide. Während Kleinbauern nur für den eigenen Bedarf und lokale Märkte produzierten, erzielten die **Latifundien**, Großgüter mit über 500 Hektar, auch Überschüsse für den Export. Besonders in Italien, aber auch in anderen Provinzen, war daneben die so genannte **Villenwirtschaft** verbreitet, mit einer *villa rustica* als Gutshof und Gütern von ca. 250 Hektar. Die seit dem 3./2. Jahrhundert v. Chr. stark verbreitete **Sklavenarbeit** hatte im 1. Jahrhundert v. Chr. ihren Höhepunkt bereits überschritten und ging mangels Angebot in der Kaiserzeit zurück. Auf den kaiserlichen Domänen und den Latifundien arbeiteten vorwiegend Pächter *(coloni)*.

Ende des 2. Jahrhunderts n. Chr. begann ein allgemeiner wirtschaftlicher Niedergang, der mit einem Rückgang der Produktion, steigender Inflation und einer allgemeinen „Stadtflucht" einherging. Ursachen waren erneute Kriege, Bevölkerungsrückgang und Bürokratisierung.

M1 **Handelsschiff im Hafen von Ostia, Marmorrelief, 2. Jh. n. Chr.**

Hinweise zur Arbeit mit den Materialien

Mit der von Augustus begründeten Herrschaft „des Ersten", dem Prinzipat, fand die politische Elite zu einem Konsens über die Staatsordnung der *res publica* zurück, der im Kern bis zum Ende des Römischen Reiches (476 n. Chr.) Bestand haben sollte. Wie konnte dies gelingen?

Der erste Abschnitt setzt den Schwerpunkt auf den Begründer des Prinzipats, d. h. auf **Verhalten und Selbstdarstellung des Augustus** (M2a bis M8; M6 und M7 eignen sich auch für einen direkten Vergleich mit der Herrschaft des Julius Caesar [vgl. Kapitel 4], der, anders als Augustus, nicht die Zustimmung der politischen Elite gefunden hatte). Die augustäische Politik kann mit der *Themensonderseite 62f.* zur ***Pax Augusta*** erweitert werden. Eine gegenwartsbezogene, literarische Vertiefung bietet die *Themensonderseite 70* **„Schriftsteller und Herrscher"** (Auszug aus dem Roman „Die letzte Welt" [1988] von Christoph Ransmayr).

Die frühe Kaiserzeit (1./2. Jh. n. Chr.) wurde zu einer Epoche der politischen Stabilität und der wirtschaftlichen Entwicklung. Der zweite Quellenabschnitt (M12a bis M15) rückt daher **Arbeitsalltag und Strukturen der Wirtschaft** in den Mittelpunkt; die **Bildquellen** M12a bis f (siehe auch M1) bieten einen forschend-entdeckenden Zugang.

Wie sich der Wandel in Politik und Wirtschaft auf die römische **Gesellschaft der Kaiserzeit** auswirkte, ist Thema des letzten Abschnitts: M16a und b bieten eine Forschungskontroverse, M17a bis c unterschiedliche Schaubilder zur Gliederung der kaiserzeitlichen Gesellschaft.

Methodische Anregungen: Die Wirtschaftskarte im Innenumschlag hinten bietet sich für eine methodische Vertiefung zum Umgang mit **Geschichtskarten** an, die drei Schaubilder M17a bis c für eine methodenkritische Auseinandersetzung mit **Schaubildern.**

Weiterführende Arbeitsanregungen S. 71: **Das alte Rom im italienischen Faschismus.**

M2 Das Verhalten des Octavian/Augustus im Fall Perusia (41 v. Chr.)

2a) Sueton (um 70–140 n. Chr.), Verfasser römischer Kaiserbiografien, schreibt in seiner Augustus-Biografie über die Einnahme von Perusia:

Nach der Einnahme von Perusia ließ er an sehr vielen die Strafe vollziehen, wobei er denen, die Verzeihung zu erbitten oder sich zu rechtfertigen suchten, nur immer das eine entgegenhielt: „Es muss gestorben werden!" Einige schreiben, es seien von denen, die sich ergeben hatten, an den Iden des März 300 ausgewählte Gefangene beider Stände an dem für den göttlichen Julius errichteten Altar wie Opfertiere hingeschlachtet worden.

Sueton, Kaiserbiografien, Augustus 15, Übers. Otto Wittstock, Berlin (Akademie Verlag) 1993, S. 105ff.

2b) Velleius Paterculus, römischer Geschichtsschreiber und Offizier aus ritterlicher Familie (geb. ca. 20 v. Chr.; Todesjahr unbekannt):

Mit seiner gewohnten Tüchtigkeit und seinem Glück eroberte Caesar [= Octavian] Perusia. Er entließ Antonius heil und unversehrt; die grausame Behandlung der Bürger von Perusia war mehr auf das Wüten der Soldaten als auf den Willen des Feldherrn zurückzuführen. Die Stadt wurde in Brand gesteckt; das Fanal zu diesem Brand gab Macedonicus, der führende Mann der dortigen Bürgerschaft, der sein Haus und sein Hab und Gut anzündete, sich mit dem Schwert durchbohrte und in die Flammen warf.

Velleius Paterculus II 74, Übers. Marion Giebel, Stuttgart (Reclam) 1989, S. 173.

M3 Octavian/Augustus und sein Verhalten gegenüber Antonius und Kleopatra

3a) Der Grieche Plutarch (um 46–nach 119 n. Chr.) in seiner Antonius-Biografie:

Als die Rüstungen Caesars [= Octavian, der spätere Augustus] zu Ende gediehen waren, ließ er den Beschluss fassen, gegen Kleopatra Krieg zu führen und Antonius seines Amtes zu entsetzen, das er an eine Frau abgetreten habe. Dazu sagte Caesar noch, Antonius sei unter dem Einfluss von Drogen nicht mehr

M4 **Der trunkene Dionysos besucht einen Verehrer, Marmorrelief, 40/30 v. Chr.** – *Von dem Relief existierten zahlreiche Repliken. Der Archäologe P. Zanker schreibt: Auf dem „Relief zieht Dionysos mit seinem weinseligen Thiasos unter Flötenklängen im Haus eines seiner Verehrer ein. Man denkt unwillkürlich an den Einzug des Antonius in Ephesos. Der trunkene Gott stützt sich auf einen kleinen Satyr, ein anderer eilt, ihm die Schuhe auszuziehen. Neben dem Verehrer, der den Gott freudig begrüßt, liegt eine Frau auf der Kline und bestaunt das wundersame Bild. Masken zu Füßen des Bettes weisen auf die Welt des Theaters. Hinter dem Gott steht – auf hohem Pfeiler durch die Komposition deutlich betont – ein Weihrelief für ihn selbst; auf einer anderen Replik aber sieht man darauf – so gar nicht ins private Glück passend – eine Victoria auf galoppierendem Gespann.“*

Herr seines Verstandes, und den Krieg gegen sie führten der Eunuch Mardion, Potheinos, Kleopatras Friseuse Eiras und Charmion, von denen die wichtigsten Regierungsgeschäfte geführt würden.

Plutarch, Antonius 60, Übers. Konrat Ziegler, Zürich (Artemis) 1960, S. 361.

3 b) Sueton (um 70–140 n. Chr.):
Das Bündnis mit Marcus Antonius, das immer zweifelhaft und unsicher war und durch mehrfache Aussöhnungsversuche mehr schlecht als recht am Leben erhalten wurde, löste er schließlich auf. Um noch deutlicher zu zeigen, dass Antonius von der Lebensweise eines römischen Bürgers abgekommen war, sorgte er dafür, dass sein Testament, das er in Rom hinterlegt und in dem er sogar seine Kinder von Kleopatra unter den Erben aufgeführt hatte, geöffnet und vor versammeltem Volk verlesen wurde.

Sueton, Kaiserbiografien, Augustus 17, Übers. Otto Wittstock, Berlin (Akademie Verlag) 1993, S. 107 ff.

M5 Sueton über Augustus

Seine Zähne wiesen Lücken auf und waren klein und unansehnlich, sein Haar leicht gewellt und etwas ins Blonde gehend, die Augenbrauen in der Mitte zusammengewachsen, die Ohren mittelgroß, die Nase oben etwas gebogen und unten leicht herabgezogen. […] Von Statur war er klein, doch wurde das durch Wohlgestalt und das Ebenmaß der Glieder verdeckt.

Sueton, Kaiserbiografien, Augustus 79, Übers. Otto Wittstock, Berlin (Akademie Verlag) 1993, S. 159.

M 6 Augustus-Statue, gefunden bei Prima Porta in der Villa von Livia Drusilla, der Ehefrau des Augustus, Marmorkopie nach dem Bronzeoriginal, Höhe: 203 cm, nach 20 v. Chr. – *Die Relieffiguren auf dem Panzer zeigen den Sieg des Prinzeps über die Parther: In der Mitte gibt der Partherkönig die einst von Crassus verlorenen Feldzeichen an einen Römer zurück. Rechts und links zwei trauernde weibliche Gestalten, die eine mit leerer Schwertscheide, die andere mit Schwert. Im unteren Teil lagert die Erdgöttin, schräg links und rechts darüber reitend die Götter Apollo und Diana. Im oberen Teil links der Sonnengott Sol auf seinem Wagen, rechts die Mondgöttin Luna (durch die Flügelgestalt der Morgenröte halb verdeckt); zwischen ihnen breitet der Gott Caelus sein Himmelszelt aus. Oben auf den Schulterklappen: zwei Sphinx-Figuren. Der auf einem Delphin reitende Eros am Fuße der Statue könnte eine spielerische Anspielung auf die Abstammung von Venus sein. Die Barfüßigkeit ist bei antiken Statuen ein Zeichen für eine Gott ähnliche Stellung.*

M 7 Zur Verfassung des *princeps*

Auszug aus den Res gestae, *dem Tatenbericht des Kaisers Augustus (Anfang 1. Jh. n. Chr.):*
4. Konsul war ich dreizehnmal bis zu dem Zeitpunkt, an dem ich dies schreibe, und ich habe im 37. Jahr die tribunizische Gewalt inne. [...]
7. Erster Mann des Senats war ich bis zu dem Tag, an dem ich dies schreibe, 40 Jahre lang. [...]
8. Eine Neuordnung des Senats habe ich dreimal vorgenommen. [...]
34. In meinem sechsten und siebten Konsulat habe ich, nachdem ich die Flammen der Bürgerkriege gelöscht hatte und mit der einmütigen Zustimmung der gesamten Bevölkerung in den Besitz der staatlichen Allgewalt gelangt war, das Gemeinwesen aus meiner Machtbefugnis wieder der Ermessensfreiheit des Senats und des römischen Volkes überantwortet. [...] Seit dieser Zeit überragte ich alle übrigen an Autorität, an Amtsgewalt aber besaß ich nicht mehr als die anderen, die auch ich im Amt zu Kollegen hatte.

Augustus, Res gestae 4, 7, 8 und 34, Übers. Marion Giebel, Stuttgart (Reclam) 1975, S. 8, 10 f., 37–39.

M 8 Der Historiker Karl Christ über Forschungsansätze zum Kaiserreich (1988)

In kaum einer anderen historischen Formation war so lange die „personalisierende" Betrachtung vorherrschend wie hier, die Gleichsetzung einer Reihe von Kaiserbiografien mit der Geschichte einer historischen Epoche. [...] Die Geschichte des Imperium Romanum verengte sich so zu einer Galerie oft nur wenig anziehender Kaiserbilder. [...]

Vereinfacht gesagt, überwiegen heute drei verschiedene Dimensionen in diesem Bereich: eine imperiale Dimension, welche die Kaiser- und Reichsgeschichte als Ganzes umfasst, eine provinziale oder regionale Dimension, in welcher die Geschichte der größeren geografischen und historischen Einheiten oder der römischen Provinzen im Vordergrund steht, endlich – nicht zuletzt dank der starken Impulse der italienischen Forschung – die lokale Dimension. Sie konzentriert sich auf die Entwicklung und die Geschichte der Städte und damit der eigentlichen Zellen des Imperiums, gleichgültig, ob es sich dabei um die Geschichte des römischen Neuss oder um diejenige des antiken Welthafens Ostia handelt.

Karl Christ, Geschichte der römischen Kaiserzeit, München (C. H. Beck) 1988, S. 3 und 12 f.

1 a) Erarbeiten Sie aus M2a und b die Positionen der antiken Autoren zum Fall Perusia.
b) Suchen Sie nach Gründen für die unterschiedlichen Haltungen (Velleius schrieb unter Augustus' Nachfolger Tiberius).
2 a) Finden Sie heraus, mit welchen Mitteln Octavian Antonius ausschalten wollte (M3a, b).
b) Informieren Sie sich über den Gott Dionysos und überlegen Sie, in welches Licht Octavian Antonius mit dem Relief M4 rücken wollte.
3 a) Erläutern Sie den Aufbau der Statue M6.
b) Analysieren Sie das Bildprogramm auf dem Brustpanzer. Erstellen Sie eine grobe Skizze.
c) Vergleichen Sie die Darstellung des Augustus in M6 mit den Angaben Suetons (M5) und erörtern Sie, welche Absicht hinter der Errichtung der Statue gestanden haben könnte.
4 Diskutieren Sie, warum es heutzutage komisch wirken würde, wenn man z. B. für den Kanzler der Bundesrepublik Deutschland eine ähnliche Statue wie in M6 errichten würde.
5 Inwieweit steht das in M2a, b und M3a, b überlieferte Verhalten des Augustus im Gegensatz zu seiner Selbstdarstellung in M6?
6 Sammeln Sie Material aus politischen Auseinandersetzungen heute (Reden, Plakate, TV-Auftritte in Wahlkämpfen). Untersuchen Sie
a) die Selbstdarstellung von Politiker/-innen,
b) den Umgang mit dem politischen Gegner.
Vergleichen Sie mit der Selbstdarstellung bzw. dem politischen Verhalten des Augustus.
7 Wiederholen Sie die Grundzüge der Verfassung der Römischen Republik (s. M21, S. 34).
8 a) Erarbeiten Sie aus den in M7 vorliegenden Textstellen der *Res gestae* eine vereinfachte Verfassungsskizze zum Prinzipat.
b) Diskutieren Sie, ob Augustus die Behauptung, er habe die freie *res publica* wiederhergestellt, zu Recht oder zu Unrecht aufgestellt hat.
c) Welche Absicht verfolgte Augustus wohl mit den Schlussbemerkungen 34 in *Res gestae*?
9 a) Erläutern Sie die Zugänge zum Prinzipat, die Christ in M8 benennt.
b) Beurteilen Sie deren Vor- und Nachteile.

Pax Augusta – Augustus als Friedensbringer?

Pax war die römische Friedensgöttin. Der Begriff *Pax Augusta* wurde unter Augustus geprägt und drückte eine bestimmte Idee vom Römischen Reich aus: Gemeint waren der von Augustus verkündete Friedenswille und seine das ganze römische Weltreich umfassende Fürsorge, die Schutz und Sicherheit im Reich garantieren sollten. Einen Kult zur Ehren der Pax führte Kaiser Augustus im Jahre 9 v. Chr. mit der Weihe des Friedensaltars, der *Ara pacis Augustae,* ein.

M 9 Römische Dichter über Augustus

9 a) Der römische Dichter Horaz (65–8 v. Chr.) 13 v. Chr. in einer Ode über Augustus:

Ja, deine Zeit gab unserem Land zurück
der Früchte Segen, brachte die Adler von
des Parthers stolzen Wänden wieder
unserem Jupiter; frei von Kriegen,
schloss sie das Janustor des Quirinus zu;
der Lüste ungebundenem Schweifen warf
sie Zügel um, und Frevel tilgend,
rief sie zurück uns die alte Tugend, […].
Solange Caesar Hüter der Welt ist, stört
nicht Bürgerwut den Frieden und nicht Gewalt,
nicht Zorn, der Schwerter schmiedet und die
Städte verfeindet zu ihrem Unglück.

Horaz, Oden IV, 15, 5 ff. Übers. Manfred Simon, 3. Aufl. Berlin u. a. (Aufbau Verlag) 1990, S. 112 f.

9 b) In der „Aeneis“ des römischen Dichters Vergil (70–19 v. Chr.) schaut der Held Aeneas in der Unterwelt in die Zukunft des römischen Volkes:
Der hier, der ist der Held, der dir, so hörst du es oft, verheißen wird, Augustus Caesar, Sohn eines Gottes: Goldene Zeiten wird er von neuem für Latium stiften. […] Du, Römer, sollst, dessen sei dir bewusst, Völker unter deiner Hoheit lenken (dies werden die dir verliehenen Gaben sein) und Regeln verordnen dem Frieden: Schonung für den unterlegenen, aber Kampf bis zum Ende gegen den widersetzlichen Feind.
Vergil, Aeneis VI, 791 ff. und 851 ff., Übers. Edith und Gerhard Binder, Stuttgart (Reclam) 1998, S. 141–145.

M 10 Die Rede des Calgacus bei Tacitus

Der Historiker Tacitus (um 55–um 120 n. Chr.) legt in einer Biografie über den Statthalter Roms in Britannien, seinen Schwiegervater Agricola (40–93 n. Chr.), folgende Rede dem Britannier-Häuptling Calgacus in den Mund:
Sooft ich die Kriegsgründe und unsere Zwangslage betrachte, erwächst mir großer Mut, dass der heutige Tag und eure Einmütigkeit der Beginn der Freiheit für ganz Britannien sein wird. Denn ihr seid alle frei von Knechtschaft, und es gibt keine Länder darüber hinaus, und nicht einmal das Meer ist sicher, weil uns die römische Flotte bedroht. So sind Schlacht und Waffen, die für die Tapferen ehrenvoll [sind], ebenso auch für die Feigen das Sicherste. Bei früheren Kämpfen, in denen gegen die Römer mit unterschiedlichem Glück gestritten wurde, lagen Hoffnung und Schutz in unseren Händen, weil wir als die Edelsten ganz Britanniens und daher im Innersten gelegen und keine Küsten von Sklaven erblickend, sogar die Augen von der Berührung mit Zwangsherrschaft unbefleckt hielten. Uns als die Letzten der Welt und der Freiheit hat die Abgeschiedenheit selbst und die [Schutz-]Hülle des Rufes bis auf den heutigen Tag verteidigt; nun steht die Grenze Britanniens offen und alles Unbekannte gilt als großartig; aber schon [gibt es] kein Volk jenseits, nichts außer Fluten und Felsen, und noch feindseliger [sind] die Römer, deren Arroganz du vergeblich durch Gehorsam und Demut entfliehen dürftest. Räuber des Erdkreises, durchstöbern sie das Meer, nachdem ihnen, die alles verwüsten, die Länder fehlten. Wenn wohlhabend der Feind ist, sind sie habgierig, wenn arm, geltungsbedürftig, [sie], die nicht der Orient, nicht der Okzident befriedigen konnte; als Einzige von allen begehren sie Reichtum und Armut mit gleicher Gier. Wegschleppen, morden, rauben nennen sie mit falschen Namen Herrschaft, und wo sie Einöde schaffen, nennen sie [es] Friede.
Tacitus, Leben des Agricola 30, Übers. Stefan Meurer.

M11 „Sie verwüsten ganze Länder und nennen es Frieden“, englisches Flugblatt, im März 1940 über Deutschland abgeworfen. – *Zum Hintergrund: Am 12. Oktober 1939 war die Verwaltung der von Deutschland überfallenen Gebiete Polens an die SS-Truppen übergegangen.*

10 a) Welche Verdienste werden Augustus von den Dichtern in M9a und b zugeschrieben?
b) „Horaz und Vergil – zwei ‚Fürstenknechte‘!“ – Nehmen Sie Stellung.

11 a) Lesen Sie die Rede des Calgacus, wie sie bei Tacitus überliefert ist (M10), und erörtern Sie die Frage nach der Aussagekraft der Quelle (zu Tacitus siehe Personenlexikon S. 141).
b) Vergleichen Sie anschließend die Positionen in den Quellen M9a, b und M10 zur *Pax Augusta* und schreiben Sie einen Kommentar.

12 a) Zeigen Sie Parallelen auf, die zwischen dem im Zweiten Weltkrieg über Deutschland abgeworfenen Flugblatt (M11) und der taciteischen Calgacus-Rede (M10) bestehen.
b) Überlegen Sie, warum der Verfasser des Flugblattes auf den antiken Text zurückgreift?

13 Kunst und Geschichte: „Die *Ara pacis* – Kunstwerk oder politische Propaganda?“ Besorgen Sie sich Bilder (Internet, Literaturhinweise im Anhang) von der 9 v. Chr. eingeweihten *Ara pacis.* Untersuchen Sie die Reliefs dieses Bauwerks fächerübergreifend unter kunst- und politikgeschichtlichen Fragen und präsentieren Sie Ihre Ergebnisse in Form einer Bilddokumentation (z. B. Powerpoint-Präsentation).

M 12 Die Wirtschaft des Römischen Kaiserreichs in Bildern

12 a) Soldaten beim Straßenbau, Abguss eines Reliefs von der Trajanssäule, Anfang 2. Jh. n. Chr.

12 b) Sklaven und Aufseher in einer Bäckerei, Grabrelief eines Freigelassenen aus Rom, ca. 20 v. Chr.

12c) Römischer Reisewagen mit Maultiergespann, Kalksteinrelief aus Maria Saal/Kärnten, undatiert

12d) Metzgerei, Grabrelief aus Rom, 1./2. Jh. n. Chr.

12e) Schlosserwerkstatt, Ausschnitt aus einem Grabrelief in Aquileia, undatiert

12 f) Bauern (Kapuzenmantel) zahlen Pacht an (zwei) Beamte, Relief, Neumagen, um 240 n. Chr.

M 13 Plinius zur Landwirtschaft

Plinius (der Ältere; 23–79 n. Chr.) schreibt in seiner Naturalis historia *(„Naturgeschichte"):*
Die Größe des Ackerlandes glaubten die Vorfahren vor allem berücksichtigen zu müssen, denn sie waren der Ansicht, es sei besser, weniger zu säen und besser umzupflügen. […] Aufrichtig gestanden, haben die großen Plantagen Italien zu Grunde gerichtet und schaden jetzt auch den Provinzen. Sechs Grundbesitzer besaßen als ihr Eigentum halb Afrika, als Kaiser Nero sie hinrichten ließ.

M 14 Plinius über Handwerk und Handel

Überhaupt benutzt bei weitem der größere Teil der Menschen nur Tongefäße. Die Samischen lobt man noch jetzt als Tischgeschirr. Diesen Ruhm behauptet Arretium in Italien, den schöner Becher Surrentum, Asta, Pollentia, in Spanien Saguntum, in Vorderasien Pergamon. Auch Tralles liefert bemerkenswerte Arbeiten und in Italien Mutina, indem sich Völker auch auf diese Weise einen Namen machen und auch diese Dinge über Land und Meer hin und her transportiert werden und manche Töpfereien weit berühmt sind.

M13 und M14: Plinius, Naturalis historia 18, 35 und 35, 160. Übers. C. F. L. Strack, Berlin 1854, bearb. von Stefan Meurer.

M 15 Der Historiker Karl Christ über römische Wirtschaft in der Kaiserzeit (2001)

Für die römische Kaiserzeit muss davon ausgegangen werden, dass das Imperium Romanum primär aus sehr verschiedenartigen Wirtschaftslandschaften bestand, deren strukturelle Eigenart zunächst nicht grundsätzlich verändert worden war. Bis zum Beginn der Spätantike ist der Verband niemals als Ganzes im Sinne moderner Planwirtschaft systematisch organisiert worden. Die römischen *principes* betrieben grundsätzlich keine kohärente und langfristige Wirtschaftspolitik. Sie erfüllten zwar ihre elementaren Aufgaben: die Versorgung der Stadt Rom und des Heeres, die Sicherung der Transportwege und Märkte, die Stabilität des Währungssystems. Doch direkt griffen sie in den ökonomischen Bereich nur in seltenen Krisenfällen ein, so Tiberius bei einem geldwirtschaftlichen Engpass, Domitian, Nerva und Trajan zu Gunsten der italischen Landwirtschaft, Hadrian zur Garantie der Ölversorgung Attikas.

Als sehr viel bedeutsamer erwiesen sich die indirekten Auswirkungen der neuen politischen Formation: die Schaffung neuer Absatzmärkte in den Grenzprovinzen des Reiches durch die peripheren Truppenkonzentrationen, die bald auch Produktionsstätten an sich zogen, der Ausbau der Infrastruktur durch die Anlage der großen Fernstraßen, die Erweiterung der Seehäfen und die Intensivierung der Transporte auf den großen Flüssen, die Verbesserung der Wasserversorgung in den afrikanischen Randgebieten, die zur Erweiterung der Anbauflächen führte, vor allem aber die Koordination der verschiedenen Währungssektoren.

Bei all dem ist gleichwohl nicht zu übersehen, dass die ökonomischen Initiativen und Aktivitäten der Städte häufig genug und auf Dauer die wirtschaftlichen Entwicklungen im lokalen und regionalen Bereich stärker beeinflussten als jene des Prinzeps. Die Städte verfügten über ihre eigenen Ländereien und Werkstätten, die verpachtet wurden; sie nahmen Einfluss auf das Bankwesen, erlaubten verschiedentlich die Nutzung von unbebautem Land unter der Voraussetzung, dass Reben oder Obstbäume angepflanzt wurden.

Für die Strukturprinzipien des Imperiums ist es typisch, dass der wesentlich ausgeweitete geldwirtschaftliche Bereich durch die Koordination verschiedener Währungselemente bestimmt wurde, durch die Koordination von Reichs-, Provinzial- und Stadtprägungen. Von dieser Trias war die Reichsprägung, die auf dem alten republikanischen Geldsystem Roms aufbaute und nun im gesamten Mittelmeerraum akzeptiert wurde, am wichtigsten.

Karl Christ, Die römische Kaiserzeit, München (C.H.Beck) 2001, S.78f.

14 a) Sammeln Sie in arbeitsteiliger Gruppenarbeit anhand der Bilder M1 und M12a bis f Befunde zur Wirtschaft der Kaiserzeit; ziehen Sie (aus Kap. 4, 7 und 9) M3, S.42, M4, S.44, M2, S.84, und die Karte M4a, S.107, mit heran. b) Strukturieren Sie Ihre Ergebnisse mithilfe einer Mindmap. c) Formulieren Sie Hypothesen.

15 Finden Sie heraus, worin Plinius (M13) das wirtschaftliche Kernproblem seiner Zeit sieht.

16 a) Zeichnen Sie nach den Angaben des Plinius in M14 eine Karte mit den Orten berühmter Feinkeramik des Imperium Romanum.
b) Welche Rückschlüsse lassen sich daraus auf das Niveau der antiken Wirtschaft ziehen?

17 a) Halten Sie in einer Tafelskizze die Ergebnisse von Christ (M15) zur Wirtschaft fest.
b) Vergleichen Sie mit Ihren Befunden aus Aufgabe 14 und revidieren Sie sie eventuell.

M16 Zur Diskussion: Die römische Gesellschaft der Kaiserzeit

16a) Der Historiker Geza Alföldy (1976):
Die Spannungen und Konflikte der römischen Gesellschaft waren durch diese Hierarchie bestimmt und von den erwähnten sozialen Bindungen stark beeinflusst. Zwischen einzelnen höheren und niederen Schichten gab es immer wieder deutlich nachweisbare soziale Spannungen: zwischen Patriziern und Plebejern im archaischen Rom, zwischen senatorischen Großgrundbesitzern und landlosen Bauern sowie zwischen den Gutsherren und den in der Landwirtschaft beschäftigten Sklavenmassen während der späteren Republik, zwischen den Nutznießern der römischen Herrschaft und den unterdrückten Bevölkerungsgruppen in einzelnen Provinzen während der frühen Kaiserzeit, zwischen verschiedenen Gruppen der *honestiores* und *humiliores* in der Spätantike. Aber alle diese Spannungen konnten nur selten in offenen, mit Gewalt ausgetragenen Konflikten explodieren. Es gab keine einheitliche unterdrückte, revolutionäre Klasse, die eine soziale Revolution hätte herbeiführen können. Infolge der Struktur der niederen sozialen Schichten, die voneinander hauptsächlich durch die Formen ihrer sozialen Abhängigkeit, also sozusagen durch von oben nach unten verlaufende Grenzlinien, getrennt waren, konnte sich keine derartige Klasse bilden. Dementsprechend waren die offenen und mit Gewalt ausgetragenen sozialen Konflikte immer auf den Kampf zwischen den Herrschenden und einzelnen niederen Schichten und Gruppen beschränkt, ohne dass je ein revolutionäres Bündnis zwischen den unterschiedlichen Schichten und Gruppen der sozial Benachteiligten zu Stande gekommen wäre. Im archaischen Rom etwa wurde der Kampf der Plebejer weder von den Klienten noch von den Sklaven systematisch unterstützt. In der späten Republik gab es keine Kampfgemeinschaft von Sklaven, italischen *socii* und unterdrückten Provinzialen in Hellas oder in Spanien, und die Bagauden der späten Kaiserzeit fanden in den *humiliores* der Städte keine Verbündeten. Zugleich war in der Regel auch die Oberschicht stark genug, um ihr

Herrschaftssystem abzusichern, und wenn sie emporstrebenden sozialen Kräften offen nachgegeben hat wie die Patrizier den Führern der Plebejer spätestens seit den licinisch-sextischen Gesetzen oder die maßgebenden Kreise Roms den italischen *socii* nach dem Bundesgenossenkrieg, dann stets zur Stärkung und nicht zur Schwächung bestehender sozialer Strukturen. Diese Stärke der Herrschenden lag nicht zuletzt in den erwähnten außerordentlich engen sozialen Bindungen zwischen führenden Personen und Familien einerseits und ihren Klienten jeder Art andererseits. Die Häupter der patrizischen *gentes* im archaischen Rom, die konservativen Verfechter einer Restaurationspolitik während der späten Republik wie Sulla und die Garanten der sozialen Stabilität wie Augustus konnten immer auf die Massen der ihnen ergebenen, stark an ihre Person gebundenen niederen Bevölkerungsgruppen rechnen.

Geza Alföldy, Die römische Gesellschaft, in: Gymnasium 83, 1976, S. 15 f.

16 b) Friedrich Vittinghoff, Historiker (1980):
Es ist zunächst ein elementares Missverständnis, wenn man meist die kaiserzeitliche Gesellschaft mit der römischen identifiziert. Denn in dem Weltreich existierten unübersehbar viele, unterschiedlich aufgebaute Gesellschaften als ethnokulturelle Einheiten (Stadtgemeinden, Stämme u. a.), die oft einen kaum miteinander vergleichbaren Entwicklungsstand hatten und deren Sprachen, Rechtsordnungen, politische Institutionen, Kulte und dementsprechend auch Verhaltensnormen und -orientierungen verschiedenartig waren. Alle bisherigen Versuche, die kaiserzeitliche Gesellschaft zu gliedern, gehen unausgesprochen von Vorstellungen „sozialer Schichtung“ aus, wie sie von der modernen Soziologie für die „bürgerliche“ Gesellschaft entwickelt worden sind. Diese Schichtungstheorie beruht auf dem Grundsatz allgemeiner bürgerlich-politischer Rechtsgleichheit, wie sie für heutige industriewirtschaftliche Gesellschaften juristisch und ideologisch konstitutiv ist. Unter dieser Voraussetzung dienten dann die mannigfachen mit der Gleichheit verbundenen und empirisch zu beobachtenden Ungleichheiten in der Einkommensverteilung oder im Prestige und Einfluss als Bestimmungselemente zu einem vertikal strukturierten Gesellschaftsbild.

Hingegen war die römische soziale Wirklichkeit in einer auch rechtlich und politisch fixierten Ungleichheit organisiert. Die Gesellschaftsformen und der personen-

M 17 Die römische Gesellschaft der Kaiserzeit in Schaubildern

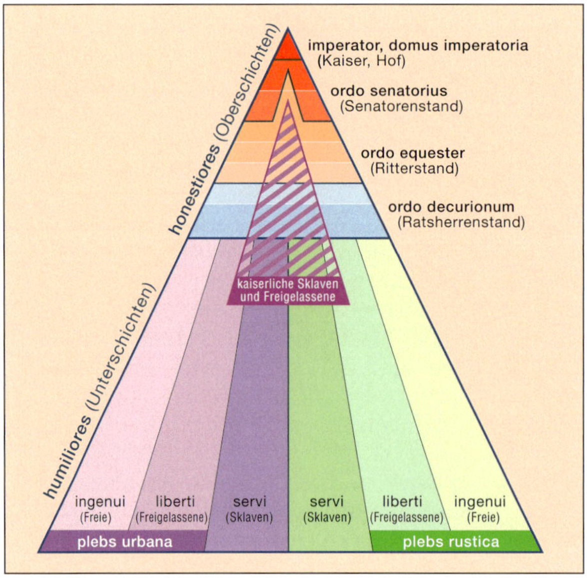

17 a) Schaubild I: Gliederung nach Schichten

17 b) Schaubild II: Gliederung nach Vermögen (oder entsprechenden Einkünften)

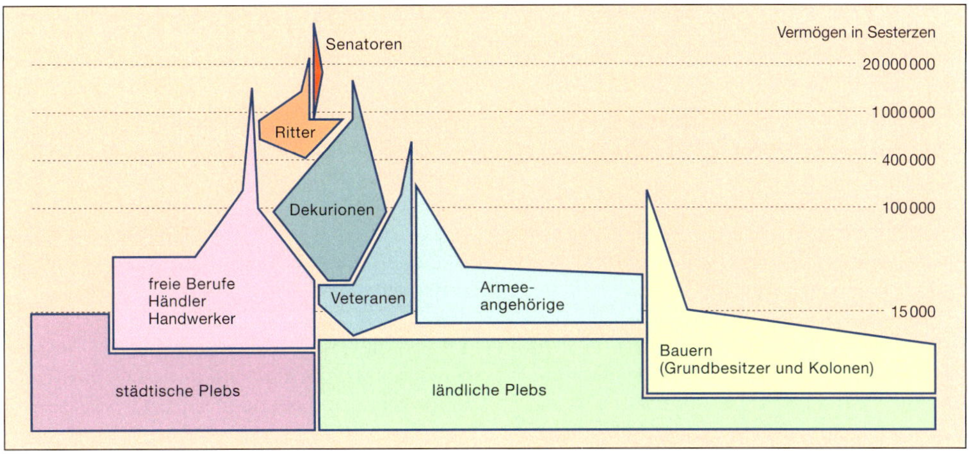

rechtliche Status des Individuums waren juristisch so stark ausgeprägt, dass sie sich nicht in ein Schichtensystem übertragen lassen. Die formal-legale Stellung, d. h. der unterschiedliche Personenstand, hatte im Römischen Reich fundamentale Bedeutung, weil es nicht gleichgültig war, ob man zu den „Freien" oder „Unfreien" gehörte, und wenn zu den „Freien", ob man frei geboren oder freigelassen, ob man ein römischer Bürger oder ein Latiner (unter ihnen wieder die Sonderkategorie des formlos Freigelassenen als *Latinus Iunianus)* oder ein Peregriner war. Als Freigelassener unterschied man sich wieder darin, ob man von einem Patron abhängig oder rechtlich frei und ökonomisch selbstständig war. Solcher Art personenrechtlicher Differenzierungen waren Legion. Die personenrechtlichen Ungleichheiten lassen sich nun nicht mit bestimmten sozioökonomischen „Schichten" in Verbindung bringen. Darum scheint es wegen des gesellschaftlichen Primats der Rechtsordnung notwendig zu sein, in einer Strukturanalyse nach Rechts- oder Integrationskreisen zu fragen, weil sich hier zeigen wird, wie der wirtschaftliche Faktor im Sozialaufbau, anders als in der modernen, marktvermittelten Gesellschaft, juristisch eingeebnet und untergeordnet wird.

Friedrich Vittinghoff, Soziale Struktur und politisches System der Hohen Römischen Kaiserzeit, in: Historische Zeitschrift 230, 1980, S. 31 ff.

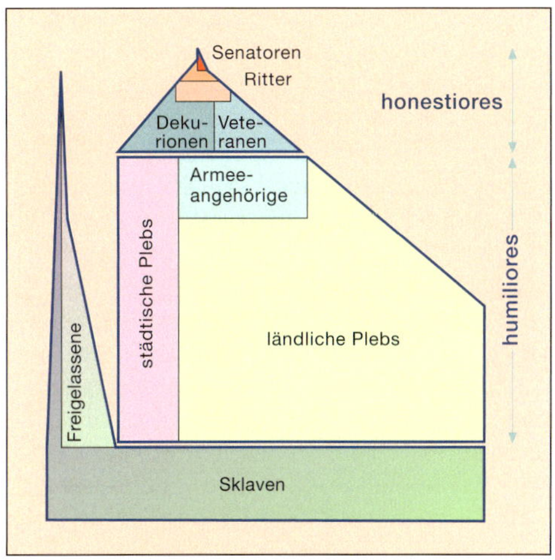

17 c) Schaubild III: Gliederung nach Rechtsstellungen und sozialen Niveaus

18 a) Erarbeiten Sie die Thesen Alföldys und Vittinghoffs zur römischen Gesellschaft (M16).
b) Erklären Sie, warum es nach Alföldy (M16a) im Römischen Reich nie zu einem „Klassenkampf" gekommen ist (Begriff: siehe Lexikon).
c) Begründen Sie, welches Schaubild (M17a–c) den Thesen Vittinghoffs (M16b) entspricht.

19 Erstellen Sie in Partnerarbeit ein Computerschaubild zu unserer Gesellschaft heute. Präsentieren Sie Ihre Ergebnisse und einigen Sie sich zum Schluss auf eine gemeinsame Grafik.

Schriftsteller und Herrscher – Ein moderner Dichter und die römische Antike

M 18 Aus dem Roman „Die letzte Welt" von Christoph Ransmayr (1988)

In seinem Roman lässt der österreichische Dichter Ransmayr (geb. 1954) den römischen Dichter Ovid eine Rede zur Einweihung des (fiktiven) Stadions „Zu den sieben Zufluchten" halten:

Diesem jähen Tod, dem Verlauf eines Gartenfestes und der selten einmütigen Laune einiger dazu geladener Würdenträger verdankte Naso schließlich einen Auftrag, der ihn am nächsten Morgen, vierzig Stunden vor der Eröffnung des Stadions, erreichte und ihm weder die Möglichkeit der Ablehnung noch der Zustimmung, sondern nur die des Gehorsams ließ: Publius Ovidius Naso werde die achte von insgesamt elf Reden über die Wohltat des neuen Stadions halten, eine Rede von zehn Minuten Länge vor zweihunderttausend Römern im steinernen Oval – und dem Erhabenen in ihrer Mitte, Augustus Imperator, der jedem der elf Redner das Wort selbst erteilen werde.

Das aus Kalkstein und Marmorblöcken aufgetürmte Stadion, das sich aus einem unter großen Opfern entwässerten Moorgebiet des südlichen Tibertales erhob, sollte nach einem Traum des Imperators und nach seinem unbeugsamen Willen Zu den Sieben Zufluchten genannt werden. Jahrhundertelang hatten sich aus diesem Moor nur die flirrenden, schwankenden Säulen der Fiebermückenschwärme erhoben und Aasvögel den Himmel beherrscht, die über den Kadavern von Ziegen und Schafen, seltener auch den Leichnamen von Hirten kreisten, von Moorbewohnern, die von den Knüppelpfaden abgekommen und im Morast erstickt waren. Das Stadion Zu den Sieben Zufluchten war die Krönung eines epochalen Entwässerungswerkes, das in den Jahren der Grabarbeit als das größte Geschenk des Imperators an Rom gepriesen wurde.

In diesem gewaltigen Kessel aus Stein, in dem in der Eröffnungsnacht zweihunderttausend Menschen ihre mit Buntpulver bestreuten Fackeln nach den Kommandos einer Schar von Zeremonienmeistern zu lodernden Ornamenten erhoben, im Tosen der Blutorchester der Armee, die sich auf den Aschenbahnen zur Parade formierten, inmitten dieser entsetzlichen Herrlichkeit, in der sich das Volk von Rom unter den Augen des Imperators in ein einziges brennendes, rasendes Muster verwandelte, begann Nasos Weg in die äußerste Einsamkeit, sein Weg an das Schwarze Meer. Denn auf einen Wink des Imperators, der nach sieben Reden schon gelangweilt schien und der nun auch dem achten Redner das Zeichen aus einer solchen Ferne gab, daß Naso nur die tiefe Blässe in Augustus' Antlitz wahrnahm, aber keine Augen, kein Gesicht ..., auf einen müden, gleichgültigen Wink also, trat Naso in dieser Nacht vor einen Strauß schimmender Mikrophone und ließ mit diesem einen Schritt das römische Imperium hinter sich, verschwieg, vergaß! die um alles in der Welt befohlene Litanei der Anreden, den Kniefall vor den Senatoren, den Generälen, ja dem Imperator unter seinem Baldachin, vergaß sich selbst und sein Glück, trat ohne die geringste Verbeugung vor die Mikrophone und sagte nur: Bürger von Rom.

Christoph Ransmayr, Die letzte Welt, Nördlingen (Greno) 1988, S. 60 ff.

20 Geben Sie den Inhalt des Textauszuges M18 wieder.

21 Arbeiten Sie heraus, wie Ransmayr das Verhältnis zwischen dem Schriftsteller (Ovid) und dem Herrscher (Augustus) beurteilt.

22 An einer Textstelle verwendet Ransmayr einen Anachronismus (Zeitsprung). Welche Absicht könnte er damit verfolgen?

23 Vorschlag für eine Hausarbeit:
a) Informieren Sie sich anhand eines Lexikons über Ovid und die Gründe für seine Verbannung nach Tomis am Schwarzen Meer.
b) Welche Gründe für die Verbannung Ovids stellt der literarische Text Ransmayrs heraus?

24 Ein Streitgespräch: Sollen Dichter und Künstler in aktuelle politische Debatten eingreifen oder in Wahlkämpfen für Parteien werben?

Weiterführende Arbeitsanregungen zur Römischen Kaiserzeit

Projekt: Nachleben der Antike – Das alte Rom im italienischen Faschismus

Die Herrschaft Roms über die antike Welt diente vielen Diktatoren des 20. Jahrhunderts als Vorbild oder zur Legitimation der eigenen Herrschaft. Unter der Regierung von Benito Mussolini begannen die italienischen Faschisten in den 1930er-Jahren mit großen Ausgrabungen; in der Hauptstadt Rom wurden unter Einschluss antiker Gebäude Prachtstraßen gebaut, aber auch moderne Häuser nach antiken Vorbildern errichtet. Staatssymbole wie der römische Legionsadler wurden wiederbelebt, das antike Erbe in Historienfilmen verklärt. Der Inszenierung des 2000. Geburtstags von Augustus 1937 diente dazu, Macht und historische Größe des faschistischen Italien zu demonstrieren.

Arbeitsanregungen

1 Informieren Sie sich in Grundzügen über die Zeit des italienischen Faschismus (Handbücher).
2 Recherchieren Sie in Bibliotheken und im Internet zu der Frage, wie die italienischen Faschisten mit der Geschichte und den archäologischen Überresten des alten Rom umgegangen sind. Ziehen Sie auch Reiseführer (insbesondere zur Stadt Rom) hinzu, architekturgeschichtliche und archäologische Fachliteratur oder auch Biografien über Mussolini (als Anregung siehe unten M19 und M20).
3 Verständigen Sie sich vorab im Kurs, wie Sie die Arbeiten aufteilen wollen.
4 Einigen Sie sich auf eine Präsentationsform (Ausstellung, Wandfries, Webseite, Dokumentation).

Literaturhinweise

F. Scriba, Augustus im Schwarzhemd. Die „Mostra Augustea" in Rom 1937/38, Frankfurt/M. 1994.
Kunst und Macht im Europa der Diktatoren 1930–1945, Ausstellungskatalog, London 1996, S. 119 ff.

M19 Deckblatt der Zeitschrift „Domenica del Corriere", Zeichnung, Italien, Juni 1939. – *Der italienische Diktator Mussolini und die neu erbaute Prachtstraße zum Kolosseum.*

M20 Vittorio Bravetta, „Marsch der Legionen", 1926

Das Römische Reich entsteht wieder
Die Stunde des Adlers hat geschlagen
Trompetenstöße begrüßen seinen Flug
Vom Kapitol zum Quirinal
Erde, wir wollen Dich beherrschen
Meer, wir wollen Dich befahren
Das Liktorat kehr wieder als Zeichen
Von Kraft und Zivilisation

Benito Mussolini, dem Standartenführer von Rom, gewidmet.

Zit. nach: Christoph Höcker, Antikes Rom, 2. Aufl., Köln (DuMont) 2002, S. 152.

6 Frauenleben – Männerleben: Gesellschaft und Geschlecht im Römischen Reich

Frauen- oder Geschlechterforschung?

Geschlechterhistorische Fragen werden erst seit den 1970er-Jahren intensiver untersucht. War es zu Anfang ein Anliegen der **Frauenforschung**, das Handeln von Frauen in der Geschichte sichtbar zu machen und die Zusammenhänge von Diskriminierung und Befreiungsmöglichkeiten zu untersuchen, so hat sich die Perspektive im Laufe der Zeit erweitert. Da Frauen in den meisten Gesellschaften von Männern als „das andere Geschlecht" (Simone de Beauvoir) definiert werden, geht die neuere **Geschlechterforschung** vergleichend vor und untersucht die Vorstellungen, Erfahrungen und Verhaltensweisen von Frauen *und* Männern.

Im Hinblick auf die römische Geschichte könnte man nach männlichen und weiblichen Leitbildern fragen. Ferner: Waren alle Frauen unterdrückte und entrechtete Mitglieder einer patriarchalischen Gesellschaft? Oder gab es soziale Differenzierungen? Waren die Verhältnisse stabil oder haben sie sich im Verlauf der Geschichte Roms verändert?

Frauenalltag – Männeralltag

Die römische Gesellschaft besaß eine patriarchalische Grundordnung. Die Frau stand zeit ihres Lebens unter der Vormundschaft des Mannes, zunächst des Vaters, dann des Ehemanns oder eines männlichen Vormunds. Römische Frauen konnten öffentlich auftreten, Gastmähler oder Theater besuchen oder, in späterer Zeit, auch eigenen Besitz verwalten.

Schulbildung war möglich (Lesen, Schreiben, Singen, Malen), doch richtete sie sich nach dem privaten Vermögen der Familien. In den oberen Schichten näherte sich das Bildungsniveau der Geschlechter in der Kaiserzeit an.

Es gab zwei Formen der **Eheschließung:** In der *manus*-Ehe, der älteren Form, gingen die Frau und ihr elterliches Erbteil in die Hausgewalt des Mannes über *(manus* = Hand, Gewalt). Die Ehe konnte nur vom Mann aufgehoben werden und auch dann nur unter besonderen Umständen (Kinderlosigkeit, Ehebruch). In der *manus*-freien Ehe, die später aufkam, blieb die Frau rechtlich unter der Hausgewalt des Vaters und behielt die Erbrechte ihrer *familia.* Eine Scheidung erfolgte durch Erklärung eines Ehepartners, konnte also auch von der Ehefrau ausgehen; die Frau erhielt in diesem Fall ihre Mitgift zurück. Sklavinnen und Sklaven konnten keine rechtmäßige Ehe eingehen, aber mit Zustimmung ihres Herren eine Lebensgemeinschaft bilden.

Nach römischem Verständnis war die freie, verheiratete, ehrbare Frau, die *matrona,* ausschließlich für die **Hausarbeit** zuständig. Sie kümmerte sich um die erforderlichen Arbeiten, erzog und unterrichtete die Kinder. In reicheren Familien beaufsichtigte sie auch die Haussklaven.

Unfreie Arbeit war in der römischen Gesellschaft verpönt, lediglich die häusliche Fabrikation von Textilien genoss ein gewisses Ansehen. Dennoch zählte man über hundert **Frauenberufe.** Sie wurden aber nur von Angehörigen der unteren Schichten, von Freigelassenen und Sklavinnen, ausgeübt. Die Frauen waren in unterschiedlichen Bereichen als Verkäuferinnen tätig, als Ammen, Hebammen, Ärztinnen und Friseusen, aber auch in der Unterhaltungsbranche, als Schauspielerinnen, Musikantinnen und Tänzerinnen. Prostitution war weit verbreitet. In kleinbäuerlichen Familien unterschied sich die Schwere von Männer- und Frauenarbeit nicht. **Sklavinnen** wurde auch härteste körperliche Arbeit zugemutet.

In der Kaiserzeit sprach das aufkommende **Christentum** zunächst besonders Frauen an. Sie spielten bei seiner Verbreitung eine wichtige Rolle. Aber an der patriarchalischen Grundauffassung von Gesellschaft hat auch das Christentum festgehalten.

Geschlecht und politische Herrschaft

Die Ausübung politischer Macht lag im Römischen Reich in der Hand der Männer. Der Zugang zu Volksversammlungen oder zu Staatsämtern war Frauen verwehrt. Frauen standen allerdings „Einflussfelder" im privaten Bereich offen. Wenn z. B. die männlichen Eliten des Reiches auf Empfängen und oder häuslichen Gastmählern kommunizierten, waren – anders als im antiken Griechenland – in Rom auch die Frauen präsent. Allerdings besteht zwischen „Einfluss nehmen" und „selbst bestimmen" ein großer Unterschied.

Als in der Krisenzeit der späten Republik viele Ehen aus politischen Erwägungen geschlossen wurden, griffen Frauen aus der Oberschicht auch in politische Entscheidungen ein. Nur Einzelne vermochten die traditionelle Rollenverteilung zu sprengen. So trat **Fulvia**, Ehefrau dreier bedeutender Männer der Republik, zuletzt des Marcus Antonius, auch öffentlich auf und nahm in entscheidender Position am Bürgerkrieg teil (siehe S. 55).

Berühmte römische Frauen tauchen auch in mythischen Zusammenhängen auf, die gesellschaftshistorisch noch genauer zu untersuchen sind: Die mythischen Gründergestalten Romulus und Remus verdankten ihr Dasein einer gotterfüllten Priesterin, die Gracchen stellten ihr politisches Wirken in den Dienst ihrer Mutter **Cornelia.**

Privilegien standen den **Priesterinnen** zu, so etwa den Vestalinnen, den Priesterinnen der Staatsgöttin Vesta. Sie wachten über das öffentliche Herdfeuer auf dem Forum Romanum, das als Zentrum des Staates galt. Bereits als Kinder ausgesucht (anfangs nur aus vornehmen Familien), mussten sie dreißig Jahre Dienst tun und Keuschheit geloben. Ihre Position war mit großen Ehren und Vorrechten verbunden. Angesichts der engen Verbindung von Staat und Religion (Einholen des Götterwillens vor politischen Entscheidungen; zahlreiche Kulte zu Ehren der Götter und später der Kaiser) hatten sie eine bedeutende gesellschaftliche Stellung.

M 1 **Römisches Grabdenkmal aus Neumagen, Mitte 3. Jh. n. Chr.** – *Die Verbindung der Hände* (dextrarum iunctio) *zeigt Mann und Frau als Ehepaar; der Status des Sohnes als künftiger Bürger und Erbe der väterlichen Position kommt in der Kleidung zum Ausdruck. Die Weiheformel* D(is) M(anibus) *stellt das Grab unter den Schutz der Totengeister (Manen). Die Seitenreliefs (hier nicht abgebildet) zeigen rechts den von der Hasenjagd heimkehrenden Mann, der Zahlungen von Pächtern entgegennimmt, und links die Frau bei der Morgentoilette in einem Sessel sitzend, umringt von vier Dienerinnen.*

Hinweise zur Arbeit mit den Materialien

Der Einstieg in die Geschichte von Geschlechterrollen im Römischen Reich könnte über ausgewählte **Männer- und Frauenbilder** erfolgen, wie sie z. B. in Münzbildern und Statuen überliefert sind (M3 bis M5; oder M1 und M9); alternativ dazu: ein Sekundärtext, der das Thema methodisch angeht und die **„Konstruktion" von Geschlechterrollen** erörtert (M2).

Der folgende Materialteil bietet Quellen zum Frauenleben in unterschiedlichen Gesellschaftsschichten:
- **Bäuerinnen und bäuerliches Leben** (M6),
- **Sklavinnen** (M7),
- **Frauen aus der Nobilität** (M8).

Der letzte Quellenblock ist ausgewählten Lebensbereichen von Männern und Frauen gewidmet:
- **Eheschließung und Scheidung** (M10a bis d, siehe auch M1; dieser Abschnitt kann durch eigene Recherchen zur heutige Lage in der Bundesrepublik erweitert werden),
- **Schwangerschaftsabbruch** in der römischen Antike (M11a bis c),
- **Prostitution** in der römischen Gesellschaft (M12).

Die *Weiterführenden Arbeitsanregungen S. 82* bieten methodische Hinweise sowie Übungen zum Auffinden und Bewerten von Materialien aus dem **Internet.**

Methodische Anregungen: Bei der Analyse der Münzbilder M3 und M5 kann die *Methodensonderseite 49 f.* wiederholend mit einbezogen werden. – Die Materialien zu den sozialen Schichten (M6 bis M8) und auch diejenigen zu den ausgewählten Lebensbereichen (M10a bis M12) können in *arbeitsteiliger Gruppenarbeit* untersucht werden.

M2 Geschlechterrollen – von der Natur bestimmt oder von der Gesellschaft „konstruiert"?

Der Historiker Hartmut Leppin (2002):

[Bei einem geschlechterhistorischen Rückblick in die römische Geschichte] muss in Erinnerung gerufen werden, wie die Weiblichkeit in dieser Gesellschaft „konstruiert" wurde, um ein Wort aufzugreifen, das in der geschlechtergeschichtlichen Forschung mit gutem Grund von zentraler Bedeutung ist, auch wenn es sperrig anmutet. Auf den ersten Blick scheint es ja nahe zu liegen, Geschlechterrollen als biologisch bestimmt und somit kaum wandelbar zu begreifen. Und tatsächlich wirkt bei einer vordergründigen Betrachtung vieles, was sich über Frauen in Rom sagen lässt, dem sehr ähnlich, was man über jene im 19. Jahrhundert berichten kann. Bei genauerem Hinsehen treten jedoch Differenzen hervor. Es zeigt sich, dass die Grenzen zwischen den Geschlechtern doch jeweils anders definiert wurden. Was als „weiblich" oder als „männlich" betrachtet wurde, unterscheidet sich je nach Kultur in vielerlei Hinsicht. Gerade unsere Gesellschaft hat in den letzten Jahrzehnten einen dramatischen Wandel erlebt. Dies unter anderem ist gemeint, wenn man davon spricht, dass Geschlechterrollen gesellschaftlich konstruiert seien.

Begreift man die Geschlechterrollen nicht als Konsequenzen der Biologie, sondern als solche der Gesellschaft, gewinnt man einen Blick für ihre Veränderlichkeit. Allerdings führt das Wort „Konstruktion" leicht zu einem Missverständnis: Es klingt so, als habe irgendwo ein finsterer misogyner Unterdrücker gesessen oder ein Klub von Dunkelmännern, die bestimmte Rollen entwickelt und dem anderen Geschlecht aufgezwungen hätten. Das aber ist nicht gemeint. Die Geschlechterrollen haben sich vielmehr in einem komplexen, oft undurchsichtigen historischen Prozess entwickelt, der innerhalb der römischen Gesellschaft den Männern die Oberhand sicherte. Das ist auch eine Geschichte von Zwängen, von Selbstzwängen und Fremdzwängen, übrigens für beide Geschlechter: Eine Frau darf nicht zu offenkundig dominieren, gar herrschen wollen, ein Mann darf sich nicht schwach, „weibisch", zeigen. So konnten – um auf die

Ebene der Herrscher zu blicken – Antonius wegen seiner Abhängigkeit von Kleopatra und [Kaiser] Tiberius wegen der starken Stellung Livias diskreditiert werden. Selbst Normen für das scheinbar Intimste, das Sexualverhalten, sind von solchen gesellschaftlichen Prägungen bestimmt. Dies ist zu beachten, wenn man sich den römischen Verhältnissen zu nähern versucht.

Hartmut Leppin, Rücklick und Ausblick, in: Hildegard Temporini-Gräfin Vitzthum (Hg.), Die Kaiserinnen Roms, München (C.H. Beck) 2002, S. 483 f.

1 a) Erläutern Sie mithilfe von M2, was unter der „Konstruktion" von Geschlechterrollen zu verstehen ist.
b) Gegen welche Ansätze und Missverständnisse der historischen Geschlechterforschung grenzt sich der Autor ab?
2 a) Erklären Sie die These des Autors, die Herausbildung von Geschlechterrollen hänge bei Männern wie bei Frauen mit „Selbstzwängen" und „Fremdzwängen" zusammen (Z. 43–46). Nennen Sie Beispiele, auch aus der Gegenwart.
b) Nehmen Sie Stellung zu dieser Position.
3 a) Arbeiten Sie die in den Bildern M3 und M5 dargestellten Eigenschaften römischer Frauen heraus (Hilfe: Lateinlexikon).
b) Welches Männerbild vermittelt Statue M4?
c) Erklären Sie, inwieweit Münzen und Statuen zur „Konstruktion von Geschlechterrollen" im Römischen Reich beigetragen haben.

M4 Römischer Adeliger, 165 cm, augusteische Zeit. – *Die Ahnenbildnisse rechts und links sind vermutlich Kopien früherer Werke.*

M3 Römische Goldmünze, Rückseite, geprägt 2. Hälfte 3. Jh. – *Umschrift: PUDICITIA AUG(ustae). (Vorderseite: Porträt der Herennia Cupressenia Etruscilla, der Gattin des Kaisers Decius.)*

M5 Römische Goldmünze, Rückseite, geprägt 1. Hälfte 4. Jh. – *Umschrift: SALUS REI PUBLICAE; unten: SMNB. (Vorderseite: Porträt der Fausta, der Gattin Kaiser Konstantins I.)*

M 6 Frau und Mann im bäuerlichen Leben

Lucius Iunius Moderatus Columella (1. Jh.), ein aus Spanien stammender, in Italien lebender Ackerbauschriftsteller, schreibt in seinem Werk De re rustica *(„Über die Landwirtschaft"):*

Xenophon von Athen hat in seinem Buch [...] aufgezeigt, dass eine eheliche Verbindung von Natur aus so gefügt ist, dass durch sie nicht nur die angenehmste, sondern auch die gewinnbringendste Lebensgemeinschaft begründet wird; erstens nämlich [...] seien Mann und Frau zu dem Zweck vereinigt, dass die Menschheit nicht mit der Länge der Zeit untergeht, zum Zweiten, dass aus ebendieser Gemeinschaft den Menschen Hilfe und Schutz für das Alter hervorgehe. Da ferner bei den Menschen Nahrung und sonstiger Lebensbedarf nicht wie bei den Tieren auf offenem Feld und im Waldgelände vorhanden ist, sondern im Haus und unter Dach bereitgehalten werden muss, war es nötig, dass der eine Teil, dem es oblag, mit dem Fleiß seiner Hände zu beschaffen, was im Haus gelagert werden sollte, sich draußen im Freien aufhielt – da es nun einmal unerlässlich war, das Feld zu bestellen oder über See zu fahren oder sonst irgendwie Geschäfte zu betreiben, um Möglichkeiten des Lebens zu schaffen –; wenn dann die erworbenen Dinge unter Dach gebracht waren, war ein Zweiter nötig, der das Eingebrachte bewahrte und diejenigen Arbeiten verrichtete, die im Haus geschehen mussten; denn die Feldfrüchte und sonstigen der Erde abgewonnenen Lebensmittel bedurften des Daches, und der Nachwuchs und Ertrag der Schafe und übrigen Tiere mussten in verschlossenem Raum untergebracht werden, nicht minder die übrigen Gebrauchsgüter, mit denen die Menschen sich ernähren und ihr Leben gestalten.

Da also die Dinge, die unser Thema darstellen, Mühe und Sorgfalt fordern und alles, was dann im Haus aufbewahrt werden soll, mit nicht geringem Einsatz im Freien erarbeitet wird, ist die Natur der Frau, wie gesagt, aus gutem Grund auf die häusliche Fürsorge eingestellt, die des Mannes aber auf den Einsatz außerhalb des Hauses und unter freiem Himmel. Deshalb hat die Gottheit dem Mann auferlegt, Hitze und Kälte, Märsche und Anstrengungen in Frieden und Krieg, d. h. in der Feldarbeit und im Militärdienst, zu ertragen. Der Frau dagegen, die sie für alle diese Dinge ungeeignet geschaffen hat, überließ sie die Fürsorge für die häuslichen Pflichten, und da sie das weibliche Geschlecht zum Bewachen und Behüten bestimmte, schuf sie es ängstlicher als das männliche; denn Angst trägt viel zu sorgsamem Bewahren bei; weil es aber für diejenigen, die draußen im Freien den Lebensunterhalt erwerben, nicht selten notwendig wird, Unrecht abzuwehren, deshalb hat sie den Mann mutiger gemacht als die Frau. Da jedoch der schon erworbene Besitz in gleicher Weise Gewissenhaftigkeit und Sorgfalt erfordert, hat sie der Frau kein geringeres Besitzrecht an diesen Dingen gegeben als dem Mann. Weil endlich ein Wesen von einerlei Art nicht alles, was zweckdienlich ist, bewältigen kann, wollte der Gott, dass einer den anderen nötig habe, weil das, was dem einen fehlt, meist dem andern zu Gebote steht.

Denn bei den Griechen, danach auch bei den Römern bis zur Zeit unserer Väter war die Hauswirtschaft im Allgemeinen eine Sache der Hausfrau, während die Herren sich sozusagen zur Erholung von ihren Anstrengungen außer Hauses, nachdem sie alle Aufgaben beiseite gestellt hatten, in ihre häuslichen vier Wände zurückzogen. Denn den obersten Rang hatte der Respekt im Verein mit Eintracht und Beflissenheit, und die Frau glühte von dem löblichsten Ehrgeiz, der sie dazu trieb, die Erfolge ihres Mannes durch ihre eigene Sorgsamkeit noch größer und besser zu machen. Nichts konnte man im Hause sehen, was nur einem gehört hätte, nichts, wofür entweder der Mann oder die Frau persönliches Besitzrecht geltend gemacht hätte, sondern beide arbeiteten gemeinsam auf das gemeinsame Ziel hin, dass der Fleiß der Hausfrau gleichen Schritt mit der Erwerbsarbeit außer Hauses hielt. Daher war auch ein Verwalter oder eine Verwaltersfrau kaum erforderlich, da ja die Hausväter selbst täglich ihre Geschäfte überwachten und in Ordnung hielten. Jetzt dagegen, wo die meisten Frauen derart dem Luxus und der Faulheit verfallen sind, dass sie sich schon zu gut sind, Woll- und Tucharbeiten auf sich zu nehmen, ja sich genieren, hausgemachte Kleider zu tragen, und ihnen in ihren wahnsinnigen Ansprüchen das am besten gefällt, was mit teuerem Geld und benahe mit dem gesamten Vermögen gekauft ist, ist es kein Wunder, wenn ihnen die Sorge um das Landgut und die Feldgeräte zu lästig ist und ein Aufenthalt von wenigen Tagen ihnen als die widerlichste Pflicht erscheint. Deshalb also, weil jene alte Hausmuttertugend der Sabinerinnen und Römerinnen nicht nur gänzlich aus der Mode gekommen, sondern überhaupt ausgestorben ist, hat sich die unvermeidliche Beschäftigung einer Verwaltersfrau eingebürgert, die die Pflichten der Hausfrau übernehmen musste; haben doch auch die Gutsverwalter den Platz der Herren übernommen, die früher einmal nach alter Gewohnheit auf dem Lande nicht nur gearbeitet, sondern auch gelebt hatten.

Columella, De re rustica, Buch XII, praef. [Vorwort], in: Ders., Über die Landwirtschaft, Übers. Rolf Heine, München u.a. 1983 (Artemis), S. 8–12.

4 a) Stellen Sie die Aufgabenbereiche gegenüber, die nach Auffassung von Columella Mann und Frau im frühen Rom innehatten (M6).
b) Finden Sie heraus, wie nach Ansicht des Autors die unterschiedlichen Wirkungsbereiche begründet sind (ziehen Sie auch M2 heran).
c) Suchen Sie Textstellen in M6, aus denen sich eine gewisse Befürwortung der Emanzipation herauslesen lässt. Begründen Sie Ihre Position.
d) Arbeiten Sie Columellas Haltung zum Verhältnis Mann–Frau und zum Verhältnis Vergangenheit–Gegenwart heraus.
e) In welchen Textpassagen wird Columellas Standortgebundenheit besonders deutlich?

M7 Sklavinnen

Aus einem Liebesroman des griechischen Schriftstellers Achilleus Tatios (2. Jh. n. Chr.), der in der Kaiserzeit viel gelesen wurde:

Als wir auf dem raschesten Weg angekommen waren und durch die Pflanzungen gingen, da fällt uns unversehens eine Frau zu Füßen und umfasst Melites Knie; sie war mit starken Fußfesseln gebunden und hielt eine Harke; ihr Kopf war geschoren, ihr Körper schmutzig; bekleidet war sie mit einem Gewand, das nur zu sehr zu wünschen übrig ließ. „Habe Erbarmen mit mir, Herrin“, rief sie, „du als Frau mit einer Frau, die einmal frei war, jetzt aber durch das Walten der Schicksalsgöttin Sklavin ist.“ Damit verstummte sie. Darauf Melite: „Steh auf, Frau. Sage uns, wer du bist und woher, und wer dir dieses Eisen umgelegt hat. Auch im Unglück nämlich offenbart dein Aussehen deine edle Abkunft.“ „Dein Sklave“, erwiderte sie, „da ich ihm nicht Sklavin im Bett sein wollte. Ich heiße Lakaina und stamme aus Thessalien. In deine Hände gebe ich unter Flehen mein Geschick. Entreiße mich dem Unglück, das auf mir lastet. Gewähre mir Schutz, bis ich dir die 2000 [Drachmen] zurückgezahlt habe. Für diese Summe nämlich kaufte mich Sosthenes von Seeräubern. Ich werde das Geld, sei unbesorgt, sehr rasch besorgen, andernfalls will ich dir persönlich Sklavendienste tun. Du kannst auch sehen, mit wie viel Schlägen er mich traktiert hat.“ Bei diesen Worten öffnete sie ihr Gewand und zeigte ihren über Erwarten Mitleid erregend gezeichneten Rücken. […] Melite erwiderte: „Sei zuversichtlich, Frau. Denn aus diesem Elend werde ich dich befreien, und dich unentgeltlich in deine Heimat zurückgeleiten. Den Sosthenes aber soll man mir rufen.“

Sie wurde unverzüglich von ihren Fesseln gelöst, er war binnen kurzem zur Stelle, voller Bestürzung. Da sagte Melite: „Du schlechter Kerl, hast du je gesehen, dass wir auch nur einen von unseren nichtsnutzigen Sklaven derart behandelt hätten? Wer ist diese Frau hier? Sag mir das, ohne zu lügen!“

„Ich weiß es nicht, Herrin“, erwiderte er, „nur dass sie mir ein Seehändler verkaufte, der Kallisthenes heißt; er behauptete, er habe sie von Räubern gekauft, sie sei eine Freigeborene.“

Achilleus Tatios V, 17, zit. nach: Sklaven und Freigelassene in der Gesellschaft der römischen Kaiserzeit, Übers. Werner Eck/Johannes Heinrichs, Darmstadt (Wiss. Buchgesellschaft) 1993, S. 90.

5 a) Welche Befunde liefert Ihnen Quelle M7 zum Thema „Sklavinnen im Römischen Reich“.
b) Zeigen Sie, welche Textstellen Hinweise auf die Textsorte „Roman“ enthalten. Inwieweit hat dies Auswirkungen auf die Interpretation von M7 als historischer Quelle?

M8 Geschlechterrollen in der Nobilität

Aus den „Annalen" des römischen Historikers und Senators Tacitus (um 55–um 120):

Nicht weniger Aufsehen erregte in diesem Jahr ein anderes ehebrecherisches Verhältnis, das den Anfang eines großen Unglücks für den Staat machte. In Rom lebte eine Poppaea Sabina, Tochter des T. Ollius, die den Namen ihres Großvaters mütterlicherseits angenommen hatte, da Poppaeus Sabinus ein berühmter Mann gewesen war, der im Ehrenschmuck des Konsuls und Triumphators strahlte. Ollius dagegen war durch seine Freundschaft mit Seianus zu Fall gekommen, ehe er noch die höheren Ämter bekleidet hatte. Diese Frau besaß alles, nur keine Ehrbarkeit. Ihre Mutter, die alle Frauen ihrer Zeit an Schönheit übertraf, hatte ihr Ruhm und Schönheit in gleicher Weise vererbt. Ihr Vermögen entsprach dem Adel ihres Geschlechts, ihre Rede war anziehend, ihr Verstand nicht unwitzig. Nach außen hin war sie tugendhaft, in Wirklichkeit aber leichtfertig. Selten ging sie aus dem Haus, dann aber nur mit halb verschleiertem Gesicht, um das Auge der Männer nicht ganz zu befriedigen oder weil es ihr gut stand. Niemals aber schonte sie ihren Ruf und behandelte ihre Ehemänner und Liebhaber ganz gleich. Und da sie sich weder eigener noch fremder Leidenschaft hingab, suchte sie ihre Befriedigung ihrer Lüste da, wo sich ihr eigener Vorteil zeigte. Als sie so in der Ehe mit Rufrius Crispinus, einem römischen Ritter, lebte, von dem sie einen Sohn hatte, ließ sie sich durch Othos Jugend und Luxus verlocken, auch dadurch, dass jener als Neros intimster Freund galt. Es dauerte auch nicht lange, bis aus dem Ehebruch eine neue Vermählung wurde.

Tacitus, Annalen XIII 45, in: Ders., Annalen, Übers. Carl Hofmann, München (Goldmann) 1978, S. 335.

6 a) Beschreiben Sie den Lebensstil der Poppaea Sabina (M8).
b) Grenzen Sie ihn von dem einer Bäuerin (M6) oder Sklavin (M7) ab.
c) Unterziehen Sie Tacitus' Standortgebundenheit einer kritischen Analyse, indem Sie seine Rolle als Senator und Mann berücksichtigen.

7 a) Interpretieren Sie die Rollenbilder von Mann und Frau in M9.
b) Vergleichen Sie mit der Darstellung in M1.

M9 Relief vom Grabdenkmal des römischen Veteranen C. Julius Maternus aus Köln, ca. 2. Jh. n. Chr.

M 10 Eheschließung und Scheidung

10 a) Pomponius, Autor einer Geschichte der römischen Rechtswissenschaft (2. Jh. n. Chr.):
Ein Mädchen, das vor dem Alter von zwölf verheiratet ist, wird zur rechtsgültigen Gattin, wenn sie das Alter von zwölf erreicht und noch immer mit dem Partner zusammen wohnt.

Pomponius, Sententiae I 45, zit. nach: Jane F. Gardner, Frauen im antiken Rom, München (C. H. Beck) 1995, S. 45.

10 b) Die Historikerin Jane F. Gardner über Forschungsbefunde zur römischen Ehe (1995):
Eine ältere Untersuchung erfasste 171 Inschriften; von den darin genannten Frauen waren 67 im Alter bis zu fünfzehn Jahren und 127 im Alter bis zu neunzehn Jahren verheiratet; manche waren offenbar schon „verehelicht", bevor sie auch nur zwölf Jahre alt gewesen waren. Auch nach einer neueren Untersuchung von Quellen aus dem römischen Ägypten waren 8 Prozent der Frauen im Alter von zehn oder elf verehelicht, und von 155 verheirateten Frauen, die in ägyptischen Zensus-Deklarationen erwähnt sind, waren 51 im Alter bis zu zwanzig und 16 im Alter bis zu fünfzehn Jahren verheiratet; hinzurechnen müsste man wohl noch andere, die vor dem Alter von zwanzig keine Kinder geboren hatten und deshalb in den Zensus-Deklarationen nicht aufgeführt sind. Man hat darauf hingewiesen, dass diese Zahlen ein ganz anderes Verhaltensmuster aufzeigen, als es aus dem nachmittelalterlichen Europa bekannt ist, wo Ehen typischerweise in höherem Lebensalter geschlossen wurden und der Anteil der Unverheirateten relativ groß war.

Jane F. Gardner, Frauen im antiken Rom, München (C. H. Beck) 1995, S. 45.

10 c) Gaius, ein römischer Jurist, schreibt in seinem Rechtslehrbuch (Institutiones, *2. Hälfte 2. Jh. n. Chr.):*
Personen männlichen Geschlechts aber werden von der Vormundschaft frei, wenn sie mündig sind. Für mündig sehen aber Sabinus und Cassius und andere Rechtslehrer denjenigen an, der in seiner körperlichen Beschaffenheit die Mannbarkeit erkennen lässt, d. h., der Kinder zeugen kann; bei denen aber, die nicht mannbar werden können, das sind die von Natur aus Impotenten, müsse man auf das Alter sehen, in dem sie normalerweise mannbar würden. Aber die Juristen der anderen Schule meinen, man müsse die Mannbarkeit nach dem Alter einschätzen, d. h., sie nehmen den als mündig an, der vierzehn Jahre alt ist.

Gaius, Institutionen I 196, in: Römisches Recht, Übers. Liselot Huchthausen, 2. Aufl., Berlin u. a. (Aufbau) 1983, S. 50.

10 d) Die Historikerin Jane F. Gardner über Scheidungen im Römischen Reich (1995):
Eine formelle Erklärung des scheidungswilligen Partners an den anderen scheint nicht üblich gewesen zu sein; er oder sie übersandte lediglich einen Scheidungsbrief. Zwar besagt kein klassischer Text tatsächlich, dass die Abfassung des Scheidungsbriefs und nicht sein Empfang durch den anderen Partner die Ehe beendete; doch wäre – insbesondere angesichts der technischen Bedingungen des Nachrichtenwesens in der antiken Welt – die Möglichkeit einer Scheidung und Wiederverheiratung in manchen Fällen sehr eingeschränkt gewesen, etwa wenn der Ehemann lange Zeit abwesend und sein Schicksal ungewiss war. Ging man irrigerweise von seinem Tod aus, hätte es zur Bigamie kommen können, wenn die Ehe nicht durch eine einfache Erklärung geschieden hätte werden können.

Jane F. Gardner, Frauen im antiken Rom, München (C. H. Beck) 1995, S. 90.

8 a) Ermitteln Sie aus M10a bis d Befunde über das gesetzliche Heiratsalter im alten Rom.
b) Informieren Sie sich über das gesetzliche Mindestalter für Heiratswillige in der Bundesrepublik.
c) Vergleichen Sie die Ergebnisse und suchen Sie nach Gründen für den römischen Befund.

9 a) Beschaffen Sie sich Daten über das Alter von Heiratspartnern in Erstehen in der Bundesrepublik heute.
b) Ermitteln Sie aus M10a bis d Befunde über das tatsächliche Heiratsalter im alten Rom.
c) Suchen Sie nach Gründen für das Ergebnis, das – abweichend vom alten Rom – für das Verhalten in der Bundesrepublik heute zutrifft.

M 11 Schwangerschaftsabbruch

11 a) Der römische Arzt Theodorus Priscianus (um 400 n. Chr.) in seinem Werk „Über Gynäkologie“:

23. Ein Abtreibungsmittel zu geben ist keinem Arzte jemals erlaubt. Wie ein Ausspruch des Hippokrates bezeugt, ziemt es sich auch nicht, dass der rechtschaffene Beruf des Arztes durch die Mitwisserschaft einer so schweren Schuld befleckt werde.

Da es aber vorkommt, dass entweder durch einen Fehler der Gebärmutter oder infolge einer im Alter begründeten Unmöglichkeit, in welchem Falle häufig eine vorzeitige Geburt erfolgt, die Frauen [durch die Geburt] in Lebensgefahr gebracht werden, so ist es gerechtfertigt, den Schwangeren, bei denen häufig auf Kosten einer einzigen Geburt das Leben in Frage gestellt wird eine sichere Rettung zu erkaufen; ebenso wie bei Bäumen ein Abhauen von dürren Ästen als heilsames Mittel angewandt wird, und schwer beladene Schiffe, wenn sie durch ein schweres Unwetter umhergetrieben werden, einzig durch einen Schaden ihre Rettung erreichen können. Ich will deshalb an dieser Stelle die anzuwendenden Mittel angeben.

24. Wenn also infolge zwingender Notwendigkeit wegen unreifen Alters (der Schwangeren) oder anderer oben erwähnter Fehler der Embryo vorsichtig entfernt werden muss, so geschieht dies nach meiner Ansicht am besten dadurch, dass man lindernde Umschläge anwendet, denen man den Saft von Beifuß oder das zerstoßene Pulver desselben beimengt. Ebenso kann man Diptam, Osterluzei oder Rautensamen nehmen. Oder man kann auch Bähungen[1] mit Abkochungen der genannten Stoffe vornehmen und kann die Mittel anwenden, die bei der Behandlung der Empfängnis zur unschädlichen Hervorrufung des Blutes genannt sind.

25. Manche Ärzte haben aber, ohne dem Körper viel zu schaden, folgende stark wirkende Mittel angewandt, um das Blut mit Gewalt herauszupressen und dadurch zugleich den abgehenden Embryo zu entfernen: Sie geben zu diesem Zweck den Saft von grüner Raute zu trinken. Oder sie geben grüne Rautenblätter, mit ranzigen Nüssen und Honig verrieben, indem sie dieses Mittel als Mutterzäpfchen verwenden lassen. Dabei lassen sie dann einen Arzneitrank aus Myrrenharz, Beifuß und Veilchensamen, die sie zu gleichen Teilen mit dem Safte der Minze vermischen, nach einem voraufgegangenen Bade verabreichen. Oder man vermischt Pulver von bitteren Lupinensamen, Myrrenharz und Veilchensamen zu gleichen Teilen mit Saft von der Minze und bereitet Trochisci[2] daraus. Diese lässt man mit einer Abkochung von Beifuß oder Diptam geben.

Theodorus Priscianus, Über Gynäkologie III 6, 23, zit. nach: Theodor Meyer, Theodorus Priscianus und die römische Medizin, Jena (Gustav Fischer) 1909, S. 291–293.

1 *Heilverfahren mit feucht-warmen Umschlägen*
2 *kleine Kugeln*

11 b) Ulpian, ein römischer Rechtsgelehrter und Angehöriger des Ritterstandes, schreibt um 200 n. Chr.:

Wenn sich ergibt, dass eine Frau ihrem schwangeren Leib Gewalt angetan hat, um ihr Kind abzutreiben, so wird sie der Provinzstatthalter verbannen.

Ulpian, Digesten 48,8,8, in: Römisches Recht, Übers. Gottfried Härtel, 2. Aufl., Berlin u. a. (Aufbau) 1983, S. 263.

11 c) Der römische Schriftsteller Ovid (43 v. Chr. bis um 18 n. Chr.), Angehöriger des Ritterstandes, schreibt in einer Liebesdichtung:

Was nützt es Frauen, frei zu sein von Kriegsdienst und sich mordenden Horden nicht anschließen zu müssen, den leichten Schild in der Hand? Ohne Krieg schlagen sie sich selbst Wunden und wappnen heimlich ihre Hände, sich selbst zum Verderben! [5] Jene, die als Erste damit anfing, die zarte Frucht aus ihrem Leib herauszureißen, hätte verdient, in dem Krieg, den sie anzettelte, selbst zu fallen. Soll etwa, damit man deinem Bauch keine Runzeln vorwerfen kann, für dein Gemetzel ein trauriger Kampfplatz zugerüstet werden? Hätte den Müttern der Vorzeit dieselbe Mode gefallen, [10] wäre das Menschengeschlecht durch eigene Schuld ausgerottet, und man hätte jemanden finden müssen, der zum zweiten Mal auf der menschenleeren Welt Steine hinter sich würfe, damit unser Geschlecht aufs neue erstehe. Wer hätte Priamus' Macht gebrochen, wenn die Meeresgöttin Thetis sich geweigert hätte, ihren rechtmäßigen Sohn auszutragen? [15] Hätte Ilia schwangeren Leibes ihre Zwillinge ermordet, wäre es um Romulus, den Gründer der weltbeherrschenden Stadt, geschehen gewesen. Hätte Venus den Aeneas im Mutterleib angetastet, so hätte die Erde ohne die Caesaren auskommen müssen. Auch du wärest zu Grunde gegangen, statt als so schönes Kind geboren zu werden, [20] hätte deine Mutter dasselbe versucht wie du. Auch ich selbst, statt den schönen Liebestod zu sterben, hätte das Tageslicht nicht erschaut, wenn meine Mutter mich getötet hätte. Was betrügst du die volle Rebe um die wachsenden Trauben und pflückst unreife Früchte mit grausamer Hand? [25] Lass ihnen Zeit, von selbst zu fallen, wenn sie reif sind; lass sie wachsen, da sie einmal entstanden sind. Ein kostbares Leben ist die kurze Wartezeit wohl wert. Was stoßt ihr mit Waffen in euer Inneres und gebt Ungeborenen grässliches Gift? Man beschuldigt die Kolcherin, dass sie mit dem Blut ihrer Knaben befleckt sei, [30] und man klagt um Itys, den seine Mutter geschlachtet. Beide Mütter waren grausam, doch töteten sie jeweils die gemeinsame Nachkommenschaft, um sich an ihren Männern aus ernstem Anlass zu rächen. Sagt: Welcher Tereus, welcher Iason könnte euch so reizen, dass ihr mit verstörter Hand euer eigen Fleisch und Blut umbringt? [35] Solches haben weder Tigerinnen in Armeniens Schlupfwinkeln getan noch hat je eine Löwin gewagt, ihren eigenen Wurf zu vernichten. Aber die zärtlichen Mädchen, sie tun's – freilich nicht ungestraft. Oft kommt sie, die ihr Kind im Leib tötet, selbst ums Leben, wird mit offenem Haar zum Scheiterhaufen getragen, und alle, die es sehen, rufen: „Das geschieht ihr recht." [40] Doch diese Reden mögen in den Lüften des Äthers verfliegen und sie seien kein düsteres Vorzeichen. Götter, seid milde und gesteht ihr zu, einmal gefahrlos gesündigt zu haben. Das ist genug: Die Strafe komme beim zweiten Mal.

Ovid, Liebesgedichte II 14, in: Ders., Liebesgedichte, Übers. Michael von Albrecht, Stuttgart (Reclam) 1997, S. 99 und 101.

10 a) Beschreiben Sie die Haltung des Priscianus zum Schwangerschaftsabbruch (M11a).
b) Informieren Sie sich über die Wirksamkeit der Mittel, die Priscianus vorschlägt.

11 Welche Position vertritt Ulpian (M11b)?

12 a) Erläutern Sie die Haltung des Dichters Ovid (M11c) zum Schwangerschaftsabbruch. Berücksichtigen Sie dabei die Quellenart.
b) Lassen sich in der Argumentation von Ovid „männliche" Verhaltensmuster nachweisen?

M 12 Prostitution

Die Historikerin Bettina Stumpp über Prostitution in der römischen Antike (2001):

Die moderne Forschung teilt fast einhellig die Meinung, dass Prostituierte vielfach unfrei oder unfreier Abstammung waren, also Sklavinnen oder Freigelassene. Zwar gibt es für Sklavinnen, die sich prostituieren mussten, reichlich Belege in der Literatur, doch wurde in neueren Untersuchungen – wohl auch mangels eigener Nachforschungen – die Prostitution freier Frauen fast vollständig außer Acht gelassen, obgleich es dafür wichtige Anhaltspunkte, insbesondere die ökonomische Situation, gibt. Es ist freilich unmöglich, auch nur annähernd festzustellen, wie groß ihr zahlenmäßiger Anteil im Verhältnis zu versklavten oder freigelassenen Prostituierten war. Wenn nicht schon die Geburt durch eine Sklavenmutter den Personenstatus vorgab und der Sklave bzw. die Sklavin im Hause geboren und damit ein *verna*[1] war – übrigens auch das Epitheton einiger Prostituierter in Pompeji –, wurde man es durch Kriegsgefangenschaft, Kindesaussetzung, Kindesverkauf, Selbstverkauf oder organisierten Menschenraub.

Bettina E. Stumpp, Prostitution in der römischen Antike, Berlin (Akademie) 2001, S. 24 f.

1 *Sklave/Sklavin, der/die aus einer Lebensgemeinschaft von Sklaven hervorgegangen ist oder aus dem Konkubinat des* pater familias *mit einer Sklavin.*

13 Arbeiten Sie aus M12 heraus, welche Motive es für Prostitution in der Antike gab.

14 Erläutern Sie, warum es nach Stumpp unmöglich ist, die soziale Schichtzugehörigkeit antiker Prostituierter festzustellen.

Weiterführende Arbeitsanregungen zu Frauen im Römischen Reich

Geschichtsmaterialien im Internet recherchieren – sichten – bewerten: zum Beispiel zum Thema „Frauen in der römischen Antike"

Das Angebot im Internet ist unendlich und der Weg „vom Chaos zur Ordnung" bei unsystematischem Vorgehen Zeit raubend und uneffizient. Im Folgenden werden anhand eines Beispielthemas einige ausgewählte Vorgehensweisen und Übungen aufgeführt, die helfen sollen, die wichtigsten Schritte bei der Recherche zu meistern: das Auffinden und das Bewerten von Webseiten. Bevor Sie loslegen, sollten Sie allerdings ein Thema immer durch eine persönliche Fragestellung eingrenzen.

Suchstrategien I: Suchmaschine

Die Materialsuche im Internet kann man mithilfe einer Suchmaschine starten. *www.google.de* bietet einen guten Einstieg, da die Startseite schlicht und übersichtlich ist und auf Werbung verzichtet. Man kann sowohl Textbeiträge („WEB" anklicken) oder auch Bilder recherchieren („BILDER" anklicken) und seine Suche auf deutsche Webseiten einschränken. Allgemeine Suchtipps:

- AND/UND/+ alle miteinander verknüpften Begriffe müssen enthalten sein (z. B. Frauen AND Geschichte AND Antike).
- Wörter in Anführungszeichen: müssen so im Text vorkommen (z. B. „Frauen im antiken Rom").
- Alternative Begriffe zum gleichen Gegenstand in die Suche mit einbeziehen (z. B. römische Antike, Römisches Reich, Imperium Romanum, altes Rom usw.).

Suchstrategien II: Linksammlung

Die Materialsuche kann man auch mit einer einzelnen Internet-Adresse beginnen, die eine Linksammlung zu dem gesuchten Thema bietet. Zwei wertvolle Ausgangsseiten für Geschichtsthemen im Allgemeinen und für die Antike im Besonderen:

- die Seite des Nachrichtendienstes für Historiker: *www.nfhdata.de/premium/index.shtml*
- die Seite der Universität Erlangen: *www.phil.uni-erlangen.de/~p2latein/ressourc/ressourc.html*

Der Erlanger Supermetaindex führt zu Themen der antiken Geschichte, der Archäologie und zu Texten und Übersetzungen der lateinischen und griechischen Quellen.

Bewertungen I: Ist die Seite seriös?

- Wer erstellt die Seite, ist verantwortlich, pflegt sie (Uni, Schule, Ministerium, Unternehmen)?
- Wann wurde die Seite das letzte Mal aktualisiert?
- Sind die Inhalte und Linksammlungen nach fachlichen Gesichtspunkten geordnet?
- Von wem wurden die darstellenden Texte verfasst (Fachleute, Journalisten, Schüler)?
- Wie ist die Sprache (sachlich analysierend, jounalistisch-schillernd, polemisch, oberflächlich)?
- Gibt es Quellennachweise zu den Materialien?
- Gibt es bei den Abbildungen Hinweise, ob es sich um Originale oder Rekonstruktionen handelt?

Bewertungen II: Passend zum Thema?

Klären Sie das Folgende durch „Querlesen" (Inhalt, Überschriften, Einleitungs-/Schlusssätze):

- Bietet die Seite nur Sekundärtexte oder auch Quellen?
- Passen die Sekundärtexte/Quellen zu meiner speziellen Fragestellung?
- Welche Quellenarten werden angeboten: Textquellen, Inschriften, Statuen, Münzen, Reliefs, Wandmalereien, Gebrauchsgegenstände (Vasen, Tonkrüge usw.)?

Arbeitsanregungen

1 Erstellen Sie eine kommentierte Linkliste zum Thema „Frauen in der römischen Antike".
2 Halten Sie die Zeit fest, die Sie für Recherche und grobe Sichtung der Seiten benötigt haben.
3 Stellen im Kurs ein oder zwei, auch weniger ergiebige Seiten vor. Wichtig ist, dass Sie in jedem Fall kurz, aber begründet Stellung nehmen zur Seriosität und thematischen Relevanz der Seiten.

7 Leben am Rande der Gesellschaft: Sklaven und städtische Unterschichten

Sklaverei im Römischen Reich

Bereits das frühe Rom kannte Sklaven *(servi)*. Es waren Frauen und Männer, die durch Schuldknechtschaft oder Kriegsgefangenschaft in Abhängigkeit gekommen waren und nun als Gesinde der Macht des Hausvaters *(patria potestas)* unterworfen waren. Gemeinsam war den Sklaven, dass sie Teil der *familia* waren und dass der *pater familias* sie als Besitzer *(dominus)* wie einen Sachgegenstand behandeln durfte. Er konnte sie verkaufen, misshandeln, töten, aber auch freilassen. Im Übrigen war die persönliche Lage von Sklaven völlig unterschiedlich, je nach dem Charakter ihres Besitzers, nach ihrer Ausbildung und ihren Fähigkeiten oder dem allgemeinen Marktangebot an „Sklavenware".

Sklavinnen und Sklaven, die im **städtischen Haushalt** ihres Besitzers dienten, konnten gelegentlich ein engeres Verhältnis zu ihrem Herrn bzw. ihrer Herrin entwickeln. Ciceros wichtigster Sekretär und Vertrauter war ein Sklave namens **Tiro.** Allgemein war das Los der Sklaven in der Stadt leichter als jenes der Sklaven auf dem Land.

Auf der untersten Stufe menschlicher Existenz standen **Bergwerkssklaven**, wie sie die Römer z. B. in den großen Silberminen ihrer spanischen Provinzen hielten (in Cartagena allein 40 000). Die Sklaven mussten dort unter Tage bis zum Zusammenbruch arbeiten. Um möglichst großen Profit zu erwirtschaften, war es für Rom billiger, tote Sklaven durch neue zu ersetzen als die lebenden ausreichend zu kleiden und zu ernähren.

Die Zahl der Sklaven vermehrte sich, als regelrechte **Sklavenmärkte** entstanden, Menschenjagd und -handel sich intensivierten. Auf der Insel Delos sollen gelegentlich an einem Tag bis zu 20 000 gekauft und verkauft worden sein. Als Rom im 3. und 2. Jahrhundert v. Chr. seine großen Kriege gegen Karthago und im hellenistischen Osten führte, kamen Hunderttausende Sklaven nach Italien, die zum Teil auf den großen Gütern, den **Latifundien**, aber auch in der gewerblichen Wirtschaft beschäftigt wurden. Auf dem Land dauerte der Arbeitstag von Sonnenauf- bis Sonnenuntergang, Aufseher *(vilici)* bestraften renitente Sklaven hart. Sie wurden in Fesseln gelegt und in Arbeitshäusern *(ergastula)* eingesperrt.

In der Stadt konnten Sklavinnen und Sklaven, soweit sie nicht als Hauspersonal tätig waren, sogar **Berufe** erlernen (z. B. Ärzte und Ärztinnen, Erzieher und Erzieherinnen, Buchhalter) und besaßen – wenn auch in sehr beschränktem Umfang – die Möglichkeit des **Freikaufs.** Häufiger war in der Stadt die **Freilassung.** Der Freigelassene *(libertus)* blieb dem Herrn aber auch später noch Ehrerbietung und Gehorsam schuldig, der Herr dem Freigelassenen Hilfe in Not. Ein Fall aus Rom, wo ca. 200 000 Sklaven lebten (ein Viertel aller Einwohner), zeigt die andere Seite städtischen Sklavenlebens: Als 61 n. Chr ein Sklave seinen Herrn getötet hatte, wurden alle 400 Mitsklaven exekutiert, die im selben Haushalt beschäftigt waren.

Die harten Lebensbedingungen auf dem Land führten zwischen 140 und 70 v. Chr. zu **Sklavenaufständen:** z. B. 136/35–132 in Sizilien unter Führung des syrischen Sklaven Eunus, der sich zum König ernannte; 133–130 in Kleinasien unter Aristonikos, einem unehelichen Sohn des letzten Königs von Pergamon. Die folgenreichste Erhebung begann 73 Italien in einer Gladiatorenschule in Capua. Unter der Führung des thrakischen Sklaven **Spartakus** besiegten die Sklaven reguläre rö-

M 1 **Römisches Sklavenband, Bronze, undatiert.** – *Das Band wurde am Hals eines ausgegrabenen Skelettes gefunden. Übersetzung der Inschrift: Einfangen und zurückgeben an Apronianus, Minister im kaiserlichen Palast, Mappa Aurea Aventin. Entlaufener Sklave.*

mische Heere, bevor sie 71 deren Übermacht unterlagen. Der Aufstand machte indes den römischen Herren die Gefahren der Sklavenhaltung bewusst. Sie ging danach allmählich zurück, wurde in der Kaiserzeit teilweise humanisiert und verlor in der Spätantike ihre Bedeutung. Per Gesetz ist sie jedoch im Römischen Reich nie abgeschafft worden.

Das **Christentum** hat die Sklaverei zwar verboten, sie aber nicht systematisch bekämpft.

Das Leben der städtischen Unterschichten

Nicht viel besser als die Lebensbedingungen der städtischen Sklaven waren diejenigen der ***plebs urbana,*** der freien städtischen Unterschichten, die als Tagelöhner, Lastträger, Gerber, Töpfer, Wirte, Budenbesitzer, Kleinhändler und Kleinhandwerker lebten. Diese Männer und Frauen waren freie römische Bürger *(ingenui),* hatten aber unter der Last von Schulden und hohen Mieten zu leiden, insbesondere in der Hauptstadt Rom: Die *insulae,* die **Wohnblocks**, in denen sie in Rom hausten, mehrgeschossige Bauten bis zu 20 m Höhe, waren aufgrund schlechter Bauweise oder häufiger Überschwemmungen des Tiber vom Einsturz bedroht. Ständig herrschte die Gefahr von Brandkatastrophen. Eine staatliche **Feuerwehr** gab es im republikanischen Rom noch nicht, nur private Löschtrupps einiger reicher Senatoren.

Das größte Problem für die ärmere Bevölkerung der Hauptstadt stellte die **Getreideversorgung** dar. Die Geschichte der späten Republik seit den Gracchen ist auch eine Geschichte des Kampfes um kostenloses oder billiges Getreide. Bewerber um Staatsämter suchten immer wieder ihre Wahlchancen zu erhöhen, indem sie Getreide subventionierten. Das Amt, dem die Getreideversorgung Roms oblag, die *cura annonae,* war stets begehrt. Hungerkrawalle und Hungerdemonstrationen sind in den 50er-Jahren des 1. Jahrhundert v. Chr. häufig. So rottete sich im Sommer 57 v. Chr. die Plebs zu Protestzügen zum Theater, zum Concordia-Tempel und zum Capitol zusammen; Senatoren und Konsuln wurden mit Dreck und Steinen beworfen. Die Lage beruhigte sich erst wieder, als der Senat entsprechende Maßnahmen zur Sicherung der Getreideversorgung beschloss. Selbst Kaiser Augustus rühmte sich, als er am Ende seines Lebens einen Rechenschaftsbericht über seine Taten *(Res gestae)* erstellte, Rom von den Schrecken einer Hungersnot befreit zu haben. Das berühmte Schlagwort der Kaiserzeit, das der Satiriker **Juvenal** (um 60–nach 127 n. Chr.) prägte und mit dem die Bedürfnisse der unpolitisch gewordenen ärmeren Bevölkerung definiert werden, lautete: *panem et circenses* – **„Brot und Spiele“**.

M2 **Arbeiter beladen ein Flussschiff mit Getreide, Fresko vom Grabmahl eines Schiffseigentümers in Ostia, undatiert.** – *Das Schiff wurde unter Aufsicht eines kaiserlichen Beamten für die Reise den Tiber aufwärts nach Rom beladen.*

Hinweise zur Arbeit mit den Materialien

Im Römischen Reich lebten weit über 90 Prozent der Menschen in relativer Armut. Zu ihnen gehörten die kleinen Bauern und Tagelöhner auf dem Land *(plebs rustica)*, die freien Unterschichten in der Stadt *(plebs urbana)* und die Sklaven. Da das gesellschaftliche Leitbild der Römer der auf seinen Gütern lebende freie Grundbesitzer war, genossen die Armen wenig bzw. gar kein Ansehen. Gleichwohl darf aus diesem Leitbild nicht der Schluss gezogen werden, diese Gruppen seien für die Politik und die Wirtschaft Roms unwichtig gewesen. Im Gegenteil:

Der erste Materialabschnitt geht anhand eines *Fallbeispiels* aus dem Jahre 57 v. Chr. der Frage nach, welche Verbindungen es zwischen der Politik und der **Versorgung der *plebs urbana* in der Stadt Rom** gab (M2 bis M4).

Der zweite Abschnitt beschäftigt sich mit den **Sklaven:** zunächst mit Problemen, die sich der modernen Forschung bei der Untersuchung dieser Gruppe stellen (M5a und b), anschließend mit den verschiedenen Arbeits- und Lebensbedingungen, unter denen Sklaven und Sklavinnen ihr Dasein fristeten (M1 und M6a bis c; zu Sklavinnen siehe auch S. 77, M7).

Die *Themensonderseite 89–91* versammelt Materialien zum **Spartakus-Aufstand (73–71 v. Chr.)** und berücksichtigt neben antiken Überlieferungen (M7 bis M9) auch die Rekonstruktion aus einem DDR-Schulbuch (M10) und die Darstellung in einem modernen Comic (M11).

Weiterführende Arbeitsanregungen S. 92: Mythen und Legenden – **Spartakus im Spielfilm.**

M3 „Brot und Politik" – ein Fall aus dem Jahr 57 v. Chr.

Hintergrund: Im Jahr 57 v. Chr. war Caesar in Gallien damit beschäftigt, seine Schulden durch einen groß angelegten Krieg zu tilgen. Pompeius, der in Rom weilte, lief Gefahr, politisch ins Abseits zu geraten. Clodius war Volkstribun.

3 a) Cicero (106–43 v. Chr.) berichtet seinem Freund Atticus von einer Senatssitzung:
Am folgenden Tag, das heißt also am 5. September, stattete ich dann im Senat meinen Dank ab. Zwei Tage später – es herrschte große Teuerung – strömten die Massen zunächst beim Theater, dann vor dem Rathaus zusammen und schrien, von Clodius angestiftet, ich sei schuld an dem Brotmangel. Der Senat verhandelte dieser Tage schon über die Teuerung; nicht nur im Volke, auch unter den Optimaten sprach man von einer Berufung des Pompeius als Getreidekommissar; er selbst trachtete nach dieser Stellung, und die Menge forderte mich namentlich auf, mich dafür einzusetzen. Das habe ich denn auch getan und meinen Antrag eingehend begründet. [...]

Tags darauf gut besuchte Senatssitzung und alle Konsulare anwesend. Man bewilligte Pompeius alles, was er forderte. [...] Die Konsuln entwarfen dann den Gesetzesvorschlag, nach welchem Pompeius auf fünf Jahre die Gesamtverwaltung des Verpflegungswesens für das ganze Reich übertragen wurde. Einen zweiten Antrag brachte Messius ein, der ihm die Verfügung über alle Staatsgelder, dazu eine Flotte, eine Armee und in den Provinzen ein dem Statthalter übergeordnetes Kommando gewährte. Diesem untragbaren Vorschlag des Messius gegenüber erschien mein von den Konsuln aufgenommener Antrag jetzt als gemäßigt, und Pompeius entschied sich denn auch für ihn, während seine Anhänger für den anderen waren.

Cicero, Atticus-Briefe IV 1, 5–7, Übers. Helmut Kasten, München (Heimeran) 1976, S. 207 und 209.

3 b) Cicero in einer Rede gegen Clodius:
Welcher Grund könnte triftiger sein als die Hungersnot, als der Aufruhr, als deine und deiner Leute Absichten – glaubten sie doch, du werdest die Gelegenheit nutzen und Unerfahrene aufhetzen, um aus Anlass des Getreidepreises deine unseligen Raubzüge zu erneuern! Die Provinzen, die Getreide erzeugen, hatten teils keine Vorräte mehr; teils war ihre Ernte – wegen der Gewinnsucht der Verkäufer, denke ich – in andere Länder gelangt und teils hielt man das Korn in den Scheuern verschlossen, um sich desto mehr Dank zu verdienen, wenn man mitten in der

Hungersnot zu Hilfe käme und es erst kurz vor der neuen Ernte verfrachtete.

Cicero, Über das eigene Haus 11, in: Ders., Sämtliche Reden, Bd. 5, Übers. Manfred Fuhrmann, München (Artemis) 1978, S. 207.

3 c) Der griechische Schriftsteller Plutarch (um 46–nach 119 n. Chr.) schreibt in seiner Pompeius-Biografie über die Vorfälle 57 v. Chr.:

Nach gefasstem Beschluss kam Cicero zurück, stellte sofort das gute Einvernehmen zwischen dem Senat und Pompeius wieder her, und indem er sich für den Antrag zur Behebung des Getreidemangels einsetzte, machte er Pompeius gewissermaßen wieder zum Herrn aller Länder und Meere, die die Römer beherrschten. Denn seinem Kommando wurden nun die Häfen, Handelsplätze, Lebensmittelmärkte, mit einem Wort, alles, worüber Seefahrer und Ackersleute verfügten, unterstellt. Clodius allerdings erhob den Vorwurf, der Antrag sei nicht wegen des Getreidemangels gestellt worden, sondern damit der Antrag gestellt werden könne, habe man den Getreidemangel veranstaltet zu dem Zweck, dass Pompeius sein dahinschwindendes Ansehen durch ein neues Kommando wie aus einer Ohnmacht erwecke und neu belebe.

Plutarch, Pompeius 49, in: Ders., Große Griechen und Römer, Übers. Konrat Ziegler, München (Artemis) 1955, S. 214.

M 4 Berechtigungsmarke für kostenlosen Getreidebezug, geprägt um 50 n. Chr., Zeichnung. – *Umschrift: EX LIBERALITATE TI(berii) CLAUD(ii) CAE(saris) AUG(usti); Übersetzung: Der Freigebigkeit des Kaisers Claudius entsprechend. Die andere Seite zeigt ein Porträt der Antonia, der Mutter der Kaisers.*

1 a) Erarbeiten Sie mithilfe der Quellen M3a–c Hintergründe und Ablauf der Hungerrevolte.
b) Erläutern Sie den Zusammenhang zwischen Hungersnot und stadtrömischer Politik.
2 Diskutieren Sie ausgehend von M3b, ob es heute ähnliche Verbindungen zwischen Wirtschaft und Politik gibt. Nennen Sie Beispiele.
3 Interpretieren Sie Bild M4 vor dem Hintergrund des in M3a bis c geschilderten Beispiels.

M 5 Sklaven im Römischen Reich – Ergebnisse und Probleme der Forschung

5 a) Der Historiker Frank Kolb (1995):

Natürlich blieb der normale Sklavenhandel eine wichtige Rekrutierungsquelle. Aber einen Sklaven zu kaufen war nicht billig. Der Preis war je nach Marktlage in einzelnen Reichsteilen verschieden; ferner waren Alter, Geschlecht und Ausbildung der Sklaven maßgebend. Im Allgemeinen bewegte sich der Preis für einen Sklaven zwischen 800 und 2500 Sesterzen[1], in Einzelfällen war er freilich weit höher. Wir verfügen über keinerlei statistische Angaben über die Zahl der im Haus geborenen, gekauften oder sonstwie erworbenen Sklaven und somit auch über keine präzise Vorstellung ihrer Gesamtzahl. Wir wissen nur, dass es in der Stadt Rom viele Sklaven gab.

Zusammenfassend muss man also leider feststellen, dass die prozentualen Anteile der einzelnen Bevölkerungsgruppen und Ethnien nicht bestimmbar sind. Während T. Frank annahm, ca. 80 % der städtischen Plebs stammten von Sklaven aus dem griechischen Osten ab, kommt Huttunen zu der Auffassung, 60 % der Einwohner Roms seien Freigeborene gewesen. Angesichts der sehr fließenden Übergänge vom Sklavenstatus zum Status eines Freigeborenen – Nachkommen ehemaliger Sklaven waren spätestens in der dritten Generation Freigeborene – und der beachtlichen sozialen Mobilität der stadtrömischen Gesellschaft ist dieser Unterschied vielleicht auch nicht so gravierend. Tacitus behauptet, dass sogar recht viele Angehörige der stadtrömischen Führungsschicht von ehemals Unfreien abstammten. Erst recht galt dies für zahlreiche Mitglieder der städtischen Plebs. Zwischen Sklaven und Freigelassenen einerseits sowie Freigeborenen andererseits gab es somit zwar eine eindeutige rechtliche, aber keine klare soziale Trennlinie. Die in der Stadt lebenden Sklaven wurden wohl zumeist um das 30. Lebensjahr herum freigelassen, und ein nach der Freilassung geborenes Kind eines ehemaligen Sklaven galt von Anfang an als freigeboren.

Frank Kolb, Rom. Die Geschichte der Stadt in der Antike, München (C. H. Beck) 1995, S. 461.

1 *Tagessold eines Soldaten: ca. 2,5 Sesterzen.*

5 b) Der Historiker Ulrich Fellmeth (2001):
Die Zahl der Sklaven in Rom ist nur sehr schwer einzuschätzen. Sicher ist jedoch, dass es seit dem 3. Jahrhundert v. Chr. einen starken Zufluss von Sklaven nach Italien aus dem Sklavenhandel und besonders in Form von Kriegsgefangenen gegeben hat. Diese Sklaven wurden vorwiegend auf dem Land in den sklavenbewirtschafteten Betrieben eingesetzt, aber auch als Arbeiter und Dienstpersonal in der Stadt. Die Schätzung des städtischen Anteils der Sklaven an der Gesamtbevölkerung stützt sich auf eine sehr globale Angabe Galens zur Stadt Pergamon: 10–33 %. Für die Stadt Rom wird in der einschlägigen Forschung ein Anteil von 15–16 % als realistisch angesehen. Seit dem 1. Jahrhundert v. Chr. ist es vermehrt zu Freilassungen gekommen: Die Herren der Sklaven entließen diese, nachdem sie eine gewisse Zeit gedient hatten, in die Freiheit. Diese freigelassenen Sklaven ergänzten dann die Zahl der Bürger.

Ab dem Ende des 1. Jahrhunderts n. Chr. scheint aber eine dauerhafte Verknappung an Sklaven aufgetreten zu sein: Einerseits gab es keine großen Eroberungskriege mehr, demzufolge auch keine massenhafte Zufuhr von Kriegsgefangenen, andererseits führte die Praxis der Freilassung von Sklaven zu einer ständigen Dezimierung der Sklavenzahl. Angeblich zum Schutz vor „Überfremdung", wohl aber auch wegen des um die Zeitwende schon spürbaren Mangels an Sklaven, versuchte Kaiser Augustus – nach dem Bericht von Sueton – die Sklavenfreilassung zu reglementieren.

Ulrich Fellmeth, Brot und Politik, Stuttgart (Metzler) 2001, S. 71.

M 6 Arbeitsbedingungen von Sklavinnen und Sklaven – Stimmen aus der antiken Überlieferung

6 a) Columella (1. Jh. n. Chr.) in seinem Werk De re rustica *über die Feldsklaven:*
Rebenkulturen verlangen nicht so sehr hoch gewachsene als hinreichend breit gebaute, muskulöse Männer, denn eine solche Statur ist angemessener zum Graben, Beschneiden und für sonstige Arbeiten solcher Art. Für diese Tätigkeit erfordert die Landwirtschaft weniger Integrität als auf anderen Gebieten, weil der Winzersklave in einer Gruppe und unter einem Aufseher seine Arbeit verrichten muss und Spitzbuben meist größere geistige Regsamkeit zeigen; diese aber setzt eine solche Arbeit voraus, verlangt sie doch nicht nur einen starken, sondern auch folgerichtig klar denkenden Knecht, und daher werden Rebenkulturen meist von angeketteten Sklaven bearbeitet. (5) Doch wird ein rechtschaffener Mensch von gleicher Intelligenz alles das besser besorgen als ein Spitzbube. Diesen Zusatz habe ich gemacht, damit niemand annimmt, ich gäbe in der Landbestellung Spitzbuben vor rechtschaffenen Leuten den Vorzug. Ich bin aber auch gegen eine wechselnde Zuteilung von Arbeiten innerhalb der Sklavenschaft mit dem Effekt, dass alle alles tun. (6) Denn das ist einem Landwirt am wenigsten zuträglich, sei es, weil niemand eine Arbeit als seine eigene betrachtet, sei es, dass jeder mit seiner Anstrengung nicht zur eigenen, sondern zur allgemeinen Arbeitsleistung beiträgt und sich deshalb häufig der Arbeit entzieht. Für diesen Missstand kann aber kein einzelner zur Rechenschaft gezogen werden, weil er ja von vielen herbeigeführt wird. Deshalb sind Ackersklaven von Winzersklaven geschieden zu halten und Winzersklaven von Sklaven in Baumpflanzungen und diese wiederum von Hilfssklaven ohne speziellen Aufgabenbereich. (7) Auch soll man die einzelnen Arbeitsabteilungen nicht größer machen als zehn Sklaven; in alter Zeit hießen solche Trupps Zehnergruppen *[decuriae]* und galten als beste Einteilung, weil eine solche Anzahl bei der Arbeit am bequemsten überwacht werden konnte und die Aufmerksamkeit des

vorgesetzten Aufsehers nicht durch eine große Menge beeinträchtigt wurde.

Gegenüber [Guts-]Sklaven sind ungefähr folgende Maßregeln zu beachten, deren Befolgung ich nie bereut habe: dass ich meine Landsklaven, die sich nur einigermaßen passabel geführt hatten, häufiger als meine Stadtsklaven etwas persönlicher ansprach – weil ich erkannte, dass durch diese Umgänglichkeit des Herrn ihre fortwährend schwere Arbeit erleichtert wurde –, zuweilen sogar scherzte und, mehr noch, ihnen zu scherzen gestattete. Auch berate ich mich jetzt häufiger mit ihnen über neue Projekte, so als hätten sie hierin größere Erfahrung, um hierdurch jeden in seinen Fähigkeiten kennen zu lernen, wo er seine Stärken hat und in welchem Umfang. Darüber hinaus kann ich beobachten, wie sie eine Arbeit williger in Angriff nehmen, von der sie glauben, sie sei mit ihnen geplant und auf ihren Rat hin unternommen.

Columella, De re rustica I 9, 4–7 und 8, 15, zit. nach: Sklaven und Freigelassene in der Gesellschaft der römischen Kaiserzeit, Übers. Werner Eck/Johannes Heinrichs, Darmstadt (Wiss. Buchgesellschaft) 1993, S. 94 f.

6 b) Der griechische Historiker Diodoros (um 80–um 29 v. Chr.) über Bergwerkssklaven:
Zuerst besorgten die nächstbesten Privatleute die Arbeit in den Minen und diese konnten gewaltige Reichtümer entnehmen; denn die silberhaltige Erde war leicht zugänglich und in Menge vorhanden. Als dann aber die Römer späterhin die Herrschaft über Iberien antraten, da strömten Italiker in Massen zu den Minen und strichen bei ihrer Gewinnsucht große Reichtümer ein. Sie kaufen nämlich eine Menge Sklaven und übergeben sie Männern, welche die Arbeiten in den Minen beaufsichtigen. Diese aber legen an vielen Stellen Schächte an, graben tief in die Erde hinunter und spüren den besonders silber- und goldhaltigen Flözen nach. Und sie legen nicht nur horizontale Stollen an, sondern dehnen ihre Grabungen auch viele Stadien in die Tiefe und treiben zusätzlich Stollen in schräger und krummer Richtung, in buntem Durcheinander voran; so schaffen sie aus den Tiefen das ihnen Gewinn bringende Gestein ans Licht empor. Die mit Arbeit in Bergwerken beschäftigten Sklaven liefern ihren Herrn unglaublich hohe Einkünfte, sie selbst aber, die in den Gruben unter der Erde ihre Körper Tag und Nacht aufreiben müssen, sterben in großer Zahl unter dem außerordentlich harten Einsatz; denn ihnen wird bei ihrer Tätigkeit keine Erholung oder Pause gewährt, sie müssen vielmehr unter den Schlägen ihrer Aufseher, die sie zwingen, ihre fürchterliche Lage zu ertragen, auf solch elende Weise ihr Leben opfern, wobei freilich einige dank ihrer Körperkräfte und Seelenstärke im Stande sind, derartige Strapazen über einen langen Zeitraum hin auszuhalten. Der Tod ist ihnen jedenfalls wegen der Größe ihrer Leiden ersehnenswerter als das Leben.

Diodor, Griechische Weltgeschichte V 36, 3–4 und 38, 1, Übers. Otto Veh, Stuttgart (Hiersemann) 1993, S. 465–467.

6 c) Nepos Cornelius (um 100–nach 27 v. Chr.), römischer Schriftsteller, in seiner Atticus-Vita:
So verfügte er [Atticus] unter anderem über Sklaven mit bester Schulbildung, d. h. über Vorleser fürs Diktat und sehr gute Kopisten in großer Zahl; sogar die unteren Bediensteten beherrschten eine dieser beiden Fähigkeiten, und die übrigen für ein Hauswesen erforderlichen Handwerker waren ihrerseits ebensolche Könner. All diese Sklaven waren ohne Ausnahme im Haus selbst geboren und herangezogen worden, ein Zeichen für seine Fähigkeit, Maß zu halten, wie auch für Eigeninitiative.

Nepos, Atticus-Vita 13, 3–4, in: Ders., Biografien berühmter Männer, Übers. Peter Krafft, Stuttgart (Reclam) 1993, S. 291.

4 a) Stellen Sie in einer Tabelle die Angaben Kolbs und Fellmeths (M5a und b) über die Zahl der Sklaven im Römischen Reich gegenüber.
b) Welche Probleme stellen sich der modernen Forschung bei der Klärung dieser Frage?
5 a) Stellen Sie mithilfe von M6a bis c eine Abstufung der Bedingungen auf, unter denen Sklaven im Römischen Reich leben mussten.
b) Über welche Gruppe geben M6a bis c kaum Auskünfte? Suchen Sie nach Gründen.
6 Projektvorschlag: „Sklaverei heute? Eine Spurensuche" (Literaturtipp: Kevin Bales, Die neue Sklaverei, München [Kunstmann] 2001).

Spartakus: Überlieferung – Rekonstruktion – Legende

Den Spartakus-Aufstand 73 bis 71 v. Chr. haben bereits Zeitgenossen als ein bedeutsames Ereignis bewertet, was nicht zuletzt mit der Person des Anführers zusammenhing: Spartakus war ein Sklave und Gladiator und gehörte damit einer im Römischen Reich verachteten und ausgegrenzten sozialen Gruppe an.

Wie Spartakus und der Aufstand in verschiedenen Epochen dargestellt wurden bzw. wie verschiedene Gesellschaften und Gruppen ihn für sich in Anspruch genommen haben, zeigen die folgenden Materialien.

M 7 Ausbruch des Spartakus-Aufstands

7 a) Plutarch (um 46–nach 119 n. Chr.) schreibt in seiner Crassus-Biografie:

Der Aufstand der Gladiatoren und die Verheerung Italiens, die bei den meisten Autoren den Namen Spartakus-Krieg führt, entwickelte sich aus folgendem Anlass. Ein gewisser Lentulus Vatia unterhielt in Capua Gladiatoren, von denen die meisten Gallier und Thraker waren, welche nicht wegen schwerer Vergehen, sondern durch die Ungerechtigkeit ihres Herrn, der sie gekauft hatte, zwangsweise eingesperrt worden waren, um als Gladiatoren verwendet zu werden. Von ihnen beschlossen zweihundert auszureißen, aber da die Sache verraten wurde, gelang es nur achtundsiebzig, die zur rechten Zeit davon erfuhren und den Augenblick ergriffen, aus einer Küche Messer und Bratspieße an sich zu nehmen und zu entfliehen. Unterwegs begegneten sie Wagen, die Fechterwaffen nach einer anderen Stadt beförderten, rissen sie an sich und bewaffneten sich.

Plutarch, Crassus 8, in: Ders., Große Griechen und Römer, Übers. Konrat Ziegler, München (Artemis) 1955, S. 252.

7 b) Der griechische Historiker Appian (2. Jh. n. Chr.), seit Hadrian römischer Bürger und Ritter, schreibt in seiner „Römischen Geschichte“:

Zur gleichen Zeit [73 v. Chr.] lebte in Italien in der Gladiatorenschule zu Capua, wo für Schaukämpfe ausgebildet wurde, ein gebürtiger Thraker namens Spartakus, der einstmals als Soldat bei den Römern gedient hatte, dann aber in Gefangenschaft geraten und als Gladiator verkauft worden war. Der beredete etwa siebzig seiner Kameraden, sich doch lieber für ihre eigene Freiheit als für die Darbietung einer Schau einzusetzen, und es gelang ihm, mit ihnen zusammen die Bewacher zu überwältigen und zu entkommen. Sie bewaffneten sich dann mit Knüppeln und Dolchen, die sie Reisenden abgenommen hatten, und suchten Zuflucht auf der Höhe des Vesuv, wo Spartakus viele entlaufene Sklaven und auch einige Freie vom Lande aufnahm und mit ihnen die benachbarten Gebiete plünderte.

Appian, Römische Geschichte I 539 f., Übers. Otto Veh, Stuttgart (Hiersemann) 1989, S. 90.

M 8 Zum Verlauf des Spartakus-Aufstands

8 a) Plutarch in seiner Crassus-Biografie:

Hierauf besetzten sie [die ehemaligen Gladiatoren] einen festen Platz und wählten sich drei Anführer, von denen der erste Spartakus war, ein Thraker aus dem Stamme der Maider, der nicht nur einen stolzen Sinn und große Körperkraft besaß, sondern auch durch Verstand und Herzensgüte besser war als sein Stand und sein Schicksal und hellenischer als seine Geburt.

Plutarch, Crassus 8, in: Ders., Große Griechen und Römer, Übers. Konrat Ziegler, München (Artemis) 1955, S. 252 f.

8 b) Appian in seiner „Römischen Geschichte“:

Da er die Beutestücke gleichmäßig verteilte, verfügte er bald über eine Menge Leute. […] Den Kaufleuten verbot er, Gold oder Silber zu liefern, und seinen eigenen Leuten deren Besitz; sie kauften hingegen Eisen und Erz um teures Geld und taten den Lieferanten dieser Artikel nichts zu Leide.

Appian, Römische Geschichte I 539 f., Übers. Otto Veh, Stuttgart (Hiersemann) 1989, S. 90 f.

M9 Über den Tod des Spartakus

9a) Plutarch in seiner Crassus-Biografie:
Hierauf drängte [Spartakus] durch viele Waffen und Wunden gegen Crassus selber los, erreichte ihn zwar nicht, tötete aber zwei Zenturionen, die ihm entgegentraten, und als schließlich alle um ihn flohen, stand er allein noch und wurde von vielen umringt und, sich immer noch wehrend, niedergehauen.
Plutarch, Crassus 11, in: Ders., Große Griechen und Römer, Übers. Konrat Ziegler, München (Artemis) 1955, S. 258.

9b) P. Annius Florus, römischer Geschichtsschreiber zur Zeit Kaiser Hadrians:
Und wie es sich unter der Führung eines Gladiators geziemte, kämpfte man ohne Gnade. Spartakus selbst focht mit dem größten Mut in vorderster Linie und fiel wie ein Feldherr.
Florus, Epitome 118, 14, zit. nach: Antonio Guarino, Spartakus, München (dtv) 1980, S. 126.

9c) Appian in seiner „Römischen Geschichte“:
Es wurde ein langes, schweres Ringen, wie es bei der verweifelten Stimmung so vieler Tausender nicht anders zu erwarten war; dabei wurde Spartakus von einer Lanze am Schenkel verwundet, er sank aufs Knie, hielt aber dann noch seinen Schild den Angreifern entgegen und setzte den Kampf fort, bis er selbst und eine große Schar um ihn eingekreist wurden und den Tod fanden. [...] Spartakus' Leiche blieb unauffindbar. [...] Ihnen [den Gladiatoren] rückte Crassus nach; dabei teilten sich seine Streitkräfte in vier Gruppen und setzten den Kampf fort, bis alle Gegner tot waren, außer 6000. Diese waren in Gefangenschaft geraten und wurden nun der ganzen Straße von Capua nach Rom entlang ans Kreuz geschlagen.
Appian, Römische Geschichte I 539f., Übers. Otto Veh, Stuttgart (Hiersemann) 1989, S. 93.

M10 Aus einem DDR-Geschichtsbuch für die 5. Klasse (1971)

Seit die Sklaverei in Rom bestand, lehnten sich Sklaven gegen ihre Herren auf. Zu größeren Aufständen kam es aber erst seit dem 2. Jahrhundert v. u. Z. Die Gründe dafür bestehen darin, dass die Zahl der Sklaven anstieg und ihre Behandlung immer grausamer wurde. Der Sklavenaufstand war die schärfste Form des Klassenkampfes zwischen Sklaven und Sklavenhaltern. [...]

Einer der bedeutendsten Sklavenaufstände war der Spartakus-Aufstand. [...]

Schon die geheime Organisierung des Ausbruchs der Gladiatoren unter der gestrengen Bewachung bewies die Fähigkeiten und die Entschlusskraft des Spartakus. [...]

Aus allen Teilen Italiens, aus Städten und von Gütern, strömten Sklaven und sogar arme freie Bauern zum Heer des Spartakus. Es umfasste bald über zehntausend Menschen. Die Angst der römischen Sklavenhalter vor Spartakus wurde immer größer, ihr Hass stieg. Spartakus hatte das Ziel, die Sklaven aus Italien hinauszuführen und ihnen einen Weg in die Heimat zu bahnen. [...]

Spartakus selbst kämpfte in den vordersten Reihen. Er wollte zu dem römischen Feldherrn Crassus vordringen, tötete auf dem Weg dorthin zwei hohe römische Offiziere, blieb aber schließlich in den dichten Reihen der Römer stecken. Er hatte sich so weit vorgewagt, dass er mit einigen seiner Getreuen vom übrigen Heer abgeschnitten blieb. Durch einen schweren Wurfspieß am Oberschenkel verwundet, gab er sein Pferd auf und focht knieend weiter, den Schild vor sich gestellt. Als er und die bei ihm verbliebenen Sklaven gefallen waren, konnte man seinen Leichnam nicht mehr auffinden. Alle Geschichtsschreiber jener Zeit betonen den Heldenmut der Sklaven, die sich nicht ergaben und nicht die Flucht ergriffen. Über Spartakus hieß es: „Spartakus selbst, der mit erstaunlichem Mut in der vordersten Reihe kämpfte, fiel, wie es sich für einen großen Feldherrn geziemte.“
Dieter Behrend u. a., Geschichte. Lehrbuch für Klasse 5, Ausgabe 1971, 3. Aufl., Berlin (Volk und Wissen Volkseigener Verlag) 1971, S. 114–116.

7 a) Welche Ursache/n und welchen Anlass nennen Quelle M7a und b für den Aufstand? b) Wodurch unterscheiden sich M7a und b?
8 a) Welche Eigenschaften erscheinen den antiken Autoren in M8a bis c an Spartakus bemerkenswert? b) Nehmen Sie kritisch Stellung.

M11 Aus dem Comic „Asterix und Obelix auf Kreuzfahrt", 1996

9 a) Arbeiten Sie heraus, wie nach den antiken Autoren in M9a bis c Spartakus den Tod fand.
b) Wo liegen insbesondere die Unterschiede? Suchen Sie nach Erklärungen.

10 Untersuchen und diskutieren Sie die Darstellung des Spartakus-Aufstands in M10.

11 Lassen sich in dem Comic M11 a) Befunde über den Ausbruch des Aufstands, b) das Verhalten des Spartakus oder c) dessen Tod wiederfinden? Erläutern Sie Ihre Ergebnisse.
d) Wie wirkt das Spartakus-Bild in M11 auf Sie?

12 „Spartakus im Film" – siehe dazu S. 92.

Weiterführende Arbeitsanregungen zur Sklaverei im Römischen Reich

Spartakus – Geschichte im historischen Spielfilm

Im Anschluss an die Themensonderseite 89–91 könnte die Frage untersucht werden, wie Spartakus im historischen Spielfilm dargestellt wurde. Als Beispiel bietet sich der Spartakus-Film an, der unter der Regie von Stanley Kubrick mit Kirk Douglas in der Titelrolle gedreht wurde (siehe unten M12).

Im Gegensatz zu Dokumentarfilmen, die das Ziel haben, ein Thema authentisch und quellengestützt aufzuarbeiten, ist für die Produzenten von historischen Spielfilmen die Geschichte häufig nur ein Mittel, um ein Massenpublikum anzuziehen und zu unterhalten. In der Regel sagen daher historische Spielfilme mehr über die Zeit aus, in der sie gedreht wurden, als über die Zeit, die sie in Szene setzen. Spielfilme über das alte Rom, die in den 1920er- und 1930er-Jahren in Italien gedreht wurden, spiegeln vor allem das Selbstverständnis des faschistischen Italien unter Mussolini; in US-amerikanischen Spielfilmen, die zwischen den 1950er- und 1980er-Jahren auf den Markt kamen, finden sich häufig die Konfliktlinien des Kalten Krieges zwischen den USA und der Sowjetunion wieder.

Arbeitsanregungen

1 Verschaffen Sie sich mithilfe von Filmchroniken oder des Internets
a) einen Kurzüberblick über die Entstehungszeit und den Inhalt des Spartakus-Films von Kubrick,
b) Informationen über das sonstige Filmschaffen des Regisseurs Kubrick.
2 Besorgen Sie sich den Spartakus-Spielfilm (Hilfen bieten die Stadt- und Landesbildstellen).
3 Formulieren Sie im Kurs Fragen und untersuchen Sie sie in arbeitsteiliger Gruppenarbeit.
4 Präsentieren Sie Ihre Ergebnisse als Kurzreferate.
5 Gemeinsame Abschlussdiskussion: Der Spartakus-Film von Kubrick weist eine merkwürdige Eingangs- und Schlusssequenz auf. Vergleichen Sie diese Szenen mit den antiken Quellen und überlegen Sie, welche Motive für die Abweichungen verantwortlich sein könnten.

Wie analysiert man einen Film?

Jede Filmanalyse beginnt mit gezielten Beobachtungen. Die folgende Aufzählung bietet nur einen Einstieg, der zu erweitern ist (siehe z. B. *Methodenarbeit im Geschichtsunterricht, Berlin [Cornelsen] 1998, S. 96–99).*

a) Beobachtung des Bildes:
- Wann gibt es auffällige Großaufnahmen?
- Wo nimmt die Kamera auffällige Positionen ein?
- Wie bewegt sich die Kamera?
- Welche Einstellungen sind gestaltet?
- Welche Szenen wirken zufällig aufgenommen?
- Wann gibt es auffällige Schnittstellen?

b) Analyse des Tons:
- Wann dominieren Geräusche, wann Sprache?
- Wann setzt Musik ein?
- Wie sind Dialoge ausgestaltet?
- Wie verhält sich die Sprache zum Bild:
- Welche Kernsätze aus Dialogen und Kommentaren erscheinen mit welchen Bildern?

M 12 „Spartacus“, Filmplakat, USA (Regie: Stanley Kubrick)

8 Zivilisation und Umwelt – ein Problem der römischen Antike?

M 1 **Aus dem Comic „Asterix und Obelix", 1962**

Mensch und Natur in der Antike – neue Fragen an die Alte Geschichte

Umweltgefährdung, schonender Umgang mit natürlichen Resourcen und die Gefahren hemmungslosen Wachstums werden uns heutzutage durch die Medien immer wieder ins Bewusstsein gerufen. Nach dem Arbeitsplatz gilt der Naturerhaltung die größte Sorge vieler Jugendlicher. Treibhauseffekt, Rohstoffabbau, Waldsterben und bedrohte Tierarten sind einige der gängigen Schlagworte, mit denen nicht nur junge Menschen ständig konfrontiert werden. Von der Lösung der Umweltprobleme hängt auf lange Sicht das Überleben der Spezies Mensch ab. Umweltfragen zählen zu den elementarsten Herausforderungen der Gegenwart und Zukunft.

Probleme, die wir selbst erfahren, erkennen wir auch als solche in anderen historischen Epochen. Als in den 1960er-/70er-Jahren Fragen der Umweltzerstörung und des Umweltschutzes einer breiteren Öffentlichkeit bewusst wurden, begann sich auch die althistorische Forschung intensiver mit der **Ökologie** auseinander zu setzen. Sie erkannte schnell, dass schon die Antike mit Problemen konfrontiert war, die gemeinhin als Ergebnis der modernen Industrialisierung und Technisierung gelten.

Die europäische Antike hatte mit vielfältigen Umweltbelastungen zu kämpfen; sei es der mit Profitgier betriebene Bergbau, die Verwendung von Blei für Wasserleitungen oder der massenhafte Verbrauch exotischer Tiere in den Kampfarenen innerhalb des Imperium Romanum. Nicht zuletzt die Lärmbelästigung in einer Großstadt wie Rom beeinträchtigte massiv die Lebensqualität der Bewohner.

Man darf aber nicht übersehen, dass wesentliche Unterschiede zwischen einer vorindustriellen und unserer postmodernen Gesellschaft bestehen: Im Vergleich zu heute waren die Eingriffe in natürliche Entwicklungsprozesse gering. Dennoch gab es schon damals vereinzelte kritische Stimmen, die ihren Unmut über profitorientiertes Denken und schonungslosen Raubbau an der Natur äußerten.

Die Entwicklung der römischen Zivilisation – eine „Entwaldungsgeschichte"?

Die folgenreichste „Umweltsünde" der Antike ist die rücksichtslose **Abholzung von Wäldern**, die Verkarstungen einleitete oder beschleunigte. Bekannt ist die Waldrodung im Libanon, doch wurde ähnlich auch in Attika, in Italien oder auf vielen Mittelmeerinseln verfahren. Der Antike mangelte weit gehend das Wissen um die Folgen der Waldvernichtung und so wurde auch nicht an Aufforstung der gerodeten Flächen gedacht. Kritik wurde nur vereinzelt laut. Der spätantike Dichter **Sidonius Apollinaris** (um 430–um 485 n. Chr.) beklagte die verkarsteten Hänge des Appenin-Gebirges in Italien: „Jeder Wald stürzt dir, Apennin, ins Meer, und allzu lange bist du auf beiden Seiten abgeholzt worden, der du, reich an Schiffsbauholz, nicht weniger Baustämme zum Meer hinunterschickst als Wassertropfen."

Gleichzeitig verhinderten aber ein geringerer Bedarf als heute und fehlende technische Mittel die großflächige Zerstörung, wie sie die Moderne kennt. Auch die Motive waren zum Teil anderer Natur und vielschichtiger, zumindest besaßen die Menschen der Antike meist keine Alternative zum Gebrauch von Holz. Sie benötigten Brennholz aus nahen Wäldern und bei steigender Bevölkerungszahl auch immer mehr Bauholz. Seestaaten wie Athen importierten vor allem Holz für ihre Flotten. Wie moderne Großmächte um Öl führten die Römer Kriege um den Rohstoff Holz. Plünderung der natürlichen Ressourcen der Mittelmeervölker gehört zu den Gründen der römischen Expansion.

Auch die fortgesetzen **Kriege** trugen zur Umweltzerstörung bei. Die bewusste Vernichtung gegnerischen Gebietes wurde zum Mittel der Kriegsführung. Hierin bietet die Antike freilich nur ein bescheidenes Vorspiel zur Neuzeit. Die Systematik und der Umfang, mit denen zum Beispiel im Vietnamkrieg (1963–1973) mit bisher noch nicht absehbaren Folgen durch chemische Kampfstoffe Wälder entlaubt und Böden vergiftet wurden, findet in der Antike nichts Vergleichbares.

Der Drang nach Edelmetallen

Noch heute sichtbare Zeichen antiker Umweltzerstörung begegnen uns in den Kraterlandschaften von **Bergwerken**, die zum Teil schon seit weit über zweitausend Jahren aufgegeben sind. „Als ausgedehnte, vom Regen der Jahrtausende verschwemmte und ausgebreitete Schutthalden" beschrieb der Bonner Geograf A. Philippson (1864–1953) im 19. Jahrhundert eine solche Erosionslandschaft in Attika, die wenig mit der Idylle gemein hat, die der Tourist in Griechenland zu finden hofft. Berühmt und berüchtigt waren aber nicht nur die Silbergruben des Laureion in Attika, sondern auch die Goldminen in Thrakien (im heutigen Nordgriechenland), die Eisenerzzechen der Insel Elba, vor allem aber die spanischen Bergwerke, die nacheinander von Karthagern und Römern ausgebeutet wurden. Allein die Silberminen von Neu-Karthago umfassten ein Gebiet von annähernd 300 Quadratkilometern. Im 2. Jahrhundert v. Chr. arbeiteten dort 40 000 Sklaven, die Rom Einkünfte von 25 000 Denaren pro Tag erwirtschafteten (zum Vergleich der Jahreslohn eines Tagelöhners: ca. 250 Denare). Die Ausbeutung der Edelmetalle hatte auch Auswirkungen auf den Waldbestand, da für die Befeuerung der Schmelzöfen sehr viel Holz benötigt wurde.

Das Alltagsleben in der Großstadt als Brennpunkt der Umweltprobleme: Rom

Verglichen mit den hier geschilderten Problemen nehmen sich diejenigen, die die ersten Großstädte der Alten Welt aufwarfen, gering aus. Nur wer in Rom zu den wenigen Reichen gehörte und sein Haus auf dem Palatin-Hügel hatte, konnte sich in der Hauptstadt des Imperiums wohl fühlen. Dennoch drängten Veteranen und Bauern in die Großstadt, da es dort Arbeit, zumindest aber „Brot und Spiele" gab. Die *plebs urbana* wohnte in einzeln stehenden mehrstöckigen

M2 **Moderne Rekonstruktion römischer Mietshäuser *(insulae)* aus dem 2. Jh. n. Chr.**

Mietshäusern mit einer Grundfläche von 300 bis 400 Quadratmetern und einer Höhe von über 20 Metern. Weder Wasserleitungen noch Kanalisation waren vorhanden, auch keine Heizung – in den kalten Monaten musste ein Heizbecken genügen, das ohne Rauchabzug entsprechende Vergiftungsgefahren mit sich brachte. Abfall und Exkremente wurden auf die Gassen geworfen, wo sich Fußgänger und Fuhrwerke durch den **Unrat** kämpfen mussten.

Häuser stürzten zum Teil ohne erkennbare äußere Ursache zusammen. Bauherren hatten sich selbst zu Architekten ernannt, planten, um Materialkosten zu sparen und den Baupreis zu drücken, die Grundmauern viel zu dünn, zogen Stützpfeiler in Sumpf- und Überschwemmungsgebieten hoch oder verwendeten minderwertige Baustoffe; als sich erste Risse zeigten, brachten sie kein Geld für Reparaturen auf. **Cicero** (106–43 v. Chr.) berichtet in einem Brief: „Mir sind zwei Mietshäuser eingestürzt und die übrigen ziehen Risse. Daraufhin haben nicht nur die Mieter, sondern sogar die Ratten das Weite gesucht."

Zur **Einsturzgefahr** traten Gefahren durch **Brand** und **Hochwasser.** Fast regelmäßig wurden ganze Stadtteile von Feuersbrünsten in Asche gelegt oder vom Tiber überschwemmt.

Gestank, Lärm und Enge der plebejischen Viertel, zum Beispiel um den Aventin-Hügel, mussten die Reichen nicht ertragen. Sie flohen im Sommer vor der Hitze aufs Land. Ein neues, modern anmutendes Umweltproblem tat sich auf. Sie ließen, so der Historiker **Sallust** (86 bis 35 v. Chr.), Meere zuschütten und Berge abtragen und verschandelten mit ihren herrschaftlichen Anlagen die schönsten See- und Meeresufer Italiens. Am Comer oder am Gardasee, auf den Inseln und in den Buchten des Golfs von Neapel, auf den Hügeln Kampaniens entstanden die Villen der Oberschicht. Längst zu Ruinen geworden, stellen sie heute ein neues Problem dar: Sie locken Touristenströme an.

Als Wahlwerbung und Demonstration ihres Reichtums veranstalteten zur Zeit der Römischen Republik Mitglieder großer römischer Familien **Tierhetzen** in den Arenen, wobei die Anzahl der Tiere und ihre Seltenheit wichtig waren. In der Kaiserzeit wurde daraus eine Art professioneller „Unterhaltungsindustrie". Die für die *venationes* benötigten Tiere wurden ohne Rücksicht auf den Bestand gefangen. Viele starben bereits auf dem Transport. Schon bald waren in Teilen des Imperiums die ersten Arten ausgerottet: Nilpferde in Ägypten, Löwen in Thessalien, Panther in Kilikien, Bären in Niedergermanien. Das völlige Aussterben wurde nur durch unzulängliche Fangmethoden oder zu hohe Transportkosten verhindert.

Hinweise zur Arbeit mit den Materialien

Gab es in der Antike Umweltprobleme? Und hatten die Menschen in der Antike bereits ein Bewusstsein von den Problemen und Zusammenhängen, die wir heute unter dem Begriff der **Ökologie** zusammenfassen?

Als Einstieg in diesen Fragenkomplex bieten sich zwei **Sekundärtexte** an, die aus der Gegenwart in die Zukunft und in die antike Vergangenheit schauen (M3, M4).

Die anschließenden Materialien greifen exemplarisch Themenbereiche aus der römischen Geschichte auf, die auch in arbeitsteiliger Gruppenarbeit untersucht werden können:

- **Bleivergiftungen** (M5a und b),
- **Bergbau** (M6a und b)
- **Lärm- und andere Großstadtprobleme** (M7a bis M8)
- **Artenschutz** (M9a bis M10)

Anregungen für die Erstellung einer **Collage zu antiken Umweltproblemen** finden sich bei den *Weiterführenden Arbeitsanregungen* *S. 101.*

M3 Umweltprobleme heute

Hermann Scheer, Vorsitzender des Weltrates für Erneuerbare Energien, SPD-Bundestagsmitglied und Träger des alternativen Nobelpreises, über Energie und Wirtschaft im 21. Jahrhundert (1999):

Da die Erschöpfung der konventionellen Öl- und Gasreserven wahrscheinlich zwischen 2030 und 2040 erreicht sein wird, beschreibt dieser skizzierte Zeitraum auch den der finalen Agonie der fossilen Weltwirtschaft. Dann wird die Menschheit einen historisch beispiellosen Existenzkampf führen. Und ihn verlieren, wenn die fossile Weltwirtschaft ihre Verbrauchsorgien bis zum Äußersten treibt. Wenn die Menschheit an diese Kreuzungspunkte zwischen Verfügbarkeit und Bedarf getrieben wird, droht der brutalste militärische Konflikt seit Menschengedenken – der Weltkonflikt überhaupt.

Dies alles wird von der Protagonistengemeinde der fossilen Energiewirtschaft verdrängt. Ihre eigenen Reserveprognosen kollidieren mit den eigenen Zuwachsraten. Es werden nicht einmal Querrechnungen darüber angestellt, um wie viel schneller eine weitere fossile Quelle versiegt, wenn sie eine bereits versiegte ersetzen muss. So wirken die Energieketten auch als geistige Fessel.

In diesem Zustand wird die nahe liegende Konsequenz, massiv auf die erneuerbaren Ressourcen zu setzen, bisher – wenn überhaupt – höchstens kleinmütig und ängstlich gezogen. Die letzten Reste unter der Erde werden von den selbst ernannten Realos der etablierten Ressourcenwirtschaft hochgerechnet, während sie die erneuerbaren Potenziale herunterschreiben.

Jede fossile Utopie gilt noch als realistisch, jede umfassende solare Perspektive als unrealistisch. Was endlich ist, wird wie unbegrenzt behandelt; was unendlich ist, wird als begrenzte Möglichkeit hingestellt. Dies war schon der Widerspruch des 20. Jahrhunderts. Bleibt es dabei, wird er zur Tragödie des neuen Jahrhunderts.

Hermann Scheer, Solare Weltwirtschaft, München (Kunstmann) 1999, S. 106f.

M4 Dachte man in der Antike ökologisch?

Gudrun Vögler, Altphilologin, über Umweltfragen in der Antike (1997):

War die ökologische Nonchalance [in der Antike] in erster Linie Ausdruck einer abgrundtiefen Unmoral, wie dies die Literaten behaupten, oder haben sie vielleicht *ex professione* übertrieben, um die menschliche Lasterhaftigkeit umso wirkungsvoller anprangern zu können? War Unwissenheit die Hauptursache? Die ökologischen Zusammenhänge waren vielfach unbekannt. […] Wenn trotz warnender Stimmen das krank machende Blei unentwegt weiter verwendet wurde, so lässt sich das als dumm, fahrlässig und bequem bezeichnen, aber als verworfen? Das Metall war überall und seit ewigen

Zeiten in Gebrauch. Es war praktisch und billig. Warum sollte man sich seiner nicht weiter bedienen?

Man litt sehr unter Roms stickiger Luft. […] Welche Alternativen boten sich für die privaten Heizungen und die zahlreichen Garküchen, die der ärmeren Bevölkerung ihre tägliche Mahlzeit sicherten? Sie waren unentbehrlich. Oder wer wollte den Menschen die harmlosen Badefreuden in den Thermen verbieten?

In der Tat verleitete also nicht nur die von den Philosophen beklagte Lasterhaftigkeit die Menschen dazu, sich selbst und der Umwelt zu schaden. Fehlende Kenntnisse, eingefleischte Gewohnheiten, Gedanken- und Fantasielosigkeit, Trägheit und andere Alltagssünden führten zum gleichen Resultat. Kurzfristiger Nutzen ließ schnell alle Bedenken verschwinden und die möglichen Folgeschäden für die eigene Gesundheit wurden verdrängt.

Gudrun Vögler, Öko-Griechen und grüne Römer?, Düsseldorf u. a. (Artemis) 1997, S. 77 f.

1 a) Erarbeiten Sie anhand von M3 und M4 die ökologischen Probleme der Gegenwart und der Antike.
b) Inwieweit unterscheiden sich die Probleme in der Antike von jenen der Gegenwart?
c) Lassen sich auch Gemeinsamkeiten ausmachen? Erläutern Sie Ihr Ergebnis.

M 5 Gesundheitsschäden durch Blei?

5 a) Der römische Ingenieur L. Vitruvius Pollio schrieb in seinem Werk „De architectura" (Anf. 1. Jh. n. Chr.):

Leitungen aus Tonröhren haben aber folgende Vorteile: Erstens, wenn irgendein Schaden an der Leitung eintritt, kann jeder ihn ausbessern. Auch ist Wasser aus Tonröhren gesünder als das durch Bleiröhren geleitete, denn das Blei scheint deshalb gesundheitsschädlich zu sein, weil aus ihm Bleiweiß entsteht. Dies aber soll dem menschlichen Körper schädlich sein. […] Ein Beispiel hierfür können uns die Bleiarbeiter liefern, weil sie eine bleiche Körperfarbe haben. Wenn nämlich Blei geschmolzen und gegossen wird, dann entzieht der von ihm ausströmende Dampf, der sich an den Gliedern des Körpers festsetzt und sie von dort ausbrennt, ihren Körperteilen die wertvollen Eigenschaften des Blutes. Daher scheint es ganz und gar nicht gut, dass man Wasser durch Bleiröhren leitet, wenn wir der Gesundheit zuträgliches Wasser haben wollen. Und dass der Geschmack des Wassers aus Tonröhren besser ist, kann schon die tägliche Lebensgewohnheit zeigen, weil alle, auch wenn sie mit Silbergeschirr reich gedeckte Tische haben, dennoch Tongeschirr verwenden, weil bei seinem Gebrauch der Geschmack nicht beeinträchtigt wird.

Vitruv, Über Architektur VIII 6, 10 f., Übers. Curt Fensterbusch, Darmstadt (Wiss. Buchgesellschaft) 1964, S. 399.

5 b) Die Historikerin Vivian Nutton schreibt in einem Lexikonartikel über Bleivergiftungen in der Antike (1997):

Aus Skelettanalysen geht zwar hervor, dass Blei in klassischer Zeit eine größere Rolle spielte als in prähistorischer Zeit, doch sind die gemessenen Werte geringer, als man angesichts der erheblichen Produktionssteigerung von Blei zwischen 600 v. Chr. und 500 n. Chr. sowie der Verwendung von Blei zur Herstellung von Haushaltsgegenständen und Wasserrohren annehmen mochte. […] Sämtliche Minen galten wegen ihrer schädlichen Dämpfe als lebensgefährlich, doch lag die eigentliche Gefahr nicht im Bergbau an sich, sondern in der Verhüttung. […] Es ist allerdings wenig wahrscheinlich, dass offene Wasserläufe – Wasserleitungen gab es selten – bleiverseucht gewesen sein sollen. Auch dürften Ablagerungen, etwa von Kalk, die von Bleirohren ausgehende Gefahr gemindert haben. Wesentlich gesundheitsschädlicher mag das Aufkochen von Fruchtsaft in bleibeschichteten Töpfen zur Zubereitung von *sapa* [Most] gewesen sein. […] Moderne Messungen an *sapa* […] ergaben einen Bleigehalt von 800 mg/l, womit dieser Wert den heutzutage für Trinkwasser zulässigen Höchstwert um das 16 000-fache übersteigt. Auch wenn Verbrauchern der Oberschicht eine Vergiftung durch *sapa* verstärkt drohte, sind doch Behauptungen, die Bleivergiftung sei eine plausible Erklärung für das Verhalten mancher Kaiser sowie für den

Bevölkerungsrückgang im Römischen Reich, maßlos übertrieben.

Vivian Nutton, Artikel „Bleivergiftung", in: Der Neue Pauly, Bd. 2, Stuttgart (Metzler) 1997, Sp. 709.

2 a) Finden Sie aus M5a heraus, aus welchen Gründen der antike Autor Vitruv die Verwendung von Bleiröhren ablehnt?
b) Skizzieren Sie vergleichend dazu die Position des Lexikonartikels zu diesem Problem (M5b).
c) Gewichten Sie die Aussagekraft der antiken Überlieferung (M5a) und der modernen Rekonstruktion (M5b) und nehmen Sie davon ausgehend Stellung zum Bleiproblem in Rom.

3 Ein Streitgespräch: Stellen Sie die Diskussion zwischen einem antiken „Industriellen" und seinem Widerpart in Person eines antiken Umweltschützers nach:
- Bestimmen Sie zunächst einen Moderator.
- Lassen Sie beide Personen mit einem Eingangsstatement beginnen.
- Nehmen Sie im Laufe des Gesprächs auch Fragen und Beiträge aus dem Plenum auf.
- Ziehen Sie am Schluss ein Resümee.

M6 Naturzerstörung durch Bergbau?

6a) Gaius Plinius Secundus (= Plinius der Ältere; 23–79 n. Chr.), römischer Beamter und Offizier, schrieb in seiner „Naturgeschichte":
Wir durchforschen alle ihre [der Erde] Adern und leben auf ihr dort, wo sie ausgehöhlt ist, wobei wir uns noch wundern, dass sie zuweilen birst oder zittert, wie wenn dies nicht in Wahrheit aus dem Unwillen der Mutter Erde gedeutet werden könnte. [...] Nur das vernichtet uns, nur das treibt uns zur Unterwelt, was sie verborgen und versenkt hat, nur das, was erst allmählich entsteht, sodass der ins Leere emporstrebende Geist bedenken mag, was für ein Ende ihre Ausbeutung in all den Jahrhunderten finden und bis wohin die Habgier noch vordringen soll.

Plinius, Naturkunde XXXIII 1, Übers. Roderich König, München u. a. (Artemis) 1984, S. 13 und 15.

6b) Diodoros (um 80–um 29 v. Chr.), griechischer Historiker, in seiner „Weltgeschichte":
Hingegen häufen die Ausbeuter der spanischen Minen mit diesen Unternehmen die erhofften großen Schätze an; denn dank der für solche Nutzung ausgezeichneten Beschaffenheit der Erde sind schon ihre ersten Bemühungen ertragreich, und sie kommen stets auf immer glänzendere Adern, reich an Silber wie an Gold; der ganze umliegende Boden dort ist ja vielfältig von einem sich windenden Netz von Adern durchzogen. Dann und wann stoßen die Bergleute auch in der Tiefe auf unterirdische Flussläufe, deren Gewalt sie aber bändigen, indem sie ihre Strömungen ableiten, die nun in die Seitenschächte stürzen. Denn unter dem Druck unerschütterlicher Gewinnerwartungen führen sie ihre eigenen Unternehmen bis ans Ziel, und was das Überraschendste von allem ist, sie holen die Wasserströme mit Hilfe der so genannten ägyptischen Schöpfräder weg. [...] Da die Maschine ungemein geschickt konstruiert ist, wird durch die jeweilige Tätigkeit eine erstaunlich große Wassermenge emporgeschafft und fast mühelos gelangt so das gesamte Wasser derartiger Flüsse aus der Tiefe ans Tageslicht. Mit Recht dürfte man die Erfindungsgabe des Ingenieurs nicht nur anhand dieser, sondern auch vieler anderer, noch größerer Erfindungen bestaunen, deren Ruhm sich über die ganze bewohnte Erde verbreitet hat.

Diodoros, Griechische Weltgeschichte V 37, 2–4, Übers. Otto Veh, Stuttgart (Hiersemann) 1993, S. 466.

4 a) Stellen Sie anhand der Überlieferungen M6a und b Nutzen und Gefahren der antiken Bergbauindustrie tabellarisch gegenüber.
b) Beurteilen Sie die antiken Haltungen in M6a und b.

M7 „Lärm wie im alten Rom"

7a) Marcus Valerius Martialis (um 40 bis um 102 n. Chr.), römischer Schriftsteller, schrieb in seinen „Epigrammen":
Warum ich oft mein kleines Landgut [...] und den schäbigen Herd meines Landhauses aufsuche, fragst du? Weder zum Denken, Sparsus, noch zum Ausruhn hat ein mittelloser Mann in der Stadt ein Plätzchen. Unerträglich machen dein Leben die Schulmeister am Morgen, in der Nacht die Bäcker, den ganzen Tag die Hämmerchen der Kupferschmiede; hier klimpert ein müßiger Geld-

wechsler auf seinem Tisch mit einem Haufen Münzen aus Neros Zeit, dort schlägt einer, der spanischen Goldstaub bearbeitet, mit blankem Schlegel auf den abgeriebenen Steinblock; weder gibt die ekstatische Schar Bellonas [= Kriegsgöttin] Ruhe noch der geschwätzige Schiffbrüchige mit seinem bandagierten Oberkörper oder ein Judenkind, von der Mutter zum Betteln angeleitet, oder der triefäugige Händler von Schwefelfadenware. Wer kann die Störungen eines säumenden Schlafes aufzählen?

Martialis, Epigramme XII 57, 1–15, Übers. Paul Barie/Winfried Schindler, Düsseldorf (Artemis) 1999, S. 891.

7b) Aus einer Satire des römischen Schriftstellers Juvenal (um 60–nach 127 n. Chr.):
Welche Mietwohnung lässt Schlaf zu? Nur für viel Geld findet man Schlaf in dieser Stadt. Dies macht den Kern der Krankheit aus; das Vorbeirollen der Wagen in den engen Windungen der Straßen und die Flüche bei der stehen gebliebenen Viehherde dürften den Schlaf selbst einem Drusus rauben und den Seerobben. Wenn eine Pflicht ruft, wird der Reiche, dem die Menge Platz macht, getragen und eilt in seinem riesigen „Liburnerschiff" über die Häupter dahin und liest unterdessen oder schreibt oder schläft darin – denn das geschlossene Fenster der Sänfte regt zum Schlafen an – und kommt dennoch eher an. Wenn wir es eilig haben, steht vorn die Menschenwelle im Wege, die Lenden bedrängt in mächtiger Kolonne das Volk, das uns folgt; der eine stößt mich mit den Ellenbogen, mit hartem Holm stößt ein Zweiter, dieser dagegen schlägt mir an den Kopf mit einem Balken, jener mit einem Fass. Dick bedeckt mit Schmutz sind die Beine, von überall werde ich darauf mit großen Sohlen getreten und auf der Zehe bleibt mir der Nagelschuh eines Soldaten hängen. Siehst du nicht, mit wie viel Qualm das Picknick gefeiert wird? Hundert Mahlgenossen und einem jeden folgt sein Grillofen.

Juvenal, Satiren III 234–250, Übers. Joachim Adamietz, München (Artemis) 1993, S. 55.

5 a) Stellen Sie stichwortartig Martials und Juvenals Beschwerden über das Leben in Rom zusammen (M7a und b). Gewichten Sie dabei die jeweilige Textsorte (siehe auch M8).
b) Vergleichen Sie die Sicht auf die Lärmprobleme im antiken Rom mit den Problemen einer heutigen Großstadt.
c) Diskutieren Sie über die Frage, warum Menschen damals wie heute unter den geschilderten Bedingungen in Städten lebten.

6 a) Welche Lösungen schlägt Martialis vor?
b) Machen Sie selbst Vorschläge zur Lösung der Lärmprobleme in unseren Städten heute.

M8 Kochstelle mit Töpfen in einem römischen Haus in Pompeji, 1. Jh. n. Chr. – *Auf der Herdplatte liegt noch die Holzkohle. In der Nische unten war das Brennmaterial gestapelt.*

M9 Artenschutz – (k)ein Thema in der Arena?

9a) Aus einer Sammlung antiker Kaiserbiografien (Historiae Augustae; *Ende 4. Jh. n. Chr.):*
Karrierebewusste Politiker mussten frühzeitig durch prächtig aufgeführte Spiele die Bevölkerung auf sich aufmerksam machen. In diesem Zusammenhang versuchte auch der spätere Kaiser Gordian I. [238 n. Chr.] während seiner Ädilität den persönlichen Reichtum zu präsentieren.

Wilde Tiere aus Libyen führte er an einem einzigen Tag hundert vor, Bären an einem einzigen Tag tausend, […] zweihundert Schaufelhirsche, zusammen mit Hirschen aus Britannien, dreißig Wildpferde, hundert Wildschafe, zehn Elche, hundert Stiere aus Zypern, dreihundert rot gefärbte maurische

Strauße, dreißig Wildesel, hundertfünfzig Eber, zweihundert Steinböcke und zweihundert Antilopen. All diese Tiere gab er dem Volk preis am Tage seines sechsten Spieles.

Historia Augusta, Bd. 2, Übers. Ernst Hohl, München (Artemis) 1985, S. 41.

9 b) Aus den „Res gestae", dem Tatenbericht des Kaisers Augustus (Anfang 1. Jh. n. Chr.):

Tierhetzen mit afrikanischen Tieren habe ich in meinem Namen oder in dem meiner Söhne und Enkel im Circus oder auf dem Forum oder im Amphitheater sechsundzwanzigmal für das Volk abgehalten, wobei etwa 3500 Tiere getötet wurden.

Augustus, Res gestae 22, Übers. Marion Giebel, Stuttgart (Reclam) 1975, S. 27.

9 c) In dem Roman „Der goldene Esel" des Schriftstellers Apuleius (2. Jh. n. Chr.) findet sich die Beschreibung eines Unglücks, das in der Realität durchaus stattgefunden haben könnte:

Matt von langer Gefangenschaft und zugleich mürbe von der Sommerhitze, auch anfällig vom untätigen Sitzen, wurden die Tiere von einer plötzlichen Seuche hingerafft und sanken fast auf die Nullzahl zurück. Immer wieder konnte man überall auf den Straßen Wracks von halb toten Tieren liegen sehen. Da machen sich die einfachen Leute, die in ihrer kümmerlichen Armut, ohne im Essen wählerisch zu sein, für den abgemagerten Bauch Unappetitliches zum Füllen und kostenlose Mahlzeiten zusammensuchen müssen, über die allerorten daliegenden Festbraten her.

Apuleius, Der goldene Esel IV 14,1–3, Übers. Edward Brandt/Wilhelm Ehlers, München (Artemis) 1980, S. 141.

9 d) Cassius Dio (um 150–um 235 n. Chr.), griechischer Historiker und römischer Beamter, über die Rückkehr des als human geltenden Kaisers Trajan nach Rom 107 n. Chr.:

Und er gab Schauspiele an hundertdreiundzwanzig Tagen, während derer elftausend Tiere, wilde und zahme, abgeschlachtet wurden.

Cassius Dio 68, 15. Übers. Stefan Meurer.

7 Erarbeiten Sie aus den Quellen M9a bis d den Umgang mit Tieren bei römischen Schauveranstaltungen (siehe auch M10).

8 Beschaffen Sie sich Informationen zum bestehenden deutschen Tierschutzgesetz:

a) Vergleichen Sie die dortigen Ausführungen mit der römischen Praxis.

b) Aufgrund welcher Bestimmungen könnten Tierhetzen wie in Rom heutzutage nicht mehr stattfinden?

c) Suchen Sie in dem Gesetz Passagen, die Rückschlüsse auf das Verhältnis Mensch–Tier zulassen. Gibt es andere Beispiele aus der Gegenwart für eine „merkwürdige" Behandlung von Lebewesen?

d) In welchen Bereichen ist Ihrer Meinung nach der gegenwärtige Tierschutz verbesserungswürdig? Diskutieren Sie im Kurs.

M 10 Detailansichten aus dem Bodenmosaik einer Villa bei Tusculum, 3. Jh. n. Chr.

Weiterführende Arbeitsanregungen zur Umweltgeschichte

Problemfelder des Umweltschutzes in der Antike – eine Collage

Auch wenn sich Historikerinnen und Historiker erst seit kurzer Zeit mit Fragen des Umweltschutzes beschäftigen, zeigen die Quellen dieses Kapitels, dass auch in der antiken Zivilisation in vielen Lebensbereichen Umweltprobleme bestanden. Lärm, Wasser- und Luftverschmutzung, der Abbau von Ressourcen wurden auch damals schon als solche wahrgenommen und von Einzelnen kritisiert.

Arbeitsanregungen

1 Erstellen Sie ausgehend von diesem Kapitel eine Liste mit Problemfeldern des Umweltschutzes in der Antike. Versuchen Sie weitere Felder und Lebensbereiche ausfindig zu machen.

2 Suchen Sie nach bildlichen Darstellungen, die die einzelnen ökologischen Probleme der Antike angemessen beleuchten (nutzen Sie Zeitungen, Zeitschriften, Internet, Bücher, Ausstellungskataloge usw.). Sie können auch selbst bildnerisch tätig werden.

3 Überlegen Sie sich ein Medium für die Präsentation: Computeranimation, Plakat, Wandfries usw. Klären Sie vorab, ob Sie ein traditionelles Medium nutzen wollen oder den Computer.

4 Eine Extra-Arbeitsgruppe könnte in den Comic-Bänden „Asterix und Obelix" nach Texten und Abbildungen zu Umweltthemen suchen. Ein kurzer Leitfadentext sollte sich mit der Frage nach dem Wahrheitsgehalt beschäftigen, der jenseits der für Comics typischen Übertreibungen und modernen Anspielungen in den Abenteuergeschichten der „rauflustigen Gallier" enthalten ist.

Quellen, Darstellungen und Nachschlagewerke

Günter Bayerl u. a., Quellentexte zur Geschichte der Umwelt von der Antike bis heute, Göttingen (Muster-Schmidt) 1998.
Gudrun Vögler, Öko-Griechen und grüne Römer?, Düsseldorf u. a. (Artemis) 1997.
Dies., Dachte man in der Antike ökologisch? Mensch und Umwelt im Spiegel antiker Literatur, in: Forum classicum Nr. 4, 2000 (im Internet unter: www.forum-classicum.de/artikel400voegler.htm).
Karl-Wilhelm Weber, Smog über Attika. Umweltverhalten im Altertum, Reinbek (Rowohlt) 1993.
Ders., Alltag im Alten Rom. (Das Stadtleben), 5. Aufl., Düsseldorf u. a. (Artemis & Winkler) 2000.
Ders., Alltag im Alten Rom. Das Landleben, Düsseldorf u. a. (Artemis & Winkler) 2000.

Literatur zu „Asterix und Obelix"

René van Royen/Sunnyva van der Vegt, Asterix. Die ganze Wahrheit, München (C. H. Beck) 1998.
Dies., Asterix auf großer Fahrt, München (C. H. Beck) 2001.

M 11 Erhaltener Abschnitt der *cloaca maxima* in Rom, Fotografie, ca. 1995. – *Der Bau der* cloaca maxima *wurde um 300 v. Chr. begonnen und folgte etruskischen Vorbildern.*

9 Am Rande des Weltreichs: Römer und Germanen

Nur zögerlich richteten die Römer nach dem Ersten Punischen Krieg **Provinzen** ein, um die neuen Territorien zu verwalten. Nach der ersten Gründung 227 v. Chr. entstand ein umfassendes Provinzialsystem erst im Laufe des 1. Jahrhunderts n. Chr. Der Südwesten Germaniens wurde 90 n. Chr. mit zwei Provinzen *(Germania superior, Germania inferior)* offiziell integriert.

In der Kaiserzeit lag die Verteidigung des Landes und der 16000 Kilometer langen Reichsgrenze in der Hand einer Berufsarmee, die aus römischen Legionären und nicht-römischen Hilfstruppen bestand und nur ca. 350000 Mann umfasste; ein 80000 Kilometer langes **Straßennetz** diente primär der Verschiebung und Versorgung der Truppen.

In der Nähe von Legionslagern und an Handels- und Verkehrsknotenpunkten gründeten die Römer zahlreiche **Städte** und verwalteten sie mithilfe von zwei obersten Beamten *(duumviri)* und einem Stadtrat (Stadträte = *decuriones;* vgl. S. 56). In vielen Bereichen konnten sich die Provinzstädte selbst regieren, nur die Steuereinziehungs unterstanden direkt dem Kaiser. Mit dem Bau von Foren, gepflasterten Straßen, Wasserleitungen, Thermen, Theatern usw. wurde die **römische Lebensweise** im 1. Jahrhundert n. Chr. auch in die Gebiete nördlich der Alpen getragen – z. B. in die Colonia Ulpia Traiana (Xanten), die Colonia Agrippina (Köln), nach Bonna (Bonn), Augusta Trevorum (Trier), Mogontiacum (Mainz), Augusta Vindelicum (Augsburg) oder Castra Regina (Regensburg).

Begegnungen zwischen Römern und Germanen

Um das Jahr 120 v. Chr. brachen aus Jütland die germanischen Stämme der **Kimbern und Teutonen** zu einem großen Zug nach Süden, zu Donau und Drau, auf. 113 trafen die Germanen bei Noreia in den Ost-Alpen zum ersten Mal auf ein römisches Heer und besiegten es. Sie zogen dann über den Rhein nach Gallien, wo sich die beiden Stämme trennten. Die Römer waren durch den Vorstoß dieser ihnen unbekannten germanischen Völker völlig überrascht und konnten sie erst 102 bzw. 101 v. Chr. zurückwerfen. Die Plötzlichkeit der Angriffe ebenso wie die Todesverachtung und die Grausamkeiten der Germanen hinterließen bei den Römern einen prägenden Eindruck. Rasch bildete sich das Schlagwort vom *furor teutonicus* (*furor* = Kriegswut, Rasen). Die Angst vor neuen Germaneninvasionen bestimmte für Jahrzehnte die römische Politik im Norden des Reiches.

Mit Ariovist trat in den 70er-Jahren des 1. Jahrhunderts v. Chr. zum ersten Mal ein „König der Germanen“ in Erscheinung. Caesar (vgl. S. 40) besiegte ihn 58 v. Chr. und vertrieb ihn aus dem Elsass. Caesar machte damit den Rhein zur neuen Grenze zwischen Galliern und Germanen. Zwei Flussübergänge auf Holzbrücken bei Neuwied und Bonn, die 55 und 53 v. Chr. in nur wenigen Tagen errichtet worden waren, sollten römische Militärpräsenz demonstrieren und die Germanen abschrecken. Erst Augustus wagte eine offensive Politik, nachdem germanische Vorstöße bis in den Raum von Aachen 16 v. Chr. zu einer schweren Niederlage geführt hatten. **Drusus**, ein Feldherr des Augustus, befuhr in den Jahren 12 bis 9 die Zuidersee, die Nordseeküste und die Ems und erreichte auf Landmärschen Weser und Elbe. Sein Nachfolger, der spätere Kaiser Tiberius, führte die germanischen Expeditionen weiter fort (8/7 v. Chr., 4/5 n. Chr.); die geplante Eroberung bis zur Elbe gelang jedoch nicht. Auch ein Angriff gegen die in Böhmen siedelnden Markomannen und deren König Marbod scheiterte im Jahre 6 n. Chr., da gleichzeitig in Pannonien ein Aufstand ausbrach.

9 n. Chr. besiegte **Arminius**, ein Anführer der germanischen Cherusker, den römischen Kommandeur **Varus.** Um die von Tacitus im ***teutoburgensis saltus*** lokalisierte Schlacht – die nicht bei dem 1875 errichteten Hermanns-Denkmal, sondern vermutlich auf dem Kalkrieser Berg bei Osnabrück stattfand – ranken sich bis heute Legenden, da die Römer kurze Zeit später ihre Versuche aufgaben, das Reich bis zur Elbe auszudehnen (Themensonderseite 109–114).

Festigung der Grenze zu Germanien und Einrichtung der germanischen Provinzen

Nach weiteren Kriegen im germanischen Grenzraum entschloss sich Kaiser Domitian (Reg. 81–96), die römische Grenze ab Rhein und Donauoberlauf durch eine Verlegung nach innen zu verkürzen. Diese führte schließlich von Rheinbrohl aus nach Osten und erreichte nach ca. 550 Kilometern bei Kehlheim die Donau. Der **Limes** (ursprüngliche Bedeutung = Schneise) war zunächst nur ein Postenweg, der von hölzernen Wachtürmen und Kleinkastellen flankiert wurde. Später kamen Palisaden hinzu und am Ende des 2. Jahrhunderts n. Chr. Wall und Graben. Am raetischen Teil des Limes, der von Schwäbisch Gmünd zur Donau führt, verband eine Steinmauer die Wachtürme. Ihre Überreste erhielten im Mittelalter den Namen „Teufelsmauer“, weil man sich ihre Herkunft nicht mehr erklären konnte.

Noch unter Domitian wurden im Jahre 90 n. Chr. die beiden **Provinzen** Obergermanien und Untergermanien eingerichtet: ***Germania superior*** mit der Hauptstadt **Mainz** und ***Germania inferior*** mit der Hauptstadt **Köln.** Acht Jahre später veröffentlichte der Historiker Publius Cornelius **Tacitus** (um 55–um 120 n. Chr.) seine Monografie *Germania,* in welcher er das Bild einer dekadenten römischen Lebensweise mit dem Ideal eines einfachen und freiheitlichen germanischen Lebens konfrontiert.

Die große Friedensperiode des 2. Jahrhunderts n. Chr. wurde – für Rom überraschend – vom Ansturm der Markomannen und Quaden an der mittleren Donau unterbrochen. Erst nach längeren Kämpfen vermochte sie Kaiser Marc Aurel (Reg. 161–180) zurückzudrängen und zumindest für ein halbes Jahrhundert Rom eine „Atempause“ zu verschaffen, bis Alemannen, Franken und andere Germanenstämme in die Rhein- und Donauprovinzen einfielen. Sie waren die Vorboten weiterer Invasionen in den folgenden Jahrhunderten, die schließlich zum Ende des Weströmischen Reiches (476 n. Chr.) beitrugen.

M 1 Römisches Reich und Germanien im 2. Jahrhundert n. Chr

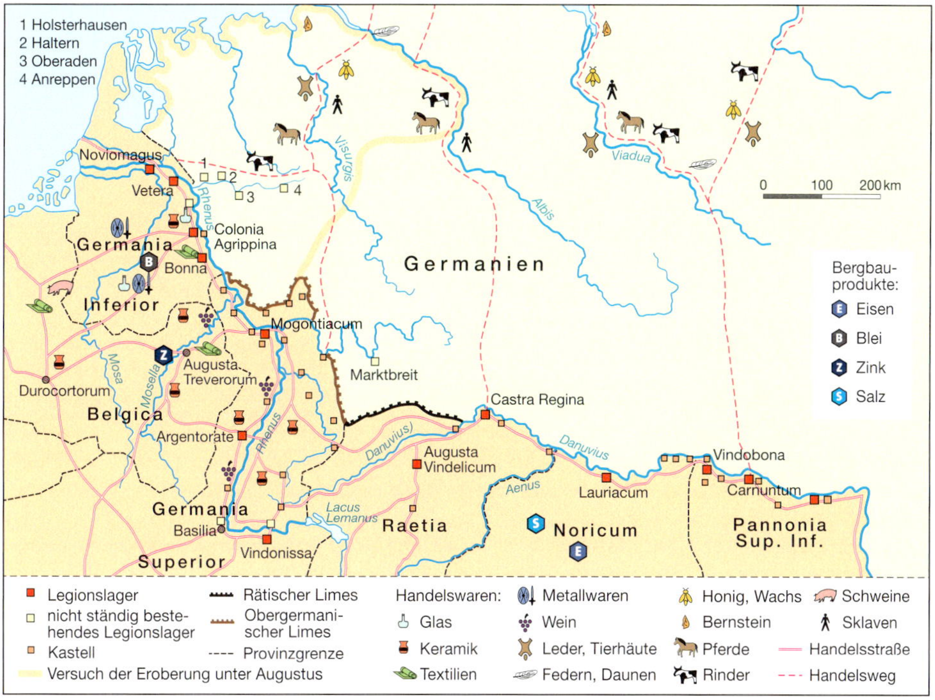

Hinweise zur Arbeit mit den Materialien

Brutale Unterwerfung und Ausbreitung römischer Zivilisation sind zwei Seiten derselben Medaille römischer Herrschaft. **Germanien** mit seinen zahlreichen Völkern ist dabei von besonderem Interesse. Zum einen konnten sich die Römer dort zu keinem Zeitpunkt auf „befriedete" Verhältnisse verlassen. Zum anderen liegen viele der ehemaligen römischen Militärlager, Kastelle und Provinzstädte im Gebiet der heutigen Bundesrepublik und bieten die Möglichkeit, **Geschichte „vor Ort"** zu erleben.

Die Eroberungen und Romanisierungsversuche der Römer in Germanien haben nicht nur Historiker, sondern auch Philosophen und Schriftsteller zu eigenwilligen Betrachtungen herausgefordert. Im 19. und frühen 20. Jahrhundert bildete sich in Deutschland eine Rezeptionsgeschichte nationalistischer Art heraus: Tacitus' *Germania* wurde als „Deutsche Frühgeschichte" interpretiert; das wilhelminische Kaiserreich (1871–1918) und das nationalsozialistische Deutschland (1933–1945) huldigten auf vielfältige Weise einem Germanenkult. Arminius, der 9 n. Chr. die römischen Legionen des Varus besiegte, wurde zum Mythos.

Wegen der teilweise recht eigenwilligen Rezeptionsgeschichte stehen methodische und quellenkritische Fragen im Zentrum dieses Kapitels. Der Materialteil, der sich vergleichend mit römischen und germanischen Lebensweisen beschäftigt, bietet **Texte antiker Autoren** (M2a bis d), **archäologische Quellen** (M3a bis M4b) und als *Vertiefung* Materialien zur Anwendung **naturwissenschaftlicher Methoden** in der Archäologie (M5, M6).

Die *Themensonderseite 109–114* behandelt ausführlich den **Arminius-Mythos:** Antike Überlieferungen (M8a bis c) werden ergänzt durch literarische Texte aus dem 19. Jahrhundert (M9, M10) und moderne, gegenwartsbezogene Betrachtungen (M7, M11).

Weiterführende Arbeitsanregungen S. 115: **Exkursionen und Museumsbesuche.**

M2 Antike Autoren über Geografie und Zivilisation der Germanen und Römer

2 a) Pomponius Mela, ein römischer Geograf, schreibt in einem um 44 n. Chr. publizierten Buch zur Erdkunde über Germanien:

Germanien wird auf dieser Seite bis hin zu den Alpen von den Ufern [des Rheins], im Süden von ebenden Alpen, im Osten vom Grenzgebiet der Sarmatenstämme und nach Norden hin von der Meeresküste umschlossen. Seine Bewohner besitzen enormen Mut und gewaltige Körper und entfalten beides in ungeheurem Maße, zusätzlich zu ihrer angeborenen Wildheit, den Mut durch Krieg, den Körper durch Gewöhnung an Strapazen, besonders an die Kälte. Bis zur Pubertät bewegen sie sich nackt und das Knabenalter dauert bei ihnen sehr lange. Die Männer kleiden sich trotz des strengen Winters in kurze Mäntel oder Bast von Bäumen. Beim Schwimmen zeigen sie nicht nur Ausdauer, sondern sie sind auch mit Eifer bei der Sache.

Sie führen Kriege mit den Nachbarn und begründen sie aus ihrer Laune, nicht um zu herrschen oder ihren Besitz zu vergrößern, denn nicht einmal diesen bebauen sie mit Ausdauer, sondern damit das umliegende Land unbesiedelt bleibt. Ihr Recht ruht auf der Macht, sodass sie sich nicht einmal der Räuberei schämen; nur Gästen gegenüber sind sie gütig und gegenüber Bittenden freundlich. In der Lebensweise sind sie so rau und unzivilisiert, dass sie sogar rohes Fleisch verzehren, wenn es noch frisch ist oder, wenn es schon steif ist, indem sie es, ohne dass man dem Vieh oder Wild das Fell abgezogen hat, mit Händen und Füßen bearbeiten und so wieder frisch machen.

Pomponius Mela, Geografie III 3, 25–29, zit. nach: Hans-Werner Goetz/Karl-Wilhelm Welwei (Hg.), Altes Germanien, Teil 1, Darmstadt (Wiss. Buchgesellschaft) 1995, S. 101.

2 b) Der römische Historiker Tacitus (um 55 bis um 120 n. Chr.) in seiner Germania:

Dass die Germanen keine Städte bewohnen und dass sie nicht einmal miteinander verbundene Siedlungen dulden, ist genügend bekannt. Sie wohnen abgesondert und einzeln, wie ihnen eine Quelle, ein Feld, ein Wald zusagt. Die Dörfer errichten sie nicht in unserer Weise mit aneinander gereihten und zusammenhängenden Gebäuden: Jeder umgibt sein Haus mit einem freien Raum, teils als Maßnahme für den Fall eines Brandes, teils aus Unkenntnis über die Bauweise. Nicht einmal Mauersteine oder Ziegel sind bei ihnen im Gebrauch: Sie verwenden für alles unbearbeitetes Holz ohne Schönheit oder Reiz. Bestimmte Stellen bestreichen sie sorgfältiger mit einem so reinen und glänzenden Ton, dass es den Eindruck von Malerei und Farblinierungen macht. Sie pflegen auch unterirdische Höhlen aufzugraben und laden viel Dünger darüber, als eine Zufluchtstätte für den Winter und ein Lager für die Feldfrüchte, weil Orte dieser Art den strengen Frost erträglicher machen, und wenn einmal ein Feind naht, dann plündert er das Offene, während Verstecktes und Vergrabenes unbemerkt bleibt und ihm eben dadurch entgeht, dass es erst gesucht werden muss.

Tacitus, Germania 16, zit. nach: Hans-Werner Goetz/Karl-Wilhelm Welwei (Hg.), Altes Germanien, Teil 1, Darmstadt (Wiss. Buchgesellschaft) 1995, S. 141.

2c) C. Plinius Secundus (= Plinius der Jüngere; 61/62–113 n. Chr.), römischer Beamter und Statthalter in Bithynien, beschreibt in einem Brief das Haus eines römischen Senators:

An der anderen Ecke der Säulenhalle grenzt ein Speisesaal an ein sehr geräumiges Zimmer; aus dem Fenster schaut man teils auf die Terrasse, teils auf Wiesen, aber zunächst auf den Fischteich, der unter den Fenstern liegt und ihnen zugute kommt, angenehm für Auge und Ohr: denn das aus der Höhe herabspringende Wasser wird in einem Marmorbecken aufgefangen und schäumt dort. Gerade dieses Zimmer ist im Winter sehr warm, weil es der starken Sonne ganz ausgesetzt ist. Damit eng verbunden ist ein Heizraum; er ersetzt bei trüber Witterung durch hinübergeleitete Wärme die Sonne. Von hier gelangt man durch einen geräumigen und freundlichen Bad-Umkleideraum in den Kaltwasserraum, in dem sich ein großes, schattiges Schwimmbad befindet. Will man mehr Raum oder wärmeres Wasser zum Schwimmen, so ist im Hof ein Teich und gleich dabei ein Brunnen, bei dem man sich wieder abkühlen kann, wenn man das warme Wasser leid ist. An das Kaltwasserbad schließt sich ein mäßig temperiertes Bad an, welches die Sonne sehr freundlich bescheint; mehr noch das warme Bad: denn es springt vor. In diesem befinden sich drei Badewannen, zwei in der Sonne, eine dritte etwas aus der Sonne entfernt, aber ebenso hell. Über dem Ankleidezimmer liegt der Ballspielsaal, der für mehrere Arten von Spielen und mehrere Mannschaften Platz hat. Nicht weit vom Bad ist eine Treppe, die in eine bedeckte Wandelhalle, vorher aber zu drei Zimmern führt. Das eine von ihnen grenzt an jenen kleinen Hof, auf dem vier Platanen stehen, ein anderes an die Wiese und das dritte an die Weinberge, und so hat jedes Ausblick in verschiedene Himmelsrichtungen.

Am Ende der überdachten Wandelhalle befindet sich ein aus der Wandelhalle selbst herausgeschnittenes Zimmer, das auf die Reitbahn, Weingärten und Berge schaut. Daran schließt sich ein Zimmer an, das der Sonne ausgesetzt ist, besonders im Winter. Von dort beginnt ein Raum, der die Reitbahn mit dem Landhaus verbindet. Das ist die Ansicht des Hauses von vorn, das seine Zweckbestimmung.

Plinius der Jüngere, Briefe V 26, 23–28, Übers. Heribert Philips, Stuttgart (Reclam) 1998, S. 321 und 323.

2d) Tacitus über germanische Lebensweisen:

Gleich nach dem Schlaf, den sie oft genug bis in den Tag hinein ausdehnen, waschen sie sich, [und zwar] öfter mit warmem [Wasser], da bei ihnen der Winter die meiste Zeit einnimmt. Nach dem Waschen nehmen sie eine Mahlzeit ein. Dabei hat jeder einen besonderen Platz und seinen eigenen Tisch. Dann begeben sie sich bewaffnet an ihre Geschäfte und, nicht weniger häufig, zu Gastmählern. Tag und Nacht in einem fort zu zechen ist für niemanden eine Schande. Wie unter Betrunkenen [üblich], enden die häufige Streitereien selten [nur] in Beschimpfungen, häufiger in Totschlag und Verletzungen. Aber auch über die Aussöhnung von Feinden, verwandtschaftliche Verbindungen und die Anerkennung der Fürsten sowie schließlich über Krieg und Frieden beraten sie recht häufig bei Gastmählern, weil angeblich der Sinn zu keiner Zeit den einfachen Überlegungen zugänglicher ist oder sich für die großen mehr begeistert. Das weder listige noch schlaue Volk deckt das bislang in seiner Brust Verborgene bei zwanglosem Scherz auf; folglich ist die Gesinnung aller offenbar und bloß. Am folgenden Tag berät man noch einmal und beide Seiten bekommen ihr gutes Recht: Sie überlegen, wenn sie sich nicht zu verstellen vermögen, und sie beschließen, wenn sie nicht irren können.

Als Getränk dient ein Saft aus Gerste oder Weizen, der, gewissermaßen ähnlich dem Wein, gegoren ist; die ufernahen [Stämme] erhandeln auch Wein. Die Speisen sind einfach, wilde Früchte, frisches Wild oder geronnene Milch. Ohne besondere Zubereitung [und] ohne Zutaten vertreiben sie den Hunger. Dem Durst [aber] begegnen sie nicht gleichermaßen maßvoll. Würde man sie in ihrer Trunkenheit gewähren lassen und auftragen, soviel sie begehren, so würden sie kaum weniger leicht durch ihre Laster als durch Waffen besiegt.

Tacitus, Germania 22–23, zit. nach: Hans-Werner Goetz u. a. (Hg.), Altes Germanien, Teil 1, Darmstadt (Wiss. Buchgesellschaft) 1995, S. 145–147.

M 3 Archäologische Befunde über germanisches Leben östlich des Rheins

3 a) Germanische Rennfeueröfen für die Eisenschmelze, Höhe 140 cm, Rekonstruktion. Bei Wolkenberg fanden Archäologen ein Eisenverhüttungszentrum mit über 1000 Öfen.

3 b) Rekonstruktionszeichnung der germanischen Nordseesiedlung Feddersen Wierde, 3. Jh. n. Chr. Neben den großen Wohnstallhäusern (mit Flechtwänden) gab es Vorratsspeicher sowie kleinere eingetiefte Grubenhäuser, wo Frauen webten oder Männer handwerklich arbeiteten. Die Siedlung war von Prielen umgeben. Germanische Siedlungen umfassten selten mehr als 25 Wohneinheiten.

M4 Archäologische Befunde über römische Siedlungen nördlich der Alpen

4a) Plan des römischen Köln, Anfang 4. Jh. n. Chr.

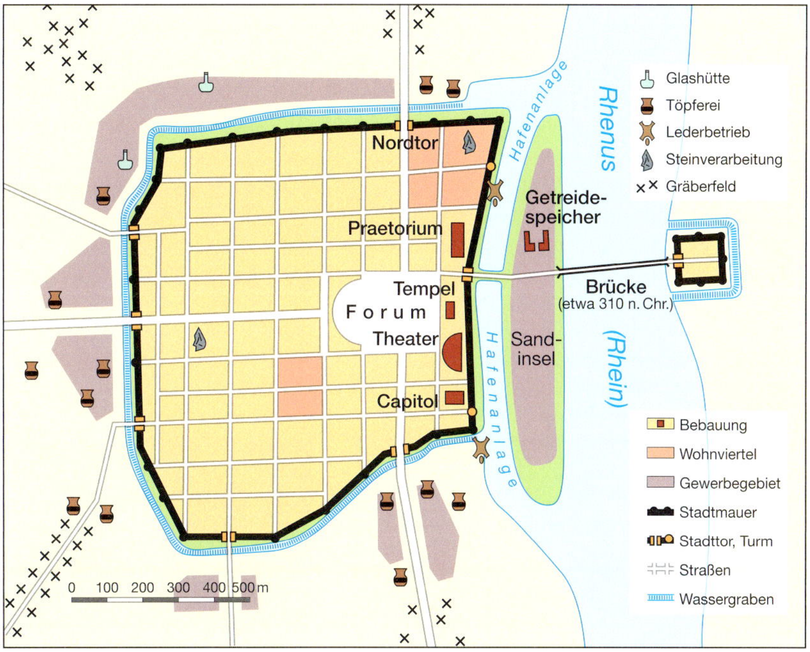

4b) Beigaben aus dem Frauengrab eines römischen Gutshofes (villa rustica) *in Wehringen (15 km südlich der römischen Provinzhauptstadt Augsburg, um 200 n. Chr.), darunter Öl- und Seifenbehälter, kosmetische Instrumente, ein Tintenfass, vier Bronzetüllen (evtl. von einem Stuhl oder Sofa).*

M5 Archäologie und Naturwissenschaften

Ein Archäologenteam schreibt (2000):

Die interdisziplinäre Zusammenarbeit zwischen der Archäologie als historische Wissenschaft und den Naturwissenschaften gewinnt zunehmend an Bedeutung. Dabei lassen sich vier Bereiche unterscheiden:

1. Rekonstruktion der Umwelt- und Lebensbedingungen: Zu den naturwissenschaftlichen Disziplinen, die sich mit diesem Thema beschäftigen, gehören die Archäobotanik (Analyse pflanzlicher Reste), die Archäozoologie (Untersuchung von Tierknochen) und die Paläoanthropologie (Bestimmung menschlicher Reste). Diese Untersuchungen werden heute standardmäßig bei allen größeren archäologischen Grabungen durchgeführt.

2. Prospektion: Untersuchung eines Gebietes vor Beginn der eigentlichen Ausgrabung, um im Boden liegende archäologische Strukturen zu lokalisieren und zu identifizieren. Zu den Methoden gehören neben der bereits seit langem etablierten Luftbildarchäologie die Magnetometerprospektion, Bodenwiderstandsmessungen und Bodenradar.

3. Altersbestimmung: Unter den zahlreichen Datierungstechniken am verbreitetsten sind die Radiokarbondatierung und die Dendrochronologie, bei der die Jahresringe antiker Bauhölzer gezählt werden. Ein gutes Beispiel für neuere dendrochronologische Forschungen bietet die Datierung von Bauhölzern der von Trient nach Augsburg führenden Via Claudia Augusta. Demnach wurde diese Hauptverbindungsstrecke von Italien in das bayerische Alpenvorland nach ihrer Erbauung im Jahre 46 n. Chr. bis 374 n. Chr. durchschnittlich in Abständen von 20 Jahren ausgebessert.

4. Herkunftsbestimmung: Mit verschiedenen Methoden wird versucht, das Produktionsgebiet archäologischer Objekte einzugrenzen und Aussagen über antike Handelsbeziehungen zu treffen. Die Objekte werden aufgrund ihrer chemischen oder mineralogischen Zusammensetzung und ihres Spurenelementegehaltes charakterisiert. Dazu werden zuvor bestimmte Referenzgruppen zum Vergleich benötig. Hierfür besonders geeignet ist antike Keramik.

Christof Flügel u. a., Archäologie und Naturwissenschaften, in: Ludwig Wamser u. a. (Hg.), Die Römer zwischen Alpen und Nordmeer, Katalog-Handbuch, Mainz (Philipp von Zabern) 2000, S. 304 f.

M6 Magnetogramm des römischen Kastells in Ruffenhofen, 1999.

– *Erkennbar sind Bauten aus Holz (dunkel) und Stein (hell). Deutlich zeichnen sich die Kastellmauer mit Türmen und Lagertoren sowie die vier Gräber ab. Die Gebäude im Zentrum des Lagers bestanden aus Stein (Stabsgebäude, Kommandantur, Getreidespeicher, Lazarett), die Mannschaftsbaracken aus Holz.*

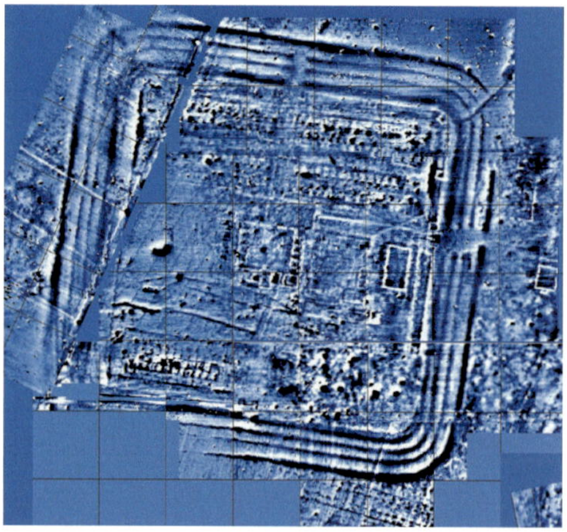

1 Welche Schlüsse lassen sich aus den Überlieferungen M2a bis d über römische bzw. germanische Lebensweisen ziehen? (Gruppenarbeit)
2 Finden Sie aus M3a, b bzw. M4a, b heraus, was die Funde über germanische bzw. römische Lebensweisen vermitteln (Gruppenarbeit). Inwieweit bestätigen Sie die Überlieferungen?
3 Werten Sie die schriftlichen Überlieferungen und die archäologischen Befunde (M2–M4) kritisch aus und präsentieren Sie Ihre Ergebnisse in einem Bericht (zu Römern bzw. Germanen).
4 „Zwischen römischer und germanischer Lebensweise bestand ein ‚Zivilisationsgefälle'." Diskutieren Sie diese These.
5 Referate: Stellen Sie eine der in M5 und M6 genannten archäologischen Methoden vor (mit Beispielen). Gehen Sie auf Leistungen und Grenzen des jeweiligen Verfahrens ein.

Arminius und die Varusschlacht – ein Mythos

Arminius – ein Germane in römischen Diensten

Als die Römer 6 n. Chr. eine Erhebung in Pannonien niederschlugen (siehe S. 102), kämpfte auf ihrer Seite auch ein junger Germane namens **Arminius** (um 18 v. Chr.–21 n. Chr.). Er stammte aus dem germanischen Volk der **Cherusker**, war römischer Staatsbürger, Ritter und befehligte römische Hilfstruppen, die sich aus Angehörigen seines Volkes zusammensetzten. Die Cherusker hatten sich kurz zuvor den Römern unterworfen, doch war ihr Land nicht als Provinz organisiert. Viele cheruskische Adlige traten wie Arminius in römische Dienste.

Als 7 n. Chr. Augustus mit P. Quinctilius **Varus** einen neuen Kommandeur nach Germanien entsandte, der die Romanisierung des rechtsrheinischen Gebietes beschleunigen sollte, bildete sich eine antirömische Koalition aus mehreren Germanenstämmen. **9 n. Chr.** wurde Varus in einen Hinterhalt gelockt und besiegt; mit ihm gingen fast drei Legionen zu Grunde. Der Schlachtort war lange umstritten. Neue archäologische Funde weisen auf den **Kalkrieser Berg bei Osnabrück.**

Die Germanen operierten keineswegs als Einheit. Zwischen den einzelnen Völkern und selbst unter den Cheruskern gab es große Differenzen, pro- und antirömische Positionen wechselten. Der Cheruskerfürst Segestes, Schwiegervater des Arminius, verriet den Aufstandsplan (vergeblich) an Varus. Aufgrund seiner Vertrautheit mit der römischen Kampfesweise konnte Arminius in dem Kampf eine Führungsrolle erlangen, die er auch in den folgenden Jahren zu wahren wusste. Während die Römer 14 bis 16 n. Chr. noch einmal versuchten, ihr Territorium bis zur Elbe auszudehnen, intensivierten sich auf germanischer Seite erneut die inneren Streitigkeiten. Nachdem es Arminius gelungen war, den römerfreundlichen Markomannenkönig Marbod nach Böhmen zurückzuschlagen, strebte er gegen starken Widerstand den Königstitel in seinem Volk an. 21 n. Chr. wurde er im Alter von 37 Jahren von Verwandten ermordet.

M 7 Anzeige des Magazins „National Geographic Deutschland" in „Der Spiegel", 2002

„Der Hermann, der edle Recke!" – Überlieferungen und Legenden

Der römische Historiker **Tacitus** (um 55–um 120 n. Chr.) hat später in seinen „Annalen" Arminius zum Befreier Germaniens stilisiert. Eine solche Darstellung setzt jedoch die Existenz einer rechtsrheinischen, von den Römern besetzten und verwalteten Provinz Germanien voraus. Diese gab es nicht. Arminius begann den Aufstand als Befehlshaber römischer Hilfstruppen und so könnte man seine Tat als eine Meuterei betrachten. Sein Ziel lag auch weniger in der Abschüttelung einer Herrschaft der Römer, in deren Dienste er sich freiwillig begeben hatte. Vielmehr versuchte er immer wieder, die Herrschaft über das Volk der Cherusker zu erlangen, indem er die Unzufriedenheit mit dem römischen Legaten Varus für seine Zwecke nutzte. Nach dem Tode des Arminius verblasste der Mythos des Siegers schnell. Im Mittelalter bewahrte nur das Heldenepos der Siegfriedsage Erinnerungen an Arminius.

Sein eigentliches Nachleben beginnt erst im 16. Jahrhundert, das heißt in der Zeit der Reformation. Die Reformatoren gaben Arminius den deutschen Namen **Hermann** und popularisierten ihn auf diese Weise. In einer seiner Tischreden lobt Martin Luther den „hertzog Herman": „Wenn ich ein poet wer, so wolt ich den celebriren. Ich hab in von hertzen lib." Der Humanist Ulrich von Hutten stellt ihn als Feldherrn an die Seite von Hannibal und Alexander. Im 18. Jahrhundert verfasste Friedrich Gottlieb Klopstock eine Dramentrilogie über „Hermann"; Arminius und seine Frau Thusnelda (neudeutsch „Tussy") wurden zum beliebten Opernstoff. Im Zeitalter der Französischen Revolution, Napoleons und des beginnenden Nationalismus machten **Heinrich von Kleist** und Christian Dietrich Grabbe mit Arminius-Dramen Stimmung gegen die Franzosen und für die deutsche Einheit. Victor von Scheffel dichtete im europäischen Revolutionsjahr 1848 das patriotische Lied („Als die Römer frech geworden"), auf den Erzfeind im Westen blickt auch der eherne Koloss des Bildhauers Ernst von Bandel (1800–1876), den dieser von 1803 bis 1875 für ein **Denkmal im Teutoburger Wald** schuf. **Heinrich Heine** stürzte den „edlen Recken" im „Wintermärchen" vom Sockel und heute leiht Arminius seinen Namen Biersorten, schlagenden Verbindungen und Fußballvereinen.

M8 Antike Quellen über Arminius

8a) P. Annius Florus, römischer Geschichtsschreiber zur Zeit Kaiser Hadrians, schreibt:

Doch ist es schwerer, Provinzen zu halten als sie zu schaffen; mit Streitkräften werden sie errichtet, [aber] mithilfe des Rechts behauptet. Daher war die Freude nur kurz: Da die Germanen eher besiegt als bezwungen waren, blickten sie unter dem Feldherrn Drusus eher argwöhnisch auf unsere Sitten als auf unsere Waffen; nach seinem Tod aber fingen sie an, die Ausschweifung und den Stolz des Varus Quintilius ebenso zu hassen wie seine Grausamkeit. Dieser wagte es sogar, eine [Gerichts-]Versammlung einzuberufen, und er hatte sie recht vorsichtig anberaumt, so als könne er der Wildheit der Barbaren mit den Stäben der Liktoren und der Stimme des Gerichtsdieners Einhalt gebieten. Jene aber, die es schon längst schmerzte, dass ihre Schwerter verrosteten und ihre Pferde schlapp würden, griffen unter der Führung des Arminius zu den Waffen, sobald sie merkten, dass Togen und Rechte grausamer waren als Waffen; unterdessen war das Vertrauen des Varus in den Frieden so groß, dass er sich nicht einmal rührte, als ihm die Verschwörung durch Segestes, einen der Fürsten, aufgedeckt wurde. Folglich griffen sie ihn, der nichts ahnte und so etwas nicht fürchtete, unvermutet losbrechend, von allen Seiten an, als er – welch eine Selbstsicherheit – zum Tribunal rief; das Lager wurde geplündert und drei Legionen wurden vernichtet. Als alles verloren war, ergab sich Varus dem gleichen Schicksal und derselben Stimmung wie Paulus nach dem Tag von Cannae. Nichts war blutiger als jene Katastrophe in Sümpfen und Wäldern, nichts unerträglicher als der Spott seitens der Barbaren, besonders jedoch gegen die Advokaten. Manchen [stachen] sie die Augen [aus], anderen schnitten sie die Hände ab, einem nähten sie den Mund zusammen, nachdem sie ihm zuvor die Zunge abgeschnitten hatten, die ein Barbar in der Hand hielt und dabei sagte: „Endlich, Natter, hast du aufgehört zu zischen.“ Sogar der Leichnam des Konsuls, den die Soldaten in ihrem Pflichtgefühl bestattet hatten, wurde ausgegraben. Noch heute besitzen die Barbaren Feldzeichen und zwei Adler, den dritten riss der Bannerträger los, bevor er in die Hände der Feinde fiel, trug ihn verborgen unter seinem Wehrgehenk und versank damit in dem blutigen Sumpf. Diese Niederlage bewirkte, dass die Herrschaft, die an der Küste des Ozeans nicht Halt gemacht hatte, [nun] am Ufer des Rheins zum Stehen kam.

Florus II 30, 29–39, zit. nach: Hans-Werner Goetz/ Karl-Wilhelm Welwei (Hg.), Altes Germanien, Teil 2, Darmstadt (Wiss. Buchgesellschaft) 1995, S. 51–53.

8 b) Der Geschichtsschreiber Sueton (um 70 bis 140 n. Chr.) in seinen „Kaiserbiografien“:
Schwere Einbußen und Niederlagen hat er [Augustus] überhaupt nur zwei und nirgends sonst als in Germanien hinnehmen müssen, die des Lollius und des Varus, doch bei Lollius war die Schande größer als der Schaden, die des Varus führte [dagegen] fast zum Untergang, als drei Legionen mit dem Feldherrn und den Legaten sowie sämtlichen Hilfstruppen erschlagen wurden. Auf diese Nachricht hin ordnete [Augustus] Wachen in der Stadt an, damit es nicht zu einem Aufstand kam, und er verlängerte die Befehlsgewalt der Provinzvorsteher, damit die Bundesgenossen von erfahrenen und eingewöhnten [Männern] im Zaum gehalten würden. Er gelobte auch dem Jupiter Optimus Maximus große Spiele, sobald sich der Zustand im Staat gebessert hätte, wie das im Krieg mit den Kimbern und Marsern geschehen war. Schließlich sei er, sagt man, so sehr außer Fassung geraten, dass er monatelang Bart und Haare wachsen ließ, manchmal seinen Kopf gegen die Tür stieß und laut rief: „Quinctilius Varus, gib [mir] die Legionen zurück!“ Den Tag der Niederlage habe er jährlich in Wehmut und Trauer verbracht.

Sueton, Augustus 23, zit. nach: Hans-Werner Goetz/ Karl-Wilhelm Welwei (Hg.), Altes Germanien, Teil 2, Darmstadt (Wiss. Buchgesellschaft) 1995, S. 63.

8 c) Tacitus schreibt in seinen „Annalen“:
Im Übrigen hatte Arminius, der nach dem Abzug der Römer und der Vertreibung Marbods nach der Königsherrschaft trachtete, den Freiheitssinn der Volksgenossen gegen sich, und als man mit Waffengewalt vorging, kämpfte er mit wechselndem Glück und fiel durch die Hinterlist seiner Verwandten. Er war ohne Zweifel der Befreier Germaniens, der nicht wie andere Könige und Heerführer das römische Volk in seinen Anfängen, sondern ein Reich in seiner ganzen Blüte herausgefordert und in den Schlachten mit wechselndem Erfolg [gekämpft hatte], im Krieg aber unbesiegt [geblieben war]. (3) Er vollendete 37 Lebensjahre, davon 12 im Besitz der Macht, und noch heute besingt man ihn bei den barbarischen Völkern, während er den Jahrbüchern der Griechen, die nur das Eigene bewundern, unbekannt ist und auch von den Römern kaum gerühmt wird: Während wir das Alte preisen, vernachlässigen wir das eben erst Vergangene.

Tacitus, Annalen II 88, 2–3, nach: Hans-Werner Goetz/Karl-Wilhelm Welwei (Hg.), Altes Germanien, Teil 2, Darmstadt (Wiss. Buchgesellschaft) 1995, S. 129.

M 9 Die Arminius-Darstellung in dem Drama „Hermannsschlacht“ (1808) von Heinrich von Kleist

Letzter Auftritt. Marbod mit Gefolge tritt auf.
Hinter ihm, von einer Wache geführt, Aristan,
Fürst der Ubier, in Fesseln. – Die Vorigen.
HERMANN *beugt ein Knie vor ihm.*
Heil, Marbod, meinem edelmütgen Freund!
Und wenn Germanien meine Stimme hört:
Heil seinem großen Oberherrn und König!
MARBOD
Steh auf, Arminius, wenn ich reden soll!
HERMANN
Nicht ehr, o Herr, als bis du mir gelobt,
Nun den Tribut, der uns entzweite,
Von meinem Kämmrer huldreich anzunehmen!
MARBOD
Steh auf, ich wiederhols! Wenn ich dein König,
So ist mein erst Gebot an dich: steh auf!
Hermann steht auf.
MARBOD *beugt ein Knie vor ihm.*

Heil, ruf ich, Hermann, dir, dem Retter von Germanien!
Und wenn es meine Stimme hört:
Heil seinem würdgen Oberherrn und König!
Das Vaterland muss einen Herrscher haben,
Und weil die Krone sonst, zur Zeit der grauen Väter,
Bei deinem Stamme rühmlich war:
Auf deine Scheitel falle sie zurück!
DIE SUEVISCHEN FELDHERRN
Heil, Hermann! Heil dir, König von Germanien!
So ruft der Suev, auf König Marbods Wort!
FUST *vortretend.*
Heil, ruf auch ich, beim Jupiter!
GUELTAR
Und ich!
WOLF UND THUISKOMAR
Heil, König Hermann, alle Deutschen dir!
Marbod steht auf.
HERMANN *umarmt ihn.*
Lass diese Sach, beim nächsten Mondlicht, uns,
Wenn die Druiden Wodan opfern,
In der gesamten Fürsten Rat, entscheiden!
MARBOD
Es sei! Man soll im Rat die Stimmen sammeln.
Doch bis dahin, das weigre nicht,
Gebeutst du als Regent und führst das Heer!
DAGOBERT UND SELGAR
So seis! – Beim Opfer soll die Wahl entscheiden.
MARBOD *indem er einige Schritte zurückweicht.*
Hier übergeb ich, Oberster der Deutschen,
Er winkt der Wache.
Den ich in Waffen aufgefangen, Aristan,
Fürsten dir der Ubier!
HERMANN *wendet sich ab.*
Weh mir! Womit muss ich mein Amt beginnen?
MARBOD
Du wirst nach deiner Weisheit hier verfahren.
HERMANN *zu Aristan.* –
Du hattest, du Unseliger, vielleicht
Den Ruf, den ich den deutschen Völkern,
Am Tag der Schlacht erlassen, nicht gelesen?
ARISTAN *keck.*
Ich las, mich dünkt, ein Blatt von deiner Hand,
Das für Germanien in den Kampf mich rief!
Jedoch was galt Germanien mir?
Der Fürst bin ich der Ubier,
Beherrscher eines freien Staats,
In Fug und Recht, mich jedem, wer es sei,
Und also auch dem Varus zu verbinden!
HERMANN
Ich weiß, Aristan. Diese Denkart kenn ich.
Du bist im Stand und treibst mich in die Enge,
Fragst, wo und wann Germanien gewesen?
Ob in dem Mond? Und zu der Riesen Zeiten?
Und was der Witz sonst an die Hand dir gibt;
Doch jetzo,ich versichre dich, jetzt wirst du
Mich schnell begreifen, wie ich es gemeint:
Führt ihn hinweg und werft das Haupt ihm nieder!
ARISTAN *erblasst.*
Wie, du Tyrann! Du scheutest dich so wenig?
MARBOD *halblaut, zu Wolf.*
Die Lektion ist gut.
WOLF
Das sag ich auch.
FUST
Was gilts, er weiß jetzt, wo Germanien liegt?
ARISTAN
Hört mich, ihr Brüder!
HERMANN
Führet ihn hinweg!
Was kann er sagen, das ich nicht schon weiß? *Aristan wird abgeführt.*
Ihr aber kommt, ihr wackern Söhne Teuts,
Und lasst, im Hain der stillen Eichen,
Wodan für das Geschenk des Siegs uns danken! –
Uns bleibt der Rhein noch schleunig zu ereilen,
Damit vorerst der Römer keiner
Von der Germania heilgem Grund entschlüpfe:
Und dann – nach Rom selbst mutig aufzubrechen!
Wir oder unsre Enkel, meine Brüder!
Denn eh doch, seh ich ein, erschwingt der Kreis der Welt
Vor dieser Mordbrut keine Ruhe,
Als bis das Raubnest ganz zerstört,
Und nichts, als eine schwarze Fahne,
Von seinem öden Trümmerhaufen weht!

Heinrich von Kleist, Werke, Bd. 1, hg. von Helmut Sembdner, München u. a. (Hanser) 1977, S. 625–628.

M10 Aus „Deutschland. Ein Wintermärchen" von Heinrich Heine (1844)

Das ist der Teutoburger Wald,
Den Tacitus beschrieben,
Das ist der klassische Morast,
Wo Varus stecken geblieben.
Hier schlug ihn der Cheruskerfürst,
Der Hermann, der edle Recke;
Die deutsche Nationalität,
Die siegte in diesem Drecke.
Wenn Hermann nicht die Schlacht gewann,
Mit seinen blonden Horden,
So gäb' es deutsche Freiheit nicht mehr,
Wir wären römisch geworden! [...]
Die Wahrheitsfreunde würden jetzt
Mit Löwen, Hyänen, Schakalen,
Sich raufen in der Arena, anstatt
Mit Hunden in kleinen Journalen.
Wir hätten Einen Nero jetzt
Statt Landesväter drey Dutzend.
Wir schnitten uns die Adern auf,
Den Schergen der Knechtschaft trutzend.[...]
Gottlob! Der Hermann gewann die Schlacht,
Die Römer wurden vertrieben,
Varus mit seinen Legionen erlag,
Und wir sind Deutsche geblieben!
Wir blieben deutsch, wir sprechen deutsch,
Wie wir es gesprochen haben;
Der Esel heißt Esel, nicht *asinus*,
Die Schwaben blieben Schwaben. [...]
Hermann, dir verdanken wir das!
Drum wird dir, wie sich gebühret,
Zu Dettmoldt ein Monument gesetzt;
Hab' selber subskribiret.

Zit. nach: Heinrich Heine, Deutschland. Ein Wintermärchen, München (dtv) 1997, S. 41–43.

M11 Aus Cees Nooteboom, „Berliner Notizen" (1991)

Der niederländische Schriftsteller Nooteboom erlebte 1989 in Berlin den Fall der Mauer mit und reiste anschließend durch Deutschland:
Teutoburger Wald. Wer Hermann war, wusste ich nicht, aber Teutoburger Wald klang wagnerianisch genug, um zum bleigrauen Himmel zu passen.

Sobald man den Unsinn der Autobahn hinter sich gelassen hat, findet die Welt auf eine geheimnisvolle Weise zu sich selbst: Land, Provinz, da, wo die unsichtbaren Menschen wohnen, die zähe Substanz, die korrigierend wie ein schweres Gewicht an den Erfindungen der Stadt hängt, die Mehrzahl, ein Landstrich, der sich in Tonfall, Dialekt und Gewohnheiten unterscheiden mag, den man aber in jedem Land als das meistens schweigende Wesen des Landes selbst erkennt. Hier war ich in Deutschland, wie ich am Abend zuvor, in Celle, wo ich übernachtete, in Deutschland war: Meine Mahlzeit dort hieß Herzögliche Entenvesper, und damit war alles gesagt, von der feudalreligiösen Ente auf meinem Teller bis hin zur restaurierten vornehmen Bürgerlichkeit in der Innenstadt – Aushängeschilder, Fachwerkhäuser und gotische Inschriften, eine Burg, ein Schloss, ein Weihnachtsmarkt mit Glühwein und Bäumen und Stille, Nacht, und eine Stunde später die stillste Nacht Europas, in der nur die Uhr meiner Schritte zwischen den geschlossenen Häusern der rechtschaffen Schlafenden zu hören war.

Nun suchte ich also Hermann, und alle wollten mir helfen, ihn zu finden, denn jeder wusste, wo er wohnte, und jeder war freundlich, zuvorkommend, und das war auch gut so, denn Hermann wollte von mir nicht gefunden werden, er versteckte sich hinter immer anderen Hügeln, Waldgrenzen, Regengüssen, bis ich endlich das Auto auf einem riesigen, so leeren Parkplatz neben einigen Trabis abstellen konnte, die traurig und fröstelnd von einem geilen Mercedes träumten. Wenn Hermann ihr erstes Reiseziel war, jetzt, wo sie nach so vielen Jahren ihre Umzäunung verlassen durften, was bedeutete das? Ich sah ihn noch immer nicht, bog in einen Waldweg ein, fortgetrieben vom Wind, schützte mein Gesicht vor dem peitschenden Regen, und durch diese Tränen hindurch sah ich ihn, einen Menschen so groß wie ein Leuchtturm, auf einem genauso turmhohen Sockel, sein Schwert schneidet in das Unwetter, er herrscht über die Welt. Seine Größe war atemberaubend; während ich mich unter ihm drehte, sah ich seine unbezwingbaren Waden, die übermannsgroßen Adlerflügel seines Helmes, die grau ausgehämmerten, mit Unheilsgrün bedeckten gebogenen Platten seines Röckchens, den geheimnisvollen, bleiernen, erstarrten Raum darunter. Über eine schmale Wendeltreppe konnte ich zu seinen mächtigen Füßen klettern, aber was auf der Erde nur ein normaler Sturm war, wurde dort oben ein Orkan. Hermann hielt sich tapfer, er wiegt denn auch gut 42 Tonnen, mit dem Sockel ist er über fünfzig Meter hoch, und er braucht keine Angst zu haben, dass sein Helm runter- oder sein Röckchen hochgeweht wird: er ist an ihm selbst mit 30924 Kupferschrauben befestigt. Ich hatte es schwerer, mit beiden Händen hielt ich mich am Geländer fest, blickte auf die verworrene Syntax der Städte und Dörfer in der Ferne und spähte wie ein Vogel in den düsteren Wald, in dem Hermann im Jahr 9 n. Chr. drei römische Legionen niedergemetzelt hatte. Weil er nicht wusste, dass es Deutschland gab, konnte er auch nicht wissen, dass er es befreit hatte, dennoch ist auf seinem Schwert zu lesen: Deutsche Einigkeit meine Stärke, meine Stärke Deutschlands Macht. Geschichte, diese alte anachronistische Lügnerin, konnte es sich mal wieder nicht verkneifen. Nun begreife ich auch, dass der frühere König von Preußen und der im selben Körper wohnende, spätere Alte Kaiser das Denkmal 1875 enthüllte (und auch, warum die Trabis hier stehen): So schien es, als ob zwischen Hermann und Wilhelm eine ununterbrochene Linie bestünde, als ob der gleiche Landstrich hier unter meinen Füßen nicht jahrhundertelang ein ausgeschüttelter Sack mit Herzogtümern und Königreichen gewesen wäre mit allen dazugehörenden Folgen. „Immer zerrissen und geteilt", sagte schon Hölderlin, und die Zahlen waren entsprechend: 1648, beim Westfälischen Frieden, gab es dreihundert souveräne deutsche Staaten, ein jeder mit seinem eigenen Hof oder Höfchen, seinem eigenen mehr oder weniger aufgeklärten Despoten und dem dazugehörenden Beamtentum samt Gehorsamkeitskult, was bis in dieses Jahrhundert hinein solche markanten Folgen gehabt hat.

Hermann hieß natürlich nicht Hermann, sondern Arminius. Ein durchgedrehter Klassiker machte diesen Fehler im 16. Jahrhundert, und der blieb an ihm hängen, was hat man schließlich von einem Volkshelden mit einem ausländischen Namen. Kaiser Augustus schickte den falschen Mann nach Germania, einen raffgierigen Schlappschwanz, der kurz davor noch Syrien ausrauben durfte, Publius Quinctilius Varus. Er mochte die Germanen nicht, dieser Varus („er bildete sich die Meinung, dass die Bewohner Menschen seien, die außer der Stimme nichts von Menschen an sich hätten"), und die Fehleinschätzung des Feindes ist immer die beste Voraussetzung für den Untergang. Hermann führt Varus hinters Licht, schlachtet ihn ab, und er hätte ruhig in den Geschichtsbüchern weitergeschlummert, wäre er nicht dem Bildhauer Ernst von Bandel des Nachts im Traum erschienen. Achtunddreißig Jahre arbeitete dieser Träumer – verspottet und verarmt, wie sich das gehört – an diesem Denkmal, und dann war es zwar noch nicht schön, wohl aber groß, so groß, dass sogar der Kaiser es zur Kenntnis nahm und beschloss, seinen Vorteil daraus zu ziehen. Als Frankreich und England schon längst zentral regierte Einheitsstaaten waren, blieb die deutsche Nation durch Streubomben in- und ausländischer Herkunft immer noch zersplittert, und daran war jeder gewöhnt, nicht zuletzt die Deutschen selbst.

Cees Nooteboom, Berliner Notizen, Frankfurt/M. (Suhrkamp) 1991, S. 139–143.

6 a) Arbeiten Sie aus M8a bis c die Unterschiede in den antiken Darstellungen des Arminius und der Schlacht 9 n. Chr. heraus.
b) Prüfen Sie anhand von M8a bis c, ob Ansätze einer Glorifizierung des Arminius schon in den antiken Überlieferungen zu finden sind.

7 a) In welcher Weise instrumentalisiert Kleist (M9) den Arminius-Stoff für seine Zwecke?
b) Zeigen Sie, welche unterschiedlichen Arminius-Bilder Heine (M10) und Kleist (M9) im 19. Jahrhundert zeichnen.

8 Hausarbeit: „Für Kleists Hermann gibt es Germanien und dessen Freiheit und sonst nichts. Das sind die obersten Werte, anderes gilt nicht – und wo doch, wird es abgeschafft. Menschlichkeit zum Beispiel und Moral" (Jan Ph. Reemtsma, 2000). Nehmen Sie Stellung.

9 Wie beschreibt Noteboom 1991 den Umgang der Deutschen mit ihrer Vergangenheit?

10 Untersuchen Sie, wie die moderne Werbung (M7) mit dem Arminius-Mythos spielt.

11 Wo kämpften Arminius und Varus? Eine Internet-Recherche (Stichwort: Varusschlacht).

Weiterführende Arbeitsanregungen zum römischen Germanien

„Ausflüge in die römische Antike" – Museen und Ausgrabungsstätten in Deutschland
In Deutschland kann man römische Geschichte an zahlreichen Stätten „vor Ort" untersuchen, insbesondere in den Gebieten von Rhein, Mosel, Donau und Alpen, wo die ehemaligen römischen Provinzen *Germania inferior, Germania superior, Belgica, Raetia* und *Noricum* lagen.

Übersichten und Linklisten zu Exkursionsorten:
www.phil.uni-erlangen.de/~p2latein/kirke/staettende.html
www.nfhdata.de (weiter über „Recherche", „Museen", „Römische Geschichte")

Das Römisch-Germanische Museum **Köln** präsentiert eine der umfangreichsten Sammlungen zur römisch-germanischen Kultur. Neben dem bekannten Römerpark in **Xanten** lohnt auch ein Besuch des kleineren Römermuseums **Haltern**, das Funde aus einem ehemaligen römischen Militärlager präsentiert und mit germanischen Lebensweisen vergleicht.

Zu den Stätten des Arminius-Mythos: Hermannsdenkmal und Ausgrabungsstätte Kalkries
Der Ort der Varusschlacht 9 n. Chr. wurde bis vor kurzem beim Hermannsdenkmal vermutet. Neuere Ausgrabungen weisen aber darauf hin, dass er mit großer Wahrscheinlichkeit in Kalkriese, bei Osnabrück lag. Zur Vorbereitung siehe: *www.geschichte.uni-osnabrueck.de/projekt/start.html*
Im Teutoburger Wald, in Hiddesen bei Detmold, steht das 1875 errichtete „Hermannsdenkmal". Hintergrundinformationen und praktische Reisetipps unter: *www.hermannsdenkmal.de*

Vorbereitung einer Exkursion
Neben einer Gruppe, die sich um die Organisation der Fahrt kümmert, sollten andere Einzelthemen vorbereiten und zu diesen vor Ort die Besichtigungsführung übernehmen. Hilfen zur Vorbereitung:
- Internet: siehe die oben genannten Linklisten und Museumsadressen
- Reiseführer
- Manche Museen halten Materialien bereit, die man vorab besorgen kann (Kosten klären!).

Literaturtipp
Die Römer zwischen Alpen und Nordmeer, Katalog-Handbuch, Mainz (Philipp von Zabern) 2000.

M 12 Karikatur von Gerhard Glück in „Die Zeit", Januar 2003

10 Das Christentum – Von der Sekte zur Staatsreligion

Die christlich geprägte **Überlieferung** hat nach dem Aufstieg des Christentums zur Staatsreligion im römischen Kaiserreich die ersten drei Jahrhunderte seiner Ausbreitung zu einer Zeit der Verfolgung und des Martyriums stilisiert. Der Historiker Paulus **Orosius**, der Anfang des 5. Jahrhunderts eine „Geschichte gegen die Heiden" schrieb, unterschied nach dem Vorbild der ägyptischen Plagen (mit denen im Alten Testament der jüdische Gott Ägypten heimsucht) zehn Epochen der Verfolgung von Kaiser Nero bis Diokletian.

Tatsächlich war das Christentum zu keiner Zeit durch Willkürmaßnahmen römischer Behörden in seiner Existenz bedroht. Die christliche Religion entwickelte sich in der Auseinandersetzung mit der hellenistischen Kultur im Osten des Reiches. Ihre rasche Ausbreitung beruhte auf der **Einheit des römischen Imperiums:** Hier dominierte eine Weltsprache, das Griechische; es gab ein Verkehrsnetz, das die Kommunikation erleichterte, und eine funktionierende Verwaltung. An den Grenzen des Reiches endete auch die Tätigkeit der Missionare.

Für den heutigen Betrachter gilt es Erklärungen dafür zu finden, wie es einer kleinen Sekte an der Peripherie des Römischen Reiches gelang, zur Staatsreligion aufzusteigen. Damit verbunden sind Fragen nach der Attraktivität des Christentums gegenüber vorhandenen antiken Religionen und deren Reaktion auf den Zulauf der Konkurrentin. Angesichts einer religiös relativ toleranten römischen Gesellschaft ist zudem erstaunlich, dass es immer wieder zu Konflikten kam bis hin zu Verfolgungen.

Religion im Römischen Reich – eine Herausforderung für den Staat?

Im Römischen Reich war die Religion Bestandteil der politischen Ordnung. Eine Trennung von Staat und Religion gab es nicht, Priester waren Beamte. Die Religion zielte nicht auf Erlösung des Einzelnen, sondern vornehmlich auf das Wohl des Staates. Der genaue Vollzug der Riten garantierte die Gunst der Götter und damit außen- und innenpolitische Erfolge. Die römische Religion war **polytheistisch** und der Staat versuchte fremde Religionen zu integrieren. Sie durften nur nicht gegen römische Wert- und Moralvorstellungen verstoßen oder **Staatskulte und Staatsgötter** ablehnen, denn dies hätte die Staatsordnung gefährden können.

Das Christentum: Ausbreitung – Anhänger – Konflikte

Seine Missionsreisen führten den **Apostel Paulus** (um 10–um 64 n. Chr.) entlang der großen Straßen und per Schiff auf dem Mittelmeer in die großen Städte und Handelszentren des römischen Imperiums. Das Christentum war zunächst eine urbane Religion. Erst seit dem 3. Jahrhundert gewann es auch auf dem Land an Einfluss. Zu den inneren Faktoren, die es begünstigten, zählte eine unter der damaligen Bevölkerung weit verbreitete **Sehnsucht nach Erlösern** und eine Tendenz zu **monotheistischen** Religionen. Auf Heiden, die dem Judentum zuneigten, übte es eine besondere Anziehungskraft aus. Fuß fasste es in den ersten Jahrhunderten vor allem in großen Städten wie Alexandria, Antiochia oder Rom, in weiten Teilen Kleinasiens, Thrakiens, Makedoniens und Thessaliens, aber auch in Mittelitalien und Afrika.

Anders als häufig vermutet war das Christentum nicht nur für untere soziale Schichten attraktiv. Ohne Zweifel zählten viele Sklaven, Arme und Bettler zu den Anhängern; auch ein hoher Anteil allein stehender Frauen, die Not litten, fand in christlichen Gemeinden Anerkennung und Hilfe. Die größte Zahl entstammte jedoch den mittleren Schichten, den **Händlern** und **Handwerkern.** Bei den eigentlich Wohlhabenden stieß die neue Religion zunächst auf wenig Interesse, auch wenn das Christentum kein egalitäres Prinzip verfocht, ohne revolutionären Anspruch blieb und nur eine Gleichstellung der Menschen vor Gott predigte.

Wesentlich zu seiner Verbreitung trug auch die römische **Toleranz** gegenüber Religionen aller Art bei. Zwar besaß das Christentum nicht wie das Judentum, dessen Anhänger vom Staatskult freigestellt waren, den Status einer *religio licita* (zugelassene Religion), doch kam es indirekt in den Genuss der damit verknüpften Privilegien, solange die Behörden es als jüdische Sekte betrachteten. Die Toleranz des römischen Staates endete, wo die Christen sich von staatlichen Festen und Opfermahlzeiten fern hielten oder mit dem Absolutheitsanspruch ihres Glaubens Staatskult und Staatsgötter ablehnten. Im römischen Denken, das für die staatliche Verehrung der Götter eine Gegenleistung von diesen erwartete, wurden sie so zu Staatsfeinden – zu Schuldigen an Epidemien, Naturkatastrophen oder militärischen Niederlagen. Wo die Christen aus religiösen Gründen nicht am öffentlichen Leben teilnahmen, die **Abgrenzung** von heidnischen Reichsbewohnern suchten, staatliche Feste, Theater- und Zirkusspiele mieden, gerieten sie rasch in den Verdacht einer politischen Sonderrolle oder gar des Aufruhrs. Zusammenkünfte ohne Trennung der Geschlechter, kultische Mahlzeiten, die Verehrung eines zur schmachvollen Strafe der Kreuzigung Verurteilten führten schnell zu **Vorurteilen;** sie erleichterten Schmähungen wie die der Eselsanbetung und führten zu Verleumdungen, mit denen Zauberei-, Kannibalismus- oder Inzestvorwürfe einhergingen.

Von der Verfolgung zur Anerkennung

Die erste bekannte Verfolgung von Christen ist in das Jahr 64 zu datieren. Kaiser **Nero** (Reg. 54 bis 68) versuchte damals die Unruhe in der *plebs urbana,* die nach einem verheerenden Brand Roms ausgebrochen war, zu dämpfen. Er präsentierte dem Volk Schuldige für das Unglück und ließ sie zum Tode verurteilen. Der Vorwurf der Brandstiftung war offenkundig unberechtigt, konnte aber auf Resonanz stoßen, da die Christen sich durch Selbstisolierung und abweichendes Verhalten zu Außenseitern der Gesellschaft gestempelt hatten.

Die Verfolgungen durch Nero, denen auch die Apostel Paulus und Petrus zum Opfer fielen, oder später durch **Domitian** (Reg. 81–96) blieben Einzelfälle. Rom erblickte in den Christen noch keine grundsätzliche Gefahr. **Trajan** (Reg. 98–117) verfügte, nicht nach Christen zu fahnden, aber Anzeigen nachzugehen, sofern sie nicht anonym erfolgten; wer Reue zeige, solle Gnade finden. Diese Anweisung bildete die Grundlage für das weitere Vorgehen römischer Magistrate. Die Statthalter tolerierten die Christen, schritten aber ein, wenn diese wegen der Aversionen der heidnischen Bevölkerung wider Willen zum Unruhepotenzial wurden.

Erst in einer schweren inneren und äußeren Krise des Reiches, das an seinen Grenzen von feindlichen Invasionen bedroht und gleichzeitig wirtschaftlich erschöpft war, begann eine reichsweite und systematische Verfolgung religiöser Abweichler. 249 zwang ein Edikt des Kaisers **Decius** alle Reichsbewohner, angesichts der bevorstehenden Feldzüge an öffentlichen Bitt- und Bußopfern für die Götter teilzunehmen. Das Christentum hatte sich von einer kleinen Sekte zu einer bedeutenden Institution entwickelt und so zählten Christen zu den Hauptbetroffenen dieser Maßnahme, auch wenn sie sich nicht explizit gegen sie richtete. Direkter Adressat waren sie 257/58, als Kaiser **Valerian** verfügte, Kleriker hinzurichten und das Vermögen von christlichen Adligen und Hofbeamten einzuziehen.

Die letzte und größte Verfolgung ordnete 303 Kaiser **Diokletian** an, der mit einer Wiederbelebung alter Sitten und Kulte das Reich konsolidieren wollte. Sie endete mit dem **Toleranzedikt (311)** des Kaisers Galerius. Das Christentum war bereits so erstarkt, dass alle Maßnahmen, es zu bekämpfen, fruchtlos blieben. **Konstantin** vereinbarte mit Mitkaiser Licinius die **Gleichstellung des Christentums** mit anderen Religionen (313); er selbst ließ sich kurz vor seinem Tode 337 taufen. Theodosius erklärte es zur **alleinigen Religion des Staates (391).**

Mit der Einsetzung von Bischöfen begann die Kirche sich zu einer mächtigen Institution zu entwickeln. Der Bischof von Rom, der sich als Nachfolger von Petrus betrachtete, kämpfte im Mittelalter mit Erfolg um eine Sonderstellung innerhalb der Kirche und gegenüber den Kaisern des Heiligen Römischen Reiches. Als **Papst** ist er bis heute Oberhaupt der katholischen Kirche.

Religiöse Grundlagen des Christentums

M1 Vorderseite eines frühchristlichen Reliquienkästchens mit Darstellungen aus dem Neuen Testament

M2 Aus der Botschaft von Jesus Christus

Aus der „Bergpredigt", Neues Testament, Matthäus-Evangelium 5,5–44 und 7,12:

5 Selig, die keine Gewalt anwenden;
denn sie werden das Land erben. […]
7 Selig die Barmherzigen;
denn sie werden Erbarmen finden. […]
9 Selig, die Frieden stiften;
denn sie werden Söhne Gottes genannt werden. […]
44 Ich aber sage euch: Liebt eure Feinde und betet für die, die euch verfolgen. […]
7,12 Alles, was ihr also von anderen erwartet, das tut auch ihnen! Darin besteht das Gesetz und die Propheten.

Zit. nach: Die Bibel. Einheitsübersetzung, hg. von Günter Stemberger/Mirjam Prager, München (Pattloch) 1991, S. 991–994. © für die Einheitsübersetzung: Katholische Bibelanstalt, Stuttgart 1980.

M3 Das Apostolische Glaubensbekenntnis der Christen (entstanden um 340)

1 Ich glaube an Gott, den Vater, den Allmächtigen, den Schöpfer des Himmels und der Erde,
2 und an Jesus Christus, seinen eingeborenen Sohn, unseren Herrn,
3 empfangen von der Jungfrau Maria,
4 gelitten unter Pontius Pilatus, gekreuzigt, gestorben und begraben,
5 hinabgestiegen in das Reich des Todes, am dritten Tage auferstanden von den Toten,
6 aufgefahren in den Himmel; er sitzt zur Rechten Gottes, des allmächtigen Vaters;
7 von dort wird er kommen, zu richten die Lebenden und die Toten.
8 Ich glaube an den Heiligen Geist,
9 die heilige katholische [evangelische Version: christliche] Kirche, Gemeinschaft der Heiligen,
10 Vergebung der Sünden,
11 Auferstehung der Toten
12 und das ewige Leben. Amen.

Zit. nach: Werner Trutwin, Die Weltreligionen. Christentum (Patmos) 1999, S. 85.

1 Erarbeiten Sie aus M2 bis M3 ethische Forderungen und Glaubensinhalte der Christen.
2 Stellen Sie ausgehend von M2 bis M3 Hypothesen zu folgenden Fragen auf:
a) Worin könnte die Attraktivität der christlichen Religion damals bestanden haben?
b) Welche Überzeugungen könnten Konflikte mit dem römischen Staat ausgelöst haben?
3 🚶 Referat: „Das Leben des Jesus von Nazareth". – Beachten Sie: Welche Informationen sind historisch gesichert, welche nur wahrscheinlich, wo liegen keine Informationen vor?

Hinweise zur Arbeit mit den Materialien

Im 10. Kapitel dieses Heftes geht es um die Herausbildung des Christentums.

Angesichts seiner raschen Verbreitung (Karte M5) bietet sich die Frage nach der **Attraktivität des Christentums in der römischen Antike** als Einstieg an. Auf der *Themensonderseite 118* finden sich dazu religiöse Quellen, in M4 ein geschichtswissenschaftlicher Sekundärtext.

Das **Wirken der Christen** und ihre teilweise rigorose Mentalität ist Thema des zweiten Abschnitts (M6, M7); zur Vertiefung: eine moderne psychohistorische Deutung (M8).

Wie sicher bzw. unsicher waren die **römischen Behörden** im Umgang mit der neuen Religion? Exemplarisch kann zu dieser Frage ein Briefwechsel zwischen dem Statthalter Plinius und Kaiser Trajan (M9a und b) herangezogen werden.

Der vierte Abschnitt ist den **religionspolitischen Wendepunkten** gewidmet: dem Dekret des Galerius (311) und der Vereinbarung zwischen Konstantin und Licinius (313; M10a, b). Inwieweit verbinden sich diese „Wende" und die große Verbreitung des Christentums mit der **Person Kaiser Konstantins?** Siehe dazu aus antiker und moderner Sicht M11a bis M12c.

Weiterführende Arbeitsanregungen S. 131: **„Ist die Kirche noch zu retten?"**

M4 Der Historiker Friedhelm Winkelmann über die Gründe für den Aufstieg des Christentums in der Antike (1996)

Das Christentum war eine Offenbarungsreligion. Von dem Gläubigen wurde eine klare Entscheidung gefordert. Die Pluralität der Standpunkte und das Prinzip des *do ut des*[1] waren verpönt. Das aber waren gerade die Grundpfeiler der heidnischen Umwelt, in der die Christen lebten. So konnte der christliche Anspruch Anstoß erregen, konnte aber auch klare Fronten schaffen, die man gerade im dritten Jahrhundert brauchte. Denn an die Stelle des Strebens nach Rationalität war in weiten Kreisen eine Heilssehnsucht getreten, die im Christentum ihr Ziel finden konnte.

Die geforderte Entscheidung galt einem alternativlosen Monotheismus. Die Vostellung eines höchsten Gottes war der antiken Philosophie nicht fremd. Schon früh tendierte diese zu einem abstrakten, für die Vielheit der Götter offenen Henotheismus (Ein-Gottesglaube, der die Verehrung mehrerer Götter nicht ausschließt). Vom zweiten Jahrhundert an wurden solche Tendenzen durch den Mithras- und den *Sol-invictus*-Kult noch verstärkt.

Die Christen machten jedoch von der Möglichkeit der Anknüpfung an solche Bestrebungen keinen Gebrauch. Sie sahen ihr Gegenüber vielmehr in der Volksfrömmigkeit, in der monotheistische Vorstellungen noch keinen Raum hatten. So stellten sie in Schwarz-Weiß-Malerei die Alternative „christlicher Gott oder heidnischer Götzendienst" auf.

Verehrt werden sollte aber keine abstrakte Gottheit, sondern ein persönlicher Gott, der Vater genannt wurde. Das war nun wirklich in der hellenistischen Welt etwas völlig Neues. Diese Vorstellung war der Tendenz der Zeit zur zunehmenden Transzendenz aller Autoritäten entgegengesetzt und konnte Vertrauen stiften. Dass dieser Vatergott von den Christen auch zugleich als der allmächtige Schöpfergott verstanden wurde, gab der ganzen Schöpfung, also dem Menschen und seiner Geschichte, der Erde, dem Kosmos, eine ganz neue Dimension. [...]

Paulus nannte als einen weiteren zentralen Punkt die Auferstehung Jesu, also die Überwindung des Todes, aus der dann auch die Auferweckung der Gläubigen resultierte. Das führte weit über die antike Vostellungswelt hinaus. Zwar gab es in der Antike für einige Auserwählte die Möglichkeit, seit dem 7. Jahrhundert v. Chr. durch die Teilnahme an den eleusinischen Mysterien und seit dem 5. Jahrhundert v. Chr. in der Sekte der Orphiker doch eine Chance des Überlebens im Jenseits zu erhalten. Zudem lehrten beispielsweise Platon, die Neupythagoreer und die Stoiker die Befreiung der Seele von der Materie und die damit gegebene Möglichkeit ihrer Fortdauer, aber davon unterschied sich die Todesüberwindung im christlichen Sinne als Hoffnung auf eine fleischliche Auferstehung. Sie stand im Kreuzfeuer heidnischer Kritik, da sie zu absurd erschien. […] Das Christentum konnte in der Hoffnungslosigkeit der Diesseitigkeit, die einem deutlich aus den uns überkommenen Grabinschriften entgegentritt, eine große Hoffnung bieten.

Paulus verwies weiter auf die Rettung im Letzten Gericht. Die Vorstellung einer Vergeltung nach dem Tode gab es schon vor ihrer klassischen Ausbildung im Judentum und Christentum, doch war ihr in Letzterem der Schrecken genommen. Christus war ja nicht nur so gestorben, wie es von einigen Göttern aus den orientalischen Kulten bekannt war, sondern sein Tod wurde als ein Sühneopfer für die Menschen gedeutet. […] Aber es war nicht nur die Angst vor dem Letzten Gericht, die aufgehoben war. Das Christentum bot mehr, nämlich eine Perspektive, die die Menschheit von ihren Anfängen bis in die Zukunft umschloss. Das menschliche Leben, die ganze Geschichte erhielt ein Ziel und damit einen Sinn.

Schließlich sei noch hervorgehoben, dass die Lehre der Menschwerdung Gottes in Jesus sowohl etwas dem Christentum Eigentümliches als auch sehr Bedeutsames war. Dem jüdischen Denken war diese Vorstellung fremd. Die griechische Welt dagegen kannte Götter in menschlicher Verkleidung, Halbgötter und Vergöttlichung von Menschen auf Grund ihrer Verdienste. Von dem allen unterschied sich die christliche Lehre: Gott nimmt das volle Menschsein auf sich, wird den Menschen ganz solidarisch, wird durch eine Frau geboren und erleidet das Menschsein bis zur äußersten Erniedrigung am Kreuz. […] Aus diesem Glauben ergaben sich wichtige Folgerungen für das christliche Verständnis des Menschseins überhaupt. Es wurde nicht entwertet, auch nicht teilweise. Zur Aktivität wurde der Mensch angespornt, Aktivität, die sich dem Nächsten gegenüber zu bewähren hatte. Aus dem Vertrauen erwuchs Tatkraft, nicht Skepsis.

Das waren Möglichkeiten, die die hellenistische Welt nicht zu bieten hatte und die offensichtlich eine immer größere Zahl von Menschen beeindruckten, wie aus der stetigen Ausbreitung des Christentums zu schließen ist.

Friedhelm Winckelmann, Geschichte des frühen Christentums, München (C. H. Beck) 1996, S. 74–77.

1 Do ut des = *ich gebe, damit du gibst; altrömische Formel für gegenseitige Austauschgeschäfte.*

M 5 Die Verbreitung des Christentums bis um 300 n. Chr.

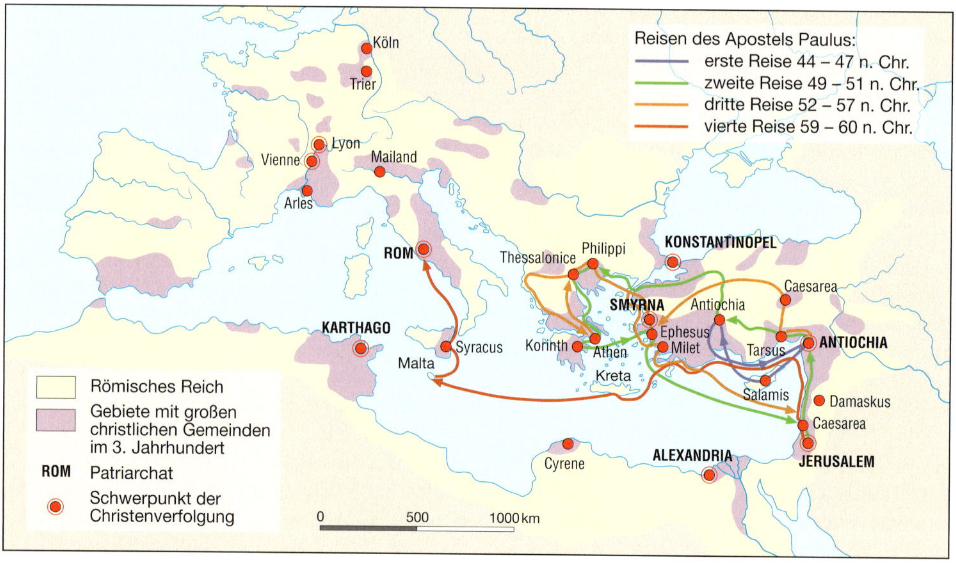

4 Erarbeiten Sie anhand von M4 Gemeinsamkeiten zwischen Christentum und anderen antiken Religionen.

5 a) Erläutern Sie, worin Winkelmann die Attraktivität des Christentums begründet sah.
b) Vergleichen Sie die Befunde aus M4 mit Ihren Hypothesen aus Aufgabe 2a, S. 118; erweitern und verändern Sie sie gegebenenfalls.

M6 Zeitgenossen über das Christentum

6a) Der griechische satirische Schriftsteller Lukian (um 120–nach 180 n. Chr.) schreibt in einer Biografie über „Peregrinus Proteus", einen Philosophen, der zum Christentum übertrat und sich 167 in Olympia selbst verbrannte:
Denn diese armen Leute haben sich in den Kopf gesetzt, dass sie mit Leib und Seele unsterblich werden und in alle Ewigkeit leben würden: Daher kommt es dann, dass sie den Tod verachten und dass viele von ihnen ihm sogar freiwillig in die Hände laufen. Überdies hat ihnen ihr erster Gesetzgeber beigebracht, dass sie alle untereinander Brüder würden, sobald sie den großen Schritt getan hätten, die griechischen Götter zu verleugnen und ihre Knie vor jenem gekreuzigten Sophisten zu beugen und nach seinen Gesetzen zu leben. Alles andere verachten sie durch die Bank, und sie halten es für eitel und nichtswürdig, ohne irgendeinen tüchtigen Grund zu haben, warum sie diesen Meinungen zugetan sind. Sobald also irgendein verschmitzter Betrüger an sie gerät, der die rechten Schliche weiß, so ist es ihm ein Leichtes, die einfältigen Leute an der Nase zu führen und gar bald auf ihre Unkosten ein reicher Mann zu werden.

Lukian, Peregrinus Proteus 13, Übers. Christoph Martin Wieland, Berlin (Aufbau) 1981, S. 34.

6b) Minucius Felix (um 200 n. Chr.), christlicher Rechtsanwalt aus Rom, schrieb den Dialog „Octavius"; darin streiten der Heide Caecilius Natalis und der Christ Octavius. Caecilius sagt:
(2) An geheimen Zeichen und Merkmalen erkennen sie einander und lieben sich schon, fast ehe sie sich noch kennen. Unterschiedslos vollziehen sie miteinander eine Art Ritual der Lüste; sie nennen einander Brüder und Schwestern, sodass die bei ihnen übliche Unzucht durch den Gebrauch eines so heiligen Wortes sogar zum Inzest wird. So prahlt ihr sinn- und gehaltloser Aberglaube noch mit seinen Verbrechen.

(3) Läge nicht auch etwas Wahres zu Grunde, würde die scharfsichtige Fama nicht die verschiedenen ungeheuerlichen Dinge berichten, für deren Erwähnung allein man schon um Entschuldigung bitten muss. Hört man doch, dass sie den Kopf eines gemeinen Tieres, eines Esels, aus ich weiß nicht was für einem Wahn heraus als heiligen Gegenstand verehren. Ein Kult, so recht angemessen, so recht gemacht für dieses ganze Unwesen!

(4) Andere wieder berichten, dass sie die Genitalien ihres Oberpriesters anbeten, also symbolisch die Zeugungskraft ihres Schöpfers verehren. Das mag vielleicht ein falscher Verdacht sein, immerhin passt er gut zu ihren nächtlichen Geheimriten. Und wenn es heißt, im Mittelpunkt ihrer Zeremonien stehe ein für seine Verbrechen mit dem Tode bestrafter Mensch samt den Kreuzeshölzern, dann wird damit diesen verlorenen, verbrecherischen Menschen ebendas als Heiligtum zugeschrieben, was zu ihnen passt: Sie verehren, was ihnen selbst gebührt.

(5) Und dann erst, was man sich über ihre Initiationsriten erzählt! Verabscheuungswürdig ist es und nur zu bekannt. Um die ahnungslosen Initianden zu täuschen, bedeckt man ein Kind mit Teig und legt es dem vor, der in ihre Mysterien eingeweiht wird. Der Neophyt[1] lässt sich, durch die Teighülle getäuscht, zu Stichen verleiten, bei denen er nichts Arges vermutet, und tötet so das Kind mit Wunden, die dem Auge verborgen bleiben. Das Blut dieses Kindes – welch furchtbarer Frevel! – lecken sie gierig auf und reißen sich noch um die zerstückelten Glieder. Das also ist das Opfer, mit dem sie sich verbrüdern, durch die Mitwisserschaft an diesem Verbrechen verbürgen sie sich gegenseitig Stillschweigen. Schlimmer als die Schändung eines Heiligtums sind Heiligtümer solcher Art.

(6) Auch über ihre Mähler weiß man Bescheid; man spricht allgemein davon und die Rede unseres Fronto aus Cirta ist ein weiteres Zeugnis mehr. An Festtagen kommen sie zum Gelage zusammen, mit all ihren Kindern, Schwestern und Müttern, Menschen

M7 Römische Spottinschrift aus einer Katakombe auf dem Palatin-Hügel, 2. Jh. n. Chr. – *Zeichen oben rechts: Y. – Textumschrift unten: ALE XAMENOS CEBETE TEON, Übersetzung: „Alexamenos verehrt [seinen] Gott.“*

beiderlei Geschlechts und jeglichen Alters. Dann, nach vielen Gängen, wenn die Gesellschaft erhitzt ist und in der Trunkenheit die Glut unreiner Begierde erwacht, wird ein Hund, der an den Leuchter gebunden ist, durch vorgeworfene Bissen, die außerhalb des Bereiches fallen, in dem ihn die Leine festhält, zu heftigen Sprüngen angereizt. Ist so das Licht, das alles an den Tag bringen könnte, umgestoßen und ausgelöscht, dann stürzen sie sich, schamlos im Schutz der Dunkelheit, in unerhörter Gier in die Umschlingungen, wie der Zufall es bringt. Und wenn auch nicht durch die Tat, so sind doch durch die Mitwisserschaft alle gleichermaßen des Inzestes schuldig; denn was auch immer sich bei den Handlungen der einzelnen ereignen mag, es liegt ja in der Absicht aller.

Minucius Felix, Octavius 9, 2–6, Übers. Bernhard Kytzler, Stuttgart (Reclam) 1977, S. 27–29.

1 Neophyt: ein in die Gemeinde neu Aufgenommener.

M8 Das frühe Christentum in einer modernen psychohistorischen Deutung

Der Graezist Eric Robertson Dodds (1893 bis 1979) beschäftigte sich mit psychologischen Deutungen der antiken Kultur. Über das Christentum schreibt er (1965):

Justinus der Märtyrer führt lobend einen Fall versuchter Selbstkastration an, und Origenes (sofern wir Eusebius Glauben schenken dürfen) kastrierte sich selbst, als er kaum dem Kindesalter entwachsen war. Später waren unter den Eremiten solche Handlungen nicht selten; im 4. Jahrhundert hielt man es für notwendig, sie durch das kanonische Recht[1] zu verbieten. Das Leben der Eremiten liefert zahlreiche abstoßende Beispiele für dauernde physische Selbstquälerei; Einzelne lebten jahrelang auf Säulenenden; einer sperrte sich selbst in eine Kiste, in der er sich nicht aufrichten konnte; manche verharrten ununterbrochen in aufrechter Stellung; manche legten sich selbst in schwere Ketten (das Skelett eines von ihnen mit Ketten und allem Drum und Dran ist in Ägypten gefunden worden); und wieder andere brüsteten sich mit solchen Bravourstücken wie völlige Abstinenz von Nahrung während der gesamten Fastenzeit. [...]

Was ich [...] zu zeigen versuchte, ist nur, dass die gesamte Kultur jener Zeit daran erkrankt war, dass sie die menschlichen Verhältnisse verachtete und den Körper hasste, dass die Symptome dieser endemischen[2] Krankheit sich abgeschwächt auch bei Helden mit rein hellenischer Bildung zeigten, während sie hauptsächlich bei Christen und Gnostikern[3] in ihrer extremeren Form zum Ausbruch kam; und dass diese Krankheit in vielfältigen Mythen und Fantasiegebilden ihren Ausdruck fand, von denen einige von griechischen, andere von orientalischen Vorbildern abgeleitet waren (des Öfteren mit veränderter Bedeutung oder anderem Akzent), während wieder andere offenbar neu sind. Ich neige dazu, die ganze Entwicklung weniger als eine von außen verursachte Infektion denn als endogene Neurose zu betrachten, als Anzeichen starker und weit verbreiteter Schuldgefühle. Das materielle Elend des dritten Jahrhunderts hat sie gewiß noch verstärkt, hervorgerufen aber hat es sie nicht, denn ihre Anfänge liegen [...] weiter zurück.

Eric Robertson Dodds, Heiden und Christen in einem Zeitalter der Angst, Übers. Hinrich Fink-Eitel, Frankfurt/M. (Suhrkamp) 1985, S. 42 f.

1 kanonisches Recht: kirchliches Recht
2 endemisch: in einem bestimmten Gebiet verbreitet
3 Gnostizismus: spätantike religiöse Bewegung, die Irdisches dämonisierte und dadurch Erlösung suchte.

6 a) Erarbeiten Sie aus M6a, b gemeinsame Elemente der antiken Kritik am Christentum.
b) Welche Vorwürfe würden Sie als reine Polemik bezeichnen? Begründen Sie Ihre Position.
7 Interpretieren Sie Bild M7.
8 Diskutieren Sie die Frage, warum die nichtchristliche Umwelt auf die neue Religion so reagierte, wie es in M6 und M7 überliefert ist.
9 a) Erläutern Sie antike christliche Ausprägungen von Askese und Selbstverletzung nach M8.
b) Kennen Sie heutige Formen und Gründe menschlicher Selbstverletzungen?
c) Nehmen Sie Stellung zur Deutung von M8.

M9 Wie soll man mit Christen umgehen? Briefwechsel zwischen C. Plinius Secundus (= Plinius der Jüngere; 61/62–113 n. Chr.), Statthalter von Bithynien (Türkei), und Kaiser Trajan (Reg. 98–117 n. Chr.)

Unschlüssig, wie er gegen Christen vorgehen sollte, die in seiner Provinz anonym denunziert worden waren, erbat sich Plinius den Rat des Kaisers, der in einem Reskript antwortete.

9 a) Plinius an Trajan:
Es ist mir ein Grundsatz, Herr, alles, worüber ich im Zweifel bin, Dir vorzutragen. Denn wer kann besser mein Zaudern lenken oder meine Unwissenheit belehren?

Gerichtlichen Untersuchungen gegen Christen habe ich noch niemals beigewohnt; daher weiß ich nicht, was und in welchem Maße bestraft oder untersucht zu werden pflegt. (2) Nicht geringe Zweifel habe ich, ob das Lebensalter einen Unterschied macht oder ob ganz junge Menschen überhaupt nicht von Erwachsenen unterschieden werden; ob der Reue Verzeihung gewährt wird oder ob es dem, der überhaupt einmal Christ war, nichts nützt, davon abgelassen zu haben; ob schon die bloße Bezeichnung, auch wenn kein Verbrechen vorliegt, oder nur mit der Bezeichnung „Christ" zusammenhängende Verbrechen bestraft werden.

Zwischenzeitlich habe ich bei denen, die bei mir als Christen angezeigt wurden, folgendes Verfahren angewendet: (3) Ich habe sie persönlich gefragt, ob sie Christen seien. Die Geständigen habe ich unter Androhung der Todesstrafe ein zweites und drittes Mal gefragt; die hartnäckig dabei blieben, ließ ich zur Hinrichtung abführen; denn ich war der Überzeugung – was immer es auch sei, was sie damit eingestanden –, dass auf alle Fälle ihr stures Festhalten und ihre unbeugsame Halsstarrigkeit bestraft werden müsse.
(4) Es gab noch andere von ähnlichem Fanatismus, die ich, weil sie römische Bürger waren, habe vormerken lassen für die Überstellung nach Rom.

Bald kamen – weil sich durch die Verhandlung selbst, wie das immer wieder vorkommt, die Anschuldigung weiter ausbreitete – mehrere verschieden gelagerte Fälle vor.

(5) Vorgelegt wurde eine anonyme Anzeige, welche die Namen vieler Personen enthielt. Diejenigen, die leugneten, Christen zu sein oder gewesen zu sein, habe ich geglaubt freilassen zu sollen, da sie mit einer von mir vorgesprochenen Formel unsere Götter anriefen und Deinem Bild, das ich zu diesem Zweck zusammen mit den Bildnissen der Götter hatte herbeibringen lassen, mit Weihrauch und Wein opferten, außerdem Christus fluchten, Dinge, zu denen, wie man sagt, die wirklichen Christen absolut nicht gezwungen werden können.

(6) Andere von dem Denunzianten Genannte erklärten, Christen zu sein, und leugneten es aber bald wieder: sie seien zwar welche gewesen, hätten aber davon abgelassen, manche vor drei Jahren, manche vor noch mehr Jahren, einige sogar vor zwanzig. Auch diese alle haben sowohl Dein Bild als auch die unserer Götter verehrt und Christus geflucht. (7) Sie versicherten aber, dies sei ihre ganze Schuld oder ihr ganzer Irrtum gewesen: dass sie an einem bestimmten Tag vor Sonnenaufgang sich zu versammeln pflegten, um Christus, ihrem angeblichen Gott, ein Lied im Wechselgesang zu singen und sich durch ein Gelöbnis nicht etwa zu irgendeinem Verbrechen zu verpflichten, sondern keinen Diebstahl, keinen Raubüberfall, keinen Ehebruch zu begehen, ein Versprechen nicht zu brechen, eine Schuld – falls angemahnt – nicht abzuleugnen. War das vorüber, seien sie gewöhnlich auseinander gegangen und dann wieder zusammengekommen, um Speise zu sich zu nehmen, doch ganz gewöhnliche und harmlose; selbst das hätten sie nicht mehr getan nach meinem Edikt, durch das ich, entsprechend Deinen Richtlinien, die Existenz von Vereinigungen verboten hatte. (8) Für umso notwendiger hielt ich es, von zwei Mägden, die Diakonissen genannt wurden, die Wahrheit, und zwar unter der Folter, herauszubekommen. Ich habe nichts anderes gefunden als einen verschrobenen, maßlosen Aberglauben. (9) Deshalb habe ich die weitere Untersuchung aufgeschoben und mich beeilt, Dich zu konsultieren. Es schien mir nämlich diese Angelegenheit eine Rückfrage zu verdienen, besonders wegen der Anzahl der gefährdeten Personen; denn viele jeden Alters, jeden Standes, sogar beiderlei Geschlechts werden jetzt und in Zukunft in Gefahr gebracht. Nicht nur über die Städte, sondern auch über die Dörfer und das Land hat sich die Seuche dieses Aberglaubens verbreitet; es scheint, sie kann aufgehalten und in die richtige Bahn gelenkt werden. (10) Jedenfalls steht ziemlich sicher fest, dass die schon fast vereinsamten Tempel wieder besucht, die lange ausgesetzten feierlichen Opfer wieder aufgenommen und überall Opferfleisch zum Verkauf angeboten wird, für das sich bisher nur ganz selten ein Käufer fand. Daraus lässt sich leicht denken, welch eine Menge von Menschen zur Vernunft gebracht werden kann, wenn man ihrer Reue Raum gibt.

9b) Trajan an Plinius:
Du hast, mein Secundus, bei der Untersuchung von Fällen solcher Personen, die bei Dir als Christen angezeigt worden waren, eine Verfahrensweise befolgt, wie Du musstest. Denn irgendetwas Allgemeingültiges, was gleichsam einen festen Rahmen böte, kann nicht festgelegt werden. Fahnden soll man nicht nach ihnen; wenn sie aber angezeigt und überführt werden, sind sie zu bestrafen, doch so, dass, wer leugnet, ein Christ zu sein, und das durch die Tat offenkundig macht, das heißt: durch Anrufen unserer Götter – wie verdächtig er auch im Hinblick auf die Vergangenheit bleibt – Verzeihung aufgrund seiner Reue erhält.

(2) Anonym vorgelegte Anzeigen aber dürfen bei keinerlei Anklage eine Rolle spielen; denn das gibt ein sehr schlechtes Beispiel und passt nicht in unsere Zeit.

M9a und b: Plinius der Jüngere, Briefe, Übers. Werner Krenkel, Berlin u. a. (Aufbau), 1984, S. 337–339.

10 a) Skizzieren Sie in Stichworten, wie sich Plinius gegenüber den Christen verhält (M9a).
b) Beurteilen Sie sein Verhalten unter folgenden Aspekten:
- Wo ist sich Plinius unsicher?
- Wie gewichtet er den Aspekt des Aufruhrs?
- Wo zeigt er sich tolerant?

11 Ordnen Sie M9a historisch ein.

12 a) Resümieren Sie die Antwort des Kaisers Trajan (M9b).
b) Inwieweit ist die Antwort geeignet, die von Plinius aufgeworfenen Probleme zu lösen?

M 10 Die „konstantinische Wende“

10a) Kaiser Galerius (Reg. 305–311) erließ kurz vor seinem Tode folgendes Edikt (311):

1. Unter dem Übrigen, was wir immer zum Vorteil und Nutzen des Staates angeordnet hatten, wollten wir bisher auch nach den alten Gesetzen und den öffentlichen Grundsätzen der Römer alles verbessern und darauf achten, dass auch die Christen, die die Lehre ihrer Väter verlassen hatten, zur Vernunft zurückkehren. 2. Aus irgendeinem Grund hat diese Christen ein solcher Wille erfasst und eine solche Dummheit ergriffen, dass sie nicht [mehr] jenen Einrichtungen der Alten folgten, die vielleicht ihre eigenen Vorfahren eingeführt hatten. Sondern nach ihrem eigenen Willen, wie es ihnen beliebte, gaben sie sich selbst Gesetze, die sie befolgten, und riefen überall verschiedene Leute zusammen. 3. Nachdem wir befohlen hatten, zu den Einrichtungen der Alten zurückzukehren, wurden viele von ihnen den Gerichtsprozessen unterworfen, viele wurden auch vertrieben. 4. Und als die meisten auf ihrem Vorsatz bestanden und wir sahen, dass sie [so] weder den Göttern Gottesdienst oder die angemessene Verehrung zuteil werden ließen noch den Gott der Christen verehrten, da betrachteten wir unsere mildeste Güte und immer währende Gewohnheit, allen Menschen Gnade zu gewähren, und wir glaubten unsere freimütigste Nachsicht auch auf die Christen ausdehnen zu müssen. Sie sollen von neuem Christen sein und ihre Gemeinden sammeln, solange sie nichts gegen die öffentliche Ordnung tun. 5. Durch einen anderen Brief werden wir den Richtern bekannt geben, was sie beachten sollen. Daher schulden die Christen nun gemäß der Tatsache, dass wir ihnen Nachsicht gewährt haben, für unser Heil, für das Heil des Staates und ihr eigenes Heil zu beten, damit der Staat in jeder Weise unbeschädigt bleibt und sie in ihren Wohnungen in Sicherheit leben können.

10b) Mailänder Vereinbarung zwischen Konstantin und Licinius (313):

Ich, Kaiser Konstantin, und ich, Kaiser Licinius, sind bei Mailand glücklich zusammengekommen und haben alle Angelegenheiten öffentlicher Wohlfahrt und Sicherheit beraten. Unter dem Übrigen, was wir für viele Menschen als nützlich ansahen oder was zuerst geordnet werden musste – darunter war die Frage nach der Verehrung der Gottheit enthalten – meinten wir sowohl den Christen als auch allen anderen die Freiheit geben zu müssen, die religiöse Macht zu verehren, die sie wollen. So kann sich jede Gottheit auf dem Thron des Himmels uns und allen, die unserer Herrschaft unterworfen sind, gnädig und gewogen erzeigen.

3. Und so meinten wir mit gesunder und vernünftiger Überlegung, diesen Entschluss fassen zu müssen: Wir wollen keinem verbieten, sich der Religion der Christen oder der Religion, die jeder für sich selbst als die angemessenste betrachtet, zuzuwenden. So kann uns die höchste Gottheit, deren Religion wir [so] mit freiem Sinn folgen, in allem ihre gewohnte Güte und Gnade erweisen. 4. Damit kann Deine Geneigtheit erkennen, dass es uns gefallen hat, ausnahmslos alle Bestimmungen, die wir früher an Deine Dienstbeflissenheit geschrieben haben und die sich auf die Sache der Christen bezogen, aufzuheben. Sie erschienen als ganz und gar unglücklich. Und unserer Milde waren sie fremd. Nun soll jeder von denen, die sich der Religionsausübung der Christen anschließen wollen, sich frei und einfach, ohne eine Beunruhigung oder Belästigung fürchten zu müssen, dazu entscheiden können, diese Religion auszuüben. 5. Und dies glauben wir Deiner Besorgtheit ganz deutlich bekannt machen zu müssen: Du sollst erkennen, dass wir den Christen freie und absolute Vollmacht gegeben haben, ihre Religion auszuüben. 6. Und wenn Du erkennst, dass ebendies den Christen von uns gewährt wurde, dann wird Deine Ergebenheit bemerken, dass ich auch den anderen im Interesse der Ruhe unserer Zeit eine gleich offene und freie Vollmacht für ihre Religion und ihre Religionsausübung gegeben habe. So soll jeder die uneingeschränkte Möglichkeit haben, zu verehren, was er sich dazu erwählt hat. Das wurde von uns [so] eingerichtet, damit keine Gottesverehrung und keine Religion von uns benachteiligt erscheint.

7. Und wir glauben, dass im Blick auf die Stellung der Christen Folgendes festgesetzt werden muss: Wenn jemand die Stätten, wo

die Christen früher zusammenzukommen pflegten (darüber waren auch in früheren Briefen an Deine Dienstbeflissenheit deutliche Anweisungen enthalten), in früherer Zeit von unserem Staatsbesitz oder sonst jemandem gekauft hat, der muss sie den Christen ohne Geldabgabe oder Entschädigung und ohne irgendwelche Verzögerungen und Umständlichkeiten zurückgeben. 8. Und diejenigen, die in Besitz einer solchen Stätte durch Geschenk gelangt sind, sollen sie ebenfalls den Christen möglichst bald zurückgeben. Und sowohl diejenigen, die eine solche Stätte gekauft haben, als auch diejenigen, die durch Geschenk in ihren Besitz gekommen sind, sollen, wenn sie etwas von unserer Güte erlangen wollen, sich an unseren Stellvertreter wenden, damit auch ihnen durch unsere Güte geholfen wird. Jedenfalls soll dies alles durch Deine Vermittlung der Körperschaft der Christen sofort und ohne Verzögerung übergeben werden. 9. Nun besaßen die Christen nicht nur die Stätten, wo sie zusammenzukommen pflegten, sondern auch anderes, was ihrer Körperschaft, d. h. der Kirche gehörte, nicht aber Privatpersonen. Daher, wenn dies bekannt wird, sollst Du befehlen, dass dies alles nach dem Gesetz – das wir oben dargelegt haben –, ohne jede Zweideutigkeit und ohne jeden Widerspruch diesen Christen, d. h. ihrer Körperschaft und ihren Gemeinden, zurückgegeben wird. Dabei wird selbstverständlich das oben Gesagte auch in dem Sinne beachtet, dass diejenigen, die – wie wir oben gesagt haben – diese Güter ohne Erstattung zurückgeben, auf einen Ausgleich von unserer Güte hoffen dürfen. 10. In all diesen oben erwähnten Dingen sollst Du der Körperschaft der Christen Deine wirksame Vermittlung erweisen, damit unsere Vorschrift möglichst schnell durchgeführt und auch dadurch die öffentliche Ruhe durch unsere Milde bewahrt wird. 11. So geschieht es [dann], dass – wie oben dargestellt – die göttliche Gnade uns gegenüber, die wir in so wichtigen Dingen erfahren konnten, bei allen unseren Unternehmungen und bei der öffentlichen Wohlfahrt für alle Zeit in beglückender Weise erhalten bleibt. 12. Damit aber der Wortlaut dieser Vorschrift unserer Güte allen bekannt werden kann, soll dieses Schreiben durch Deine Bekanntmachung veröffentlicht und überall ausgehangen und zur Kenntnis aller gebracht werden, damit diese Vorschrift unserer Güte nicht verborgen bleiben kann.

M10a und M10b: Volkmar Keil (Hg.), Quellensammlung zur Religionspolitik Konstantins des Großen, 2. Aufl., Darmstadt (Wiss. Buchgesellschaft) 1995, S. 41–43 und 59–63.

13 a) Finden Sie aus M10a heraus, wem Galerius 311 „freimütigste Nachsicht" gewährte.
b) Erläutern Sie die Motive seines Handelns.
c) Welche Kritik übt er am bisherigen Verhalten der Christen? Bewerten Sie die Kritik.

14 a) Untersuchen Sie das Toleranzedikt von 313 im Hinblick auf die besondere Rolle, die dem Christentum zugeschrieben wird (M10b).
b) Vergleichen Sie M10b mit M10a. Benennen Sie Gemeinsamkeiten und Unterschiede.
c) Stellen Sie Quelle M10b in den historischen Kontext und erörtern Sie, ob man von einer „konstantinischen Wende" sprechen kann.

15 „313 markiert das Ende der Antike und den Beginn des Mittelalters". Nehmen Sie Stellung.

M11 Kaiser Konstantin im Urteil antiker Überlieferungen

11 a) S. Aurelius Victor (um 320–nach 389 n. Chr.), römischer Geschichtsschreiber. Er war Statthalter in Pannonien, 389 Stadtpräfekt von Rom und verfasste u. a. 50 Kaiserbiografien von Augustus bis Constantius II.:

Es ist daher ausgemacht, dass zumal die Kaiser der Bildung, des Geschmacks und eines umgänglichen Wesens bedürfen, während natürliche Vorzüge ohne diese Eigenschaften, da sie dann als unzivilisiert oder gar ruppig gelten, der Verachtung anheim fallen, wohingegen sie dem Perserkönig Kyros[1] unvergänglichen Ruhm eingebracht haben. Zu meiner Zeit aber haben gerade sie Konstantin, den schon durch seine sonstigen Vorzüge Herausragenden, durch den allgemeinen Beifall zu den Sternen erhoben. Denn in der Tat, wenn er der Großzügigkeit, dem Ehrgeiz und all den Eigenschaften Zügel angelegt hätte, durch die zumal starke Charaktere, in ihrem Streben nach Ruhm allzu weit vorangetrieben, ins Gegenteil abgleiten, dann wäre er von einem Gott nicht sonderlich weit entfernt.

Aurelius Victor, De Caesaribus 40, 13–15, Übers. Kirsten Groß-Albenhausen/Manfred Fuhrmann, Zürich u. a. (Artemis) 1997, S. 129.

1 Kyros II.: Perserkönig 559–529 v. Chr.; erlaubte die Rückkehr der gefangenen Juden aus Babylon.

11 b) Paulus Orosius (Anf. 5. Jh. n. Chr.), Presbyter aus Bracara (heute: Braga/Portugal), schreibt in seiner „Geschichte gegen die Heiden":
(23) In diesen Tagen stellte Arius, ein Priester der Stadt Alexandria, von der Wahrheit des katholischen Glaubens abweichend, ein für sehr viele unheilvolles Dogma auf.[1] (24) Dieser wurde, sobald er erstmals in Alexandria unter den allgemein verwirrten Anhängern und Gegnern bekannt, ja berüchtigt worden war, von Alexander, dem damaligen Bischof der Stadt, aus der Kirche vertrieben. (25) Als er die Menschen, die er zum Irrtum verleitet hatte, auch noch zum Aufruhr aufhetzte, wurde in Nikaea, einer Stadt Bithyniens, eine Zusammenkunft von 318 Bischöfen veranstaltet. Durch diese [Bischöfe] wurde das ganz offenkundig als unheilvoll und nichtswürdig erkannte Dogma der Arianer öffentlich bekannt gemacht und verworfen. (26) Unter den damaligen Vorgängen bleiben allerdings die Gründe verborgen, warum der Kaiser Konstantin das zur Bestrafung der Ungläubigen bestimmte Schwert der Rache auch gegen die eigenen [Verwandten] führte. Er tötete nämlich seinen Sohn Crispus und Licinius, den Sohn seiner Schwester. Außerdem unterwarf er viele Völker in verschiedenen Schlachten. (27) Eine Stadt mit seinem Namen gründete er als erster, ja als einziger römischer Kaiser. Sie, die als einzige ohne Götzenbilder von einem christlichen Kaiser gegründet war, stieg in kürzester Zeit so weit auf, dass sie allein [nur] mit dem in so vielen Jahrhunderten und unter so viel Elend emporgestiegenen Rom, der Schönheit und dem politischen Einfluss nach zu Recht, verglichen werden kann. (28) Damals hat Konstantin als Erster in gerechter und frommer Ordnung einen Wechsel herbeigeführt: Durch ein Edikt ordnete er an, ohne menschliches Blutvergießen die Tempel der Heiden zu schließen. (29) Alsbald vernichtete er sehr tapfere und zahlenmäßig starke Stämme der Goten selbst tief im Barbarenland, im Gebiet der Sarmaten. (30) Einen gewissen Calocaerus, der auf Zypern nach Umsturz trachtete, unterdrückte er. Anlässlich seines dreißig-jährigen Regierungsjubiläums erwählte er Dalmatius als Caesar. (31) Als er den Krieg gegen die Perser unternahm, starb er in der staatlichen Villa bei Nikomedia, wobei er den wohl geordneten Staat den Söhnen übergab.

Orosius, Die antike Weltgeschichte in christlicher Sicht VII, 23–31, Übers. Adolf Lippold, Zürich u. a. (Artemis) 1986, S. 190 f.

1 Nach Arius (gest. 335) ist Jesus Gott-Vater untergeordnet, d. h. Gott-Vater und sein Sohn Jesus sind nicht wesensgleich. 325 wurde die arianische Ansicht, im Gegensatz zur „katholischen" Auffassung von der Wesensgleichheit, auf dem Konzil von Nikaea verworfen (Konzil: außerplanmäßige kirchliche Zusammenkunft zur Klärung von Streitfragen).

M 12 Probleme – Wertmaßstäbe – Thesen: Konstantin in der modernen Forschung

12 a) Bruno Bleckmann (geb. 1962), Historiker, in einer Biografie über Konstantin (1996):
Ein Charakterbild Konstantins zu gewinnen ist nicht nur deshalb schwierig, weil man nur wenig von der Atmosphäre kennt, in der er lebte. Auch die wenigen Nachrichten über persönliche Züge des Kaisers erweisen sich bei näherer Beobachtung als verdächtig. Die *Epitome de Caesaribus* berichtet, der Kaiser sei eher „ein spottender Zyniker als von angenehmem Umgang gewesen" und habe deshalb im Volksmund den Beinamen „Trachala" (was am ehesten mit „arroganter Steifhals" wiederzugeben ist) erhalten. Dagegen erfährt man vom Zeitgenossen Euseb[1] genau das Gegenteil: Der Kaiser sei, als er im Konzil von Nikaea mit den Bischöfen verhandelte und mit großem Entgegenkommen sogar die griechische Sprache gebrauchte, ausgesprochen „freundlich und angenehm" gewesen. Man muss zur Vermutung gelangen, dass Angaben über Charakterzüge des Kaisers nur eine Funktion der jeweiligen negativen oder positiven Gesamttendenz der Berichte sind.

Die Deutung der Persönlichkeit Konstantins bleibt unter diesen Umständen vor allem der Fantasie der Historiker überlassen.

Das erklärt die erstaunliche Breite der bisher unternommenen Charakterisierungsversuche, von denen man angesichts der geringen Verifizierungsmöglichkeiten allenfalls einige Extreme verwerfen kann, etwa die im pietistischen Umfeld zuerst formulierte und dann durch Jacob Burckhardt [1818 bis 1897] berühmt gewordene Vorstellung, Konstantin habe als skrupelloser und machtbewusster Machiavellist die christliche Religion ohne innere Anteilnahme für seine politischen Zwecke missbraucht. Eine gewisse Beschränkung in der Bandbreite möglicher Interpretationen ergibt sich ferner daraus, dass Konstantin kaum in einer anderen Vorstellungswelt gelebt haben kann als seine unmittelbaren Vorgänger und Kollegen im Kaiseramt. Constantius Chlorus, der Vater Konstantins, gehörte zum Kreis der vor allem aus dem Illyricum rekrutierten Berufsoffiziere, die im Verlauf des dritten Jahrhunderts die oft dilettierenden Herren des alten Senatorenadels aus den bis dahin für sie reservierten militärischen Führungspositionen verdrängt und damit für Leute ihresgleichen den Weg zum Kaisertum gebahnt hatten. Eine gute Presse haben die illyrischen Kaiser bei der vom senatorischen Standpunkt aus urteilenden Bildungselite nicht gehabt.

Im Unterschied zu seinen Mitherrschern und Konkurrenten hatte Konstantin allerdings während seiner ganzen Regierung Erfolg. Von den um 311 herrschenden fünf Kaisern konnte sich Konstantin durch Glück und politisch-militärisches Geschick schließlich als Einziger durchsetzen und durfte danach als Alleinherrscher noch dreizehn Jahre lang über ein an allen Grenzen gefestigtes Imperium herrschen. Schon durch die bloße Länge seiner Regierungszeit von dreißig Jahren hatte er überhaupt alle seine Vorgänger mit Ausnahme des Augustus übertroffen. Man kann annehmen, dass einige zeitgenössische lobende Äußerungen trotz ihrer Orientierung an höfischen Floskeln in authentischer Weise das ehrliche Staunen widerspiegeln, das die beispiellose Karriere dieses Kaisers auslöste. Eine Inschrift bezeichnet Konstantin als den „Glücklichsten und über das Maß aller früheren Kaiser Frömmsten und Siegreichsten". Euseb rühmt den Kaiser als „Sieger, der allein von den Imperatoren, die je gelebt haben, unüberwindlich und unbesiegbar war, im Gegenteil immer siegte und sich allezeit der Siegesdenkmale gegen seine Feinde erfreuen konnte". Und ebenso scheint auch der heidnische Athener Praxagoras, wie aus einer späten Inhaltsangabe zu seiner verschollenen Biografie des Kaisers hervorgeht, betont zu haben, „dass der Kaiser Konstantin mit jeder Tugend und menschlicher Vollendung, aber auch durch sein ganzes Glück alle Kaiser, die vor ihm geherrscht hatten, in den Schatten gestellt hatte".

Bruno Bleckmann, Konstantin der Große, Reinbek (Rowohlt) 1996, S. 18 f.

1 Eusebios (um 260–339): Bischof von Caesarea, schrieb das erste Kirchengeschichtswerk.

M 13 Gianlorenzo Bernini (1598–1680), Reiterfigur Konstantins, Petersdom, Rom

12 b) Der Historiker Manfred Clauss (geb. 1945) in seiner Biografie über Konstantin (1996):

Nur wenige antike Persönlichkeiten sind in der modernen Forschung so häufig und so kontrovers diskutiert worden wie Konstantin. Die Urteile über diesen Herrscher reichen vom religiös indifferenten „egoistischen Machtmenschen, der alle vorhandenen physischen und geistigen Mächte mit Besonnenheit zu dem Zweck benutzt, um sich und seine Herrschaft zu behaupten" (Jacob Burckhardt), bis zum Herrscher, dem

„eine besondere Offenbarung, eine himmlische Erleuchtung … den Weg gewiesen hat" und der von da an „mit dem Feuergeist des Kämpfers, der sich als Knecht Gottes fühlt", für das Christentum eintritt (Jochen Vogt).

Im Zentrum dieser leidenschaftlich geführten Diskussion steht die Religiosität Konstantins, des ersten christlichen Kaisers, und betrifft eben insbesondere das Christsein. Diese Grundthematik seines Lebens hat bis heute nichts von ihrer Faszination eingebüßt. Die christlichen Kulte – man sollte den Plural verwenden – waren im Osten des Römischen Reiches weitaus stärker verbreitet als im Westen, wo die Aristokratie und vor allem das Heer noch lange heidnisch blieben. Konstantin war sicherlich kein Opportunist, als er begann, sich als Christ zu verstehen, und den Schutz des Reiches dem christlichen Gott anvertraute. Es ist kurzsichtig, bei jeder Handlung Konstantins, insbesondere wenn sie Christen betraf, nachweisen zu wollen, ob er sie aus Frömmigkeit oder Berechnung getan hat; beides zusammen ergibt erst ein vollständiges Bild. Der persönliche Anteil an dieser Entscheidung des Herrschers wird für uns nie greifbar sein; aber es lassen sich immerhin Aspekte zeigen, die seine Entscheidung verständlich machen.

Konstantin war Christ, dies ist für alle antiken und modernen Autoren eine unumstößliche Tatsache, vielleicht sogar die einzige, auf die sich alle verständigen können; allerdings ist es nur schwer festzumachen, wie sein Christentum aussah, was er unter dem Begriff „Christ" verstand. „Glaube" verstehe ich daher in Bezug auf die öffentlich vorgetragenen Äußerungen des Herrschers und nicht auf seine innere Einstellung. Aber sein Christentum, wie auch immer es aussah, hatte Konsequenzen für jegliche Beurteilung seiner Handlungen. Heiden versuchten, den Kaiser in möglichst schlechtem Licht zu zeigen, ihn mit möglichst dunklen Farben zu malen. Christen zeichneten und überzeichneten seinen Charakter und sein Wirken in anderer Hinsicht. Welches Bild trifft zu? Trifft überhaupt eines zu? Und wenn der heutige Historiker sorgsam auswählen muss, aus welcher Darstellung er welche Elemente als zuverlässig herausliest, wer gibt ihm die Maßstäbe an die Hand? Christliche wie heidnische Autoren verarbeiteten Topoi bei der Darstellung der Lebensumstände Konstantins. Die entsprechenden Motivationen für die eine oder andere Sichtweise sind noch einigermaßen zu erkennen, aber menschliches Leben und Handeln besteht nun einmal weit gehend aus Topoi, und deshalb ist nicht alles, was sich als christlich oder heidnisch geprägt entlarven lässt, notwendigerweise falsch.

Manfred Clauss, Konstantin der Große, München (C.H.Beck) 1996, S. 7f.

12c) Der Historiker Karl Christ (geb. 1923) in einer Darstellung zur Kaiserzeit (1984):
Konstantin war von Anfang an von der Kraft und Macht der christlichen Kirche beeindruckt. Er anerkannte die Kirche als religiöse Potenz und als Organisation in vollem Umfang. Er hielt sie zunächst für notwendig für die christliche Religion selbst, so wie ihm die Legende das Wort zuschreibt: „Stell eine Leiter an und klettre allein in den Himmel!" Aber notwendig hielt er sie zugleich für das Imperium Romanum: „Konstantins staatsmännischer Blick erkannte in der straffen Organisation der Kirche ein bereit daliegendes Werkzeug, das nur ergriffen zu werden brauchte, um seiner Monarchie Untertanen und Helfer zu liefern, die dem Kaiser dienten als dem Mann des göttlichen Ratschlusses" (E. Schwartz, 1904).

Sein Ziel einer Erneuerung des Imperiums durch eine religiöse Erneuerung mithilfe der christlichen Kirche hat Konstantin nicht erreicht. Es ist freilich ein Anachronismus, wenn in der Gegenwart dem konstantinischen Christentum die Aufgabe einer Veränderung der Sozialordnung des Imperiums gestellt wird. Dafür waren lediglich schwache Ansätze vorhanden, die Kirche begann beispielsweise erst später, die Freilassung von Sklaven zu empfehlen, weil nach ihren Prioritäten die Stellung im Glauben wichtiger war als jene im Leben. In einem zentralen Punkt erwies sich Konstantins Beurteilung des Faktors der christlichen Kirche zudem als völlig falsch. Wenn er in ihr ein Element der Stabilisierung seiner Herrschaft wie des Imperium Romanum sah, wenn er die Möglichkeiten, welche die Kirche dem römischen

Staat bieten konnte, in vollem Umfange ausschöpfen wollte, so ahnte er jene Belastungen nicht, die für den römischen Staat aus der Zerrissenheit dieser Kirche und aus den nicht endenden theologischen Konflikten erwachsen sollten. Er sah ebenso wenig, dass sich die christliche Kirche auf die Dauer mit Konstantins eigenwilliger pluralistischer Lösung nicht zufrieden geben konnte.

Gerade die entschiedensten Anhänger und Repräsentanten des Christentums mussten je länger, desto stärker die Gefahren erkennen, die der Kirche aus der engen Anlehnung an den Kaiser und den römischen Staat erwuchsen. Sie mussten erleben, wie ein Kaiser, der theologisch nicht qualifiziert war, sich die Sprache der Kleriker aber geschickt angeeignet hatte, sich mit einer seltenen Mischung von Naivität und theologischer Halbbildung zur höchsten Autorität in Fragen des christlichen Glaubens aufschwang. Sie erlebten weiter, dass dieser Herrscher theologische Kontroversen fast stets personal und nicht sachlich sah und dass er nicht selten politische Opportunität über die Konsequenz von Glaubensfragen stellte. Wenn schließlich von der Bindung des Christentums an den römischen Staat gesprochen wird, sollte nie vergessen werden, dass dieser Staat in konstantinischer Zeit der Staat des Steuerdrucks, der Beamtenkorruption, der Ausbeutung der Bürger wie der Einschränkung ihrer Freiheit war, dies alles bei einem gleichzeitigen Maximum von luxuriöser Repräsentation am Kaiserhof.

Man mag Konstantins Vorgehensweise wie Konstantins Haltung mit als eine Folge seiner militärischen und politischen Erfahrungen zu verstehen suchen. Wer im Trümmerfeld der Tetrarchie Diokletians und inmitten der rasch wechselnden politischen und militärischen Konstellationen nicht nur überleben, sondern dazu noch eine Alleinherrschaft über das Imperium erringen wollte, der konnte dies nur unter Verzicht auf voreilige prinzipielle Entscheidungen, nur unter voller Anerkennung aller Realitäten und unter sorgfältigster Stilisierung der eigenen Herrschaft wie der eigenen Ziele erreichen. Bei Konstantin stehen so neben geduldigem und behutsamem Vorgehen impulsive und härteste Reaktionen, neben der brutalen Tötung von gefangenen fränkischen Anführern, den Verwandtenmorden und der Hinrichtung politischer Gegner, Ansätze zu einer betont humanitären Gesetzgebung, neben emotionalen Kraftworten inmitten einer korrumpierten Welt des Misstrauens salbungsvolle Begründungen der Verketzerung von Christen.

Eine menschlich imponierende oder charakterlich überzeugende Gestalt ist Konstantin ebenso wenig gewesen wie andere römische Kaiser oder erfolgreiche moderne Politiker. Aber seine Entscheidungen wurden nicht nur für die Geschichte der Spätantike, sondern auch für diejenige des mittelalterlichen Europa und des Byzantinischen Reiches grundlegend. Für das Imperium Romanum ließ sich Konstantins Schritt auf die Dauer nie mehr rückgängig machen, doch auch die christliche Kirche trägt an der Last der „konstantinischen Wende" bis auf den heutigen Tag.

Karl Christ, Geschichte der römischen Kaiserzeit. München (C. H. Beck) 1984, S. 780.

16 a) Vergleichen Sie die Wertungen der antiken Autoren zu Konstantin in M11a und b.
b) Erörtern Sie, welche Grundprobleme sich mit der Aussagekraft antiker Quellen verbinden.

17 a) Auf welchem Weg nähert sich der Historiker Bleckmann Kaiser Konstantin (M12a)?
b) Halten Sie fest, welche besonderen Probleme sich für Bleckmann bei dem Versuch einer Bewertung Konstantins stellen.
c) Zu welcher Bewertung gelangt Bleckmann?

18 Von welcher Überlegung geht Clauss in seinem Konstantin-Bild aus (M12b)? Vollziehen Sie seinen Gedankengang nach.

19 a) Welchen Faktor stellt Christ ins Zentrum seiner Betrachtung über Konstantin (M12c)?
b) Zu welchem Urteil gelangt er?
c) Vergleichen Sie Christs Beurteilung mit denen von Bleckmann und Clauss. Begründen Sie, welches Urteil Ihnen plausibel erscheint.

20 Untersuchen Sie die Darstellung Konstantins in der Skulptur M13.

21 Kurzreferat: Suchen Sie ein Beispiel für eine (männliche oder weibliche) Persönlichkeit der Geschichte, bei der eine angemessene Beurteilung mit Schwierigkeiten wie den in M12a bis c geschilderten verbunden ist.

Weiterführende Arbeitsanregungen zum Christentum

Christentum heute: „Ist die Kirche noch zu retten?"

1 „Religion – (k)ein Thema?" Führen Sie in Ihrer Schule eine Umfrage zur Bedeutung von Religionen und Kirche unter ihren Mitschülern durch. Versuchen Sie Folgendes herauszufinden:

- Welche Bedeutung hat die Religion (christlich, muslimisch usw.) im Leben Ihrer Mitschüler?
- Welche Bedeutung haben die beiden großen christlichen Kirchen: (a) für die Befragten persönlich? (b) Welche gesellschaftliche Bedeutung messen die Befragten den beiden Kirchen zu?

2 Diskutieren Sie ausgehend von Ihren Umfrageergebnissen und M14 (unten) über die Bedeutung des Christentums und der christlichen Kirchen heute. Vergleichen Sie auch mit der Antike (M4).

M14 Norbert Greinacher (kath. Theologe): Ist die Kirche noch zu retten? (1998)

Für Deutschland kann man stark vereinfacht sagen, dass in den neuen Bundesländern – in der ehemaligen DDR – nur noch fünf Prozent der Bevölkerung der katholischen Kirche und nur noch 25 Prozent der evangelischen Kirche angehören, während 70 Prozent der Bevölkerung in den neuen Bundesländern sich nicht an die beiden Großkirchen binden. In den alten Bundesländern gehören rund 35 Prozent der Bevölkerung der evangelischen Kirche an, rund 35 Prozent der katholischen Kirche, während 30 Prozent keine Kirchensteuer zahlen.

Hinzu kommt, dass ein wachsender Prozentsatz der Bevölkerung in der Bundesrepublik Deutschland keine Transzendenzeinstellung mehr hat. Der regelmäßige sonntägliche Gottesdienstbesuch [...] pendelt sich in der katholischen Kirche bei derzeit etwa 20 Prozent ein, nachdem es noch vor dreißig Jahren 55 Prozent waren. Dies ist ein historischer Einbruch. In der evangelischen Kirche wurden im Jahr 1995 4,9 Prozent aller evangelischen Christinnen und Christen als Sonntagsgottesdienstbesucher und -besucherinnen gezählt. Für 31 Prozent der Gesamtbevölkerung hat die Kirche für ihr Christsein nicht viel Bedeutung. 14 Prozent fühlen sich in ihren Glaubensansichten sogar ganz unabhängig von der Kirche.

Wenn das Pillenverbot wichtiger ist als die von Gott gesegnete Liebe von Frau und Mann, wenn die autoritären Kirchenstrukturen wichtiger sind als das allgemeine Priestertum der Töchter und Söhne Gottes, wenn der Pflichtzölibat und der Ausschluss von Frauen vom kirchlichen Amt wichtiger sind als die schöpfungstheologische uneingeschränkte Gleichheit von Mann und Frau und die Sorge um lebendige Gemeinden, wenn die Maßregelung von Befreiungstheologen wichtiger ist als das Elend der lateinamerikanischen Bevölkerung, wenn die Jungfrauengeburt wichtiger ist als das Leben und Wirken Jesu von Nazareth selbst, wenn die Unfehlbarkeit des Papstes wichtiger ist als die Einheit der Kirche – und man könnte fortfahren –, dann wird der christliche Glaube bis zur Unkenntlichkeit verzerrt.

Ich sehe in der Frage der Versorgung jeder Gemeinde mit einem eigenen ordinierten Gemeindeleiter bzw. einer -leiterin nicht das einzige, aber das dringendste pastorale Problem der Kirche in Deutschland und anderswo. Die kirchliche Sexualmoral ist bis auf den heutigen Tag vor allem von zwei Traditionen geprägt. Auf der einen Seite war es der Platonismus, welcher den Leib als den Kerker, das Gefängnis der Seele betrachtete. Auf der anderen Seite war es der Manichäismus, eine Religion, die im dritten nachchristlichen Jahrhundert in Babylonien entstanden ist und die ausgesprochen leibfeindlich, frauenfeindlich und sexualfeindlich war.

Ich gehe mit anderen Theologen davon aus, dass es drei fundamentale Aufgaben der Kirche im Allgemeinen und der christlichen Gemeinde im Besonderen gibt: erstens die Martyria (abgekürzt gesagt, die Verkündigung der frohen Botschaft nach innen und außen); zweitens die Leiturgia (die Feier des Gottesdienstes); und drittens die Diakonia (die Diakonie), den selbstlosen Dienst an den Menschen, vor allem an den Armen.

Frankfurter Rundschau, 13. August 1998, S. 7.

Zur Wiederholung und Abiturvorbereitung

1 a) Ordnen Sie folgende Materialien mit Begründung den Kategorien antike Überlieferung (A), Überrest (B), historische Rekonstruktion (C) zu: S. 20 f.: M6a und b; S. 22: M7b und M8; S. 47: M6c; S. 51: M12a; S. 60: M6; S. 66: M12 f.; S. 68: M17a; S. 89: M7a; S. 94: M2; S. 97: M5b; S. 104: M2b.
b) Erstellen Sie biografische Skizzen der o. g. Autoren antiker Überlieferungen.

2 a) Beschreiben Sie den grundlegenden Aufbau römischer Münzen und benennen Sie den zentralen Unterschied zwischen Münzen aus der Republikzeit und aus der Kaiserzeit.
b) Nennen und erläutern Sie drei Beispiele für häufig vorkommende Münzinschriften und drei Beispiele für häufig verwendete Symbole.
c) Zeigen Sie am Beispiel Caesars, inwieweit Münzen als Propagandamittel eingesetzt wurden.

3 Skizzieren Sie Ursachen, Inhalte und Folgen der Ständekämpfe in der frühen Republik.

4 a) Welche Stationen kennzeichnen Roms Weg zur Weltmacht? Begründen Sie Ihre Auswahl.
b) Diskutieren Sie, ob der Begriff „Imperialismus“ die Expansion Roms angemessen charakterisiert.

5 Legen Sie dar, inwieweit die Übersee-Expansion die Gesellschaft Roms verändert hat.

6 Klären Sie, inwieweit sich die römische Nobilität von einer politischen Elite heute unterscheidet.

7 Welche Grundmerkmale der römischen Gesellschaft lassen sich aus dem Relief M1 ablesen?

8 Skizzieren Sie die Verfassung der Römischen Republik aus der Sicht a) eines Senators, b) eines Volkstribunen, c) einer Patrizierin, d) eines Freigelassenen oder e) eines Sklaven. Stellen Sie zwei Sichtweisen gegenüber.

9 Untersuchen Sie, warum die römische Gesellschaft in der späten Republik in eine Krise geriet.

10 Zeigen Sie am Beispiel von Caesar oder Augustus, wie Politiker in der römischen Antike versuchten, politische Krisen zu lösen.

11 Prüfen Sie, ob einer der vier Begriffe die römische Regierungsform unter Augustus kennzeichnet: demokratische Republik, konstitutionelle Monarchie, Diktatur, Tyrannis. Finden Sie nach Abschluss Ihrer Prüfung gegebenenfalls einen eigenen Begriff und begründen Sie Ihre Wahl.

12 a) Erläutern Sie das grundlegende Rollenverständnis von Männern und Frauen in der römischen Gesellschaft und vergleichen Sie mit Geschlechterrollen der Gegenwart.
b) Erläutern Sie, welche sozialen Unterschiede es unter den Frauen der römischen Gesellschaft gab.

13 „Die römische Gesellschaft war eine Agrargesellschaft.“ – Erörtern Sie diese These.

14 Erläutern Sie den Begriff der „Romanisierung“ anhand von Beispielen.

15 a) Welche Umweltprobleme der römischen Gesellschaft lassen sich aus den antiken Quellen rekonstruieren? b) Diskutieren Sie, ob es in der römischen Gesellschaft ein Umweltbewusstsein gab.

16 Welche Merkmale und Wandlungen kennzeichnen die Sklaverei in der römischen Antike?

17 Skizzieren Sie die zentralen Stationen, die das Christentum bei seiner Ausbreitung im Römischen Reich durchlief. Welche ideologiekritischen Aspekte sind bei der historischen Rekonstruktion von Ausbreitung, Anhängerschaft und Konflikten zu beachten?

M1 Szenen aus dem Leben eines römischen Kindes, Relief, 3. Jh. n. Chr.

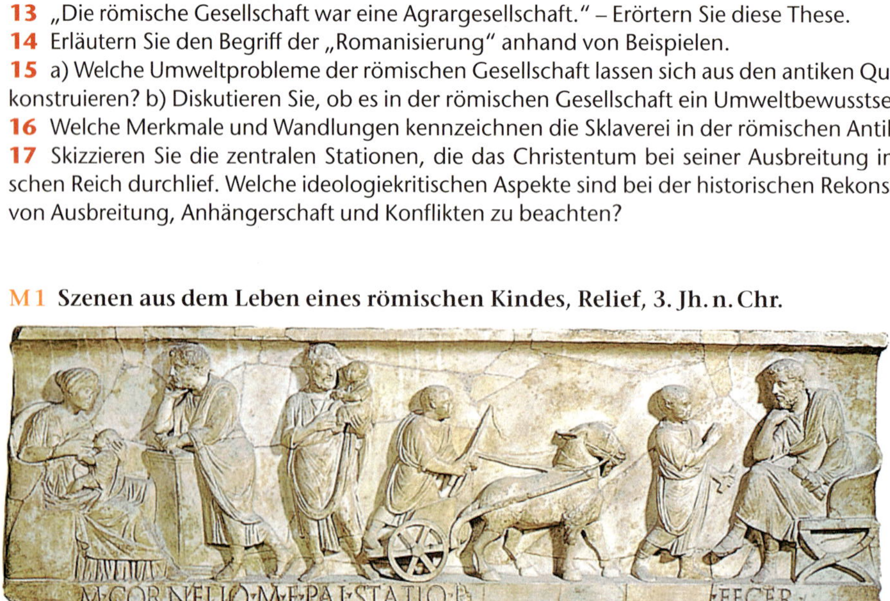

Facharbeiten: Methodische Tipps und Beispiele für Gegenstandsbereiche

Facharbeiten haben das Ziel, in wissenschaftliche Arbeitsweisen einzuführen. Ihr Umfang sollte in der Regel 8 bis 12 maschinenschriftliche Seiten nicht überschreiten. Der Gegenstand einer Facharbeit ist immer auf eine Fragestellung bezogen und besitzt eine in sich geschlossene Argumentation. Von den allgemeinen Arbeitsschritten sollten die Schritte 1 bis 3 von dem Betreuer/der Betreuerin begleitet werden, die Schritte 4 bis 7 sind selbstständig zu erarbeiten:

1 Thema formulieren (als Problemstellung) und Ziele der Arbeit bestimmen
2 Materialien sichten
3 Quellenbelegstellen und Literaturhinweise zitieren
4 Materialien gliedern
5 Materialien unter Beachtung der fachspezifischen Methoden auswerten
6 Die Argumentation aufbauen und entwickeln: Fragestellung(en), Methode(n) der Bearbeitung, Untersuchung (ggf. mit ungelösten Problemen und offenen Fragen), Ergebnis(se)
7 Die Arbeit gliedern und formal gestalten (z. B. textillustrierende oder -stützende Materialien einbauen). Die Gliederung sollte in jedem Fall folgende Elemente enthalten:
a) Deckblatt mit Thema
b) Inhaltsverzeichnis
c) Einleitung
d) Hauptteil
e) Ergebnisse
f) Verzeichnis der benutzen Quellen und Literatur

Praktische Hilfen zur Planung und Durchführung der Facharbeit

Werner Braukmann, Die Facharbeit, Berlin (Cornelsen) 2001.
Gerd Brenner, Die Facharbeit. Von der Planung zur Präsentation, Berlin (Cornelsen) 2002.

Vorschläge für Gegenstandsbereiche

1 *Familia* in Rom und „Familie" heute
2 Frauen im Römischen Reich und im antiken Griechenland – ein Vergleich
3 Rollenverständnis von Männern im antiken Rom
4 Schule und Bildung im Römischen Reich – für Jungen und Mädchen?
5 Verkehrswege im Imperium Romanum und im heutigen Europa
6 Der römische Gutshof *(villa rustica)* und die Bedeutung der römischen Landwirtschaft
7 Stellung und Rolle der Sklaven in der römischen Gesellschaft
8 Sklavenaufstände in der Römischen Republik
9 *Cursus honorum* – zur Bedeutung der Ämterlaufbahn in der römischen Politik
10 Kaiser Augustus in Münzbildern
11 Öffentliche Spiele in Rom: Volksbelustigung oder politisches Programm?
12 Wandmalereien aus Pompeji als Quellen der Geschichte
13 Die Bedeutung der römischen Provinzstädte (am Beispiel von Bonn, Köln, Mainz, Trier usw.)
14 Cicero und die römische Staatsphilosophie
15 Die Jüdischen Aufstände im Römischen Kaiserreich
16 Probleme der antiken römischen Überlieferungen (am Beispiel von Polybios, Livius, Tacitus)
17 Die Geschichte des alten Rom in der Historienmalerei des 19. Jahrhunderts
18 Die Darstellung Kaiser Hadrians in dem historischen Roman „Ich zähmte die Wölfin. Die Erinnerungen des Kaisers Hadrian" von Marguerite Yourcenar (frz. Original 1951)

Zeittafel

Königszeit (bis um 500/475 v. Chr.)

um 1000	Erste dörfliche Siedlungen der eingewanderten Latiner auf dem Palatin.
753	Sagenhaftes Gründungsdatum Roms.
um 750	Einwanderung der Griechen nach Unteritalien und Sizilien.
7./6. Jh.	Entwicklung Roms zur Stadt; Regierung durch etruskische Könige.
509	Sagenhaftes Datum von der Vertreibung des letzten etruskischen Königs.
um 500/475	Entmachtung der etruskischen Könige in Rom.

Frühe Republik (um 500/475–um 270 v. Chr.)

um 500/475	Die Macht in Rom geht auf die führenden patrizischen Familien über (Senat).
5. Jh.–287	Plebejer kämpfen gegen Patrizier um Beteiligung an der Macht: Ständekämpfe.
um 450	Zwölftafelgesetz: Veröffentlichung des geltenden Gewohnheitsrechtes.
387	Kelten plündern Rom (erstes gesichertes Datum in der Geschichte Roms).
340–338	Latinerkriege: Rom bezieht die latinischen Städte in sein Bürgergebiet mit ein.
367	Licinisch-Sextische-Gesetze: Einer der Konsuln soll ein Plebejer sein.
326–272	Die Römer erobern samnitische Gebiete in den Samnitenkriegen.
287	**Ende der Ständekämpfe** durch die *Lex Hortensia:* Beschlüsse der Versammlung der Plebs (Plebiszite) erhalten Gesetzeskraft.
285–282	Siegreicher Krieg der Römer gegen die Kelten in Norditalien.
282–270	Abschluss der römischen Eroberung Süditaliens.

Mittlere Republik (um 270–133 v. Chr.)

264–241	Erster Punischer Krieg: Sieg Roms über die Handelsmacht Karthago.
Mitte 3. Jh.	Beginn der Geldwirtschaft im Römischen Reich. – Griechische Literatur und Kunst verbreiten sich allmählich in Rom.
227	Errichtung der ersten Provinz zur Verwaltung eroberten Territoriums (Sizilien).
218–201	**Zweiter Punischer Krieg:** Der Karthager Hannibal überquert die Alpen (218), siegt bei Cannae (216) und marschiert auf Rom (211); Hannibal schließt ein Bündnis mit König Philipp V. von Makedonien (215–205: Erster Makedonischer Krieg); Sieg Roms; Spanien wird mit zwei Provinzen verwaltet (197).
218	Ausschluss der Senatoren vom außeritalischen Handel; Entstehung des Ritterstandes.
200–197	Zweiter Makedonischer Krieg: Das siegreiche Rom zieht sich wieder aus Griechenland zurück.
2. Jh.	Massenhafte Einfuhr von Sklaven nach Italien. – Verarmung der Bauern. – Vordringen östlicher Jenseits- und Mysterienreligionen.
180	*Lex Villia annalis:* regelt die Ämterlaufbahn und das Eintrittsalter für Ämter.
171–168	Dritter Makedonischer Krieg: Die Römer erobern Griechenland.
148	Die Römer richten die Provinz Makedonien ein.
149–146	Dritter Punischer Krieg: Zerstörung Karthagos; Errichtung der Provinz *Africa.*
146	Nach Aufständen in Griechenland zerstören die Römer Korinth.
133	Die Römer zerstören die Stadt Numantia (Nordspanien). – König Attalos von Pergamon (Westtürkei) vererbt sein Reich Rom.

Späte Republik (133–27 v. Chr.)

133–121	Reformversuche der Gracchen.
um 120	Germanische Stämme beginnen in römische Gebiete vorzudringen.
105–101	**Heeresreform des Marius:** Einführung eines Berufsheeres.
91–89	Bundesgenossenkrieg in Italien.

88–82	Bürgerkrieg: Sulla setzt sich gegen Marius durch.
82–79	Diktatur Sullas: Proskriptionen; freiwilliger Rücktritt Sullas (79).
73–71	Spartakus-Aufstand.
60	Erstes Triumvirat: Caesar, Pompeius und Crassus.
58–51	Caesar erobert das „freie Gallien".
49–45	Bürgerkrieg zwischen Pompeianern und Caesar; ausgelöst durch Caesar, der dem Auftrag des Senats, sein Heer zu entlassen, nicht nachkommt und auf Rom marschiert (49 legendäre Überschreitung des Grenzflusses Rubikon); Sieg und Alleinherrschaft Caesars.
44	**Ermordung Caesars** (15. März)
43	Zweites Triumvirat: Octavian, Antonius und Lepidus.
31	Alleinherrschaft des Octavian nach seinem Sieg über Antonius in der Seeschlacht bei Actium.
29	Auf Senatsbeschluss werden in Rom die Türen des Janustempels geschlossen.
27	Octavian legt in einem Staatsakt alle außerordentlichen Gewalten nieder und erhält vom Senat den Ehrennamen Augustus.

Kaiserzeit (27 v. Chr.–476 n. Chr.)

27 v. Chr.–14 n. Chr.	Begründung des **Prinzipats durch Augustus.** Bis in die Zeit der severischen Kaiser (193–235) bleibt das Römische Reich relativ stabil.
12 v. Chr.–6 n. Chr.	Feldzüge in Germanien.
1. Jh. n. Chr.	Verbreitung der römischen Zivilisation nördlich der Alpen.
9 n. Chr.	Arminius besiegt Varus im legendären *teuteburgensis saltus* (vermutlich in Kalkriese, bei Osnabrück); die Römer beenden Eroberungsversuche in Germanien.
30	Prozess gegen Jesus und Kreuzigung in Jerusalem.
44–60	Missionsreisen des Apostels Paulus; Verbreitung des Christentums.
54–68	Kaiser Nero.
ab Mitte 1. Jh.	Einzelne Christenverfolgungen im Römischen Reich.
66–70	Erster Jüdischer Aufstand: Zerstörung Jerusalems.
Ende 1. Jh.	Die Römer beginnen mit dem Bau des Limes.
90	Errichtung der Provinzen *Germania superior* und *Germania inferior.*
98–117	Kaiser Trajan.
117–138	Kaiser Hadrian.
132–135	Zweiter Jüdischer Aufstand: Vertreibung der Juden aus Palästina.
212	Alle freien Bewohner des Römischen Reiches erhalten das römische Bürgerrecht.
um 250–311	Größere Christenverfolgungen im Römischen Reich.
306–337	**Kaiser Konstantin** (seit 324 Alleinherrscher).
311	Toleranzedikt des Kaisers Galerius für die Christen.
313	Gleichstellung der Christen mit anderen Religionen durch Kaiser Konstantin.
330	Konstantinopel (= Byzanz) wird neue Hauptstadt des Römischen Kaiserreiches.
337	Kaiser Konstantin lässt sich kurz vor seinem Tode taufen.
391	Das Christentum wird Staatsreligion im Römischen Reich.
4./5. Jh.	Völkerwanderungen in Europa.
395	Teilung des Reiches in das Weströmische (Hauptstadt: Rom) und das Oströmische (= Byzantinische) Kaiserreich (Hauptstadt: Konstantinopel).
476	Der germanische Heerführer Odoaker lässt den weströmischen Kaiser Romulus absetzen und erhebt sich zum König: **Ende des Weströmischen Kaiserreiches.**

„Nachantike"

527–565	Der oströmische Kaiser Justinian versucht vergeblich Italien zurückzuerobern.
nach 636	Arabisch-islamische Expansion im Mittelmeerraum.
1453	Osmanen nehmen Konstantinopel ein: **Ende des Oströmischen Kaiserreiches.**

Begriffslexikon

Ädil: röm. Magistrat, der die Aufsicht über Märkte, Tempel, Straßen, Plätze, Bordelle, Bäder und die Wasserversorgung führte, später auch über die Lebensmittelversorgung und die öffentlichen Spiele, deren Finanzierung er oft selbst trug; durch aufwändige Spiele suchten Ädile die Gunst der Stadtbevölkerung zu gewinnen und ihre politische Karriere zu sichern.

Auguren: Kollegium von 15 bzw. 16 Priestern, die den Magistraten bei der Einholung der Vorzeichen *(auguria* = Vogelflug, Donner und Blitz u. a.) zur Seite standen. Da für jede wichtige Staatshandlung (Volksversammlung, Krieg) die Zustimmung der Götter nötig war, hatten die Auguren eine große politische Bedeutung.

Aventin: einer der sieben Hügel Roms; Plebejerviertel.

Bürgerrecht: durch Geburt verliehen, wenn beide Eltern röm. Bürger waren, ferner durch Freilassung sowie Verleihung an Einzelne, Gemeinden oder Völker; nach dem Bundesgenossenkrieg (91–88 v. Chr.) schrittweise auf alle Freien Italiens ausgedehnt, 212 n. Chr. auf alle freien Bürger des Reichs. Es umfasste: Pflicht zum Kriegsdienst, Stimmrecht in Volksversammlungen, passives Wahlrecht, Provokationsrecht (Recht, eine von einem Magistrat verhängte Todesstrafe durch Komitien prüfen zu lassen).

Concilium plebis: siehe Volksversammmlungen.

Diktator: Magistrat, der in Ausnahmesituationen für sechs Monate die gesamte Exekutivgewalt in seiner Person vereinigte. Die Einsetzung erfolgte durch Senatsbeschluss. Ursprünglich wurde er zur Abwehr äußerer Gefahren oder z. B. zur Durchführung von Wahlen bei Abwesenheit beider Konsuln ernannt. Von diesen frühen Formen unterschieden sich die Diktaturen Sullas (82–79) und Caesars (mit Unterbrechungen seit 49 v. Chr.), die der Errichtung einer innenpolitischen Vormachtstellung dienten. – Der moderne Begriff der Diktatur bezeichnet ein auf Gewalt beruhendes, uneingeschränktes Herrschaftssystem eines Einzelnen, einer Gruppe oder einer Partei (z. B. NS-Herrschaft, Stalinismus, SED-Herrschaft).

Familie: siehe *gens*.

Flamines: röm. Sonderpriester, die für bestimmte Götter zuständig waren. Die drei großen Flamines, die aus dem Patriziat stammen mussten, waren die des Jupiter (oberster Gott), des Mars (Kriegsgott) und des Quirinus (lokaler Kriegsgott; später wurde der Stadtgründer Romulus als Quirinus verehrt); die vergöttlichten Kaiser erhielten ebenfalls Flamines.

Forum Romanum: ursprünglich eine sumpfige Niederung; nach ihrer Entwässerung (durch Anlage der *cloaca maxima)* wurde sie zum kultischen, wirtschaftlichen und politischen Zentrum der Stadt Rom. Neben Tempeln waren hier u. a. der Platz für die Volksversammlung und das Senatsgebäude; seine wirtschaftliche Funktion verlor das Forum seit der späten Republik an andere Marktplätze der Stadt.

Freigelassener *(libertus, libertinus):* ein Sklave, der von seinem Patron freigelassen wurde, erhielt unmittelbar das Bürgerrecht, das allerdings eingeschränkt war: In der Regel wurden Freigelassene nicht zum Militärdienst eingezogen und blieben von Magistraturen, Senat und Ritterstand ausgeschlossen. Auch als Freigelassene standen sie unter dem Patronat ihres ehemaligen Herrn und gehörten zu seiner Klientel.

Gens: Geschlechtsverband, der sich einer gemeinsamen Abstammung rühmt; zu den alten patrizischen *gentes* gehörten z. B. Aemilier, Claudier, Cornelier, Fabier, Julier und Valerier; zu den alten plebejischen Familien zählten z. B. die Tullier und Sempronier.

Germanen: Sammelname für eine Vielzahl von Völkern und Stämmen in Nord- und Mitteleuropa, die zur indogermanischen Sprachfamilie gehören. Im 2. und 1. Jh. v. Chr. breiteten sie sich nach Westen und Süden aus, wurden aber von Römern an Rhein und Donau aufgehalten.

Homo novus („Neuling"): Familienoberhaupt, das als erstes in seiner *gens* Senatsmitglied wurde; im engeren Sinne derjenige, der als Erster das Konsulat bekleidete und damit für seine Familie die Zugehörigkeit zur Nobilität begründete.

Imperator: ursprünglich der Magistrat, der das militärische Oberkommando *(imperium)* innehatte; danach auch Ehrentitel, der einem siegreichen Feldherren durch Akklamation des Heeres und Anerkennung des Senats zustand; in der Kaiserzeit Ehrentitel der Kaiser.

Imperium: umfassende Amtsgewalt der höchsten Magistrate (Konsuln, Prätoren); sie umfasste militärische (Heereskommando) und zivile Kompetenzen (Rechtsprechung). – In der Neuzeit bezeichnet der Begriff ein Weltreich; davon abgeleitet wurde der Begriff Imperialismus, der das Bestreben industriell fortgeschrittener Staaten bezeichnet (insbesondere zwischen 1880 und 1918), eine Groß- oder Weltmachtstellung zu erringen, indem wenig entwickelte Länder und Gesellschaften in direkte oder indirekte Abhängigkeit gebracht und ausgenutzt werden.

Kapitol: einer der sieben Hügel Roms; altes politisches und kultisches Zentrum; im legendären ersten Jahr der Republik soll hier der Tempel für die Göttertrias Jupiter, Juno und Minerva vollendet worden sein; hier befand sich das Staatsarchiv und seit 269 v. Chr. auch der Tempel der Juno Moneta mit der Münzwerkstatt Roms; die Triumphzüge der Feldherren endeten auf dem Kapitol; die Umgebung wurde zum Wohngebiet reicher Adliger. – Im lateinisch-westlichen Kulturraum errichteten auch moderne Städte „Kapitole" (z. B. das Kapitol in Washington).

Klienten: Abhängige. Ursprung der Klientel war in der röm. Frühzeit die Landüberlassung patrizischer Großbauern an landlose bäuerliche Siedler, die damit in den Geschlechtsverband *(gens)* eintraten; neben wirtschaftlichen Leistungen waren Klienten zu vielfältiger Unterstützung ihrer Patrone (z. B. Gefolgschaft bei Adelsfehden) gezwungen. Auch in der Stadtgesellschaft bestanden diese Abhängigkeiten seit dem 2. Jh. v. Chr. fort: Hauptpflichten der Klienten waren tägliche Begrüßung des Patrons, Begleitung in der Öffentlichkeit sowie Unterstützung bei Wahlen und Abstimmungen. Eine Lockerung erfuhr die Klientelbindung durch die Einführung geheimer Abstimmungen in den Volksversammlungen (131 v. Chr.) und durch die popularen Acker- und Getreidegesetze.

Komitien: siehe Volksversammlungen.

Legion: größter selbstständiger Truppenteil der röm. Armee, der sich nur aus röm. Bürgern rekrutierte. In der späten Republik war er in 10 Kohorten, 30 Manipel und 60 Zenturien gegliedert. Die Sollstärke betrug 6000 Soldaten.

Lex: Gesetz.

Liktoren: Amtsdiener der höheren Magistrate; sie begleiteten diese in der Öffentlichkeit und trugen als Zeichen magistratischer Macht die *fasces* (Rutenbündel mit Beilen); einem Konsul standen 12, einem Prätor 6 Liktoren zu.

Magistrate: Beamte; man unterschied in Rom zwischen den patrizischen Ämtern, die von Patriziern *und* Plebejern bekleidet werden konnten (Zensur, Konsulat, Prätur, kurulische Ädilität, Quästur), und plebejischen Magistraten (Volkstribunat, plebejische Adilität).

Nobilität: der aus dem Senatorenstand herausgehobene kleine Kreis der führenden patrizischen und plebejischen Familien, die unter ihren Vorfahren mindestens einen Konsul hatten; seit Ende der Ständekämpfe (3. Jh. v. Chr.) war der Kreis praktisch geschlossen; danach gelang es nur noch wenigen *homines novi* (z. B. Cicero, Marius), in diese politische Elite aufzusteigen.

Optimaten (wörtl. „die Besten"): im Bürgerkrieg der späten Republik Selbstbezeichnung des Senatorenstandes; im engeren Sinne waren dies die Politiker, die sich – im Gegensatz zu den Popularen – zur Durchsetzung ihrer Politik des Senats bedienten; dessen Autorität sollte gegenüber den Ansprüchen von Magistraten und Volksversammlungen verteidigt werden.

Palatin: einer der sieben Hügel Roms; der älteste bewohnte Teil der Stadt; ursprünglicher Name *Palatium*. Als im 1. und 2. Jh. n. Chr. an dieser Stelle die Palastbauten der Kaiser entstanden, bezeichnete *Palatium* die kaiserliche Residenz, Palatin die Örtlichkeit (den Hügel). – Spätere Ableitungen von *Palatium:* „Pfalz", „Palast".

Patrizier: die Adeligen der röm. Königszeit und der frühen Republik (im Gegensatz zur Plebs); waren die Nachkommen der *patres,* der Oberhäupter der alten adeligen Geschlechter. Im Verlauf des Ständekampfes verloren sie wichtige politische Privilegien; als neue politische Elite entstand aus den führenden patrizischen und plebejischen Familien die Nobilität.

Patron: männliches Familienoberhaupt.

Pax: Frieden.

Plebs: die nicht-adelige, freie röm. Bevölkerung.

Pomerium: Machtbereich der Stadt Rom; hier verfiel die außerhalb geltende militärische Kommandogewalt *(imperium)* der Feldherren.

Pontifex Maximus: Vorsteher des Kollegiums der Oberpriester *(pontifices);* ihm oblag die Aufsicht über die röm. Staatsreligion. Vom Volk gewählt, amtierte er auf Lebenszeit. Das Amt stand nur hoch gestellten Politikern aus der Nobilität zu.

Popularen (wörtl. „Volksmänner"): Politiker, die in der späten Republik wie die Optimaten Angehörige des Senatorenstandes waren, aber ihre politischen Ziele mithilfe des Volkstribunats und der Volksversammlungen gegen die Senatsmacht durchsetzen wollten; traditionelle Ziele und Maßnahmen der Popularen waren z. B. Acker- und Getreidegesetze und Schutz des Bürgers vor magistratischer Willkür.

Presbyter: im Urchristentum kirchlicher Amtsträger, der den Bischof unterstützte und vertrat.

Promagistrat: stellvertretender Magistrat, Person, die „an Stelle eines Magistrats" eine bestimmte Amtsgewalt ausübte; vor allem die Provinzen wurden mit zunehmender Zahl im 2. und 1. Jh. v. Chr. von Promagistraten verwaltet.

Provinz: unterworfenes Gebiet außerhalb Italiens, das von einem röm. Statthalter regiert wird; die erste Provinz wurde 227 v. Chr. eingerichtet.

Quirinal: einer der sieben Hügel Roms; ursprünglich von Sabinern besiedelt; er wurde nach dem lokalen Kriegsgott Quirinus benannt.

Res publica (wörtl. „die öffentliche Sache"): das röm. Gemeinwesen; wird häufig mit „Staat" übersetzt; Hauptmerkmale: Bürgerversammlungen (nach Besitz geschieden), Rat (mit Senatoren auf Lebenszeit), Magistrate (als Ehrenämter mit begrenzter Amtsdauer), Ausschluss der Frauen aus der Politik, Sklaverei. – Davon abgeleitet wurde die neuzeitliche Staatsbezeichnung „Republik" (im Gegensatz zur „Monarchie").

Senat („Rat der Alten", von *senex* = der Greis): Rat, dem ursprünglich wohl 100, dann 300, unter Sulla 600, unter Caesar 900 und unter Augustus wieder 600 männliche Mitglieder angehörten. Die Senatoren wurden auf Lebenszeit berufen – bis zu Sulla durch die Zensoren, danach rekrutierten sie sich aus gewesenen Magistraten (vom Quästor an), in der Kaiserzeit wurden sie vom Kaiser ernannt; seit dem 1. Jh. v. Chr. gelangten auch Familienoberhäupter aus den Provinzen in den Senat. Einberufen und geleitet wurde er von Konsuln, Prätoren oder Volkstribunen. Innerhalb der Senatorenschaft gab es eine Rangliste, die sich z. B. nach dem Alter oder der Zugehörigkeit zum Patriziat bzw. zur Plebs richtete. Formal hatte der Senat nur das Recht, Magistraten auf Anfrage einen Ratschlag *(senatus consultum)* zu erteilen. Zusammensetzung und umfassende Zuständigkeit machten ihn aber zum wichtigsten Herrschaftsorgan.

Tributkomitien: siehe Volksversammlungen.

Triumph: ursprünglich ein sakral motivierter, feierlicher Einzug eines siegreichen Imperators in die Stadt Rom; er führte vom Marsfeld über das Forum zum Kapitol, wo er mit einem Festmahl für das Volk endete. Das Recht zum Triumph wurde einem Diktator, (Pro-)Konsul oder (Pro-) Prätor vom Senat verliehen, wenn dieser einen entscheidenden Sieg errungen hatte, bei dem mindestens 5000 Feinde getötet worden waren.

Volkstribun: im Ständekampf ein Sonderbeamter der Plebs, der diese vor Übergriffen patrizischer Magistrate und vor Senatsbeschlüssen durch sein Einspruchsrecht *(veto* = ich verbiete) schützte. Auch nach den Ständekämpfen blieben die zehn Volkstribune plebejische Beamte, die von der Versammlung der Plebs gewählt wurden. Ihre Macht *(tribunicia potestas)* erwuchs aus dem Recht, die Plebsversammlung zu leiten und ihr Gesetze zur Abstimmung vorzulegen. In der mittleren und späten Republik verschmolzen die Interessen der Volkstribune teilweise mit den Interessen der alten Senatsaristokratie; in der Kaiserzeit lebte das Amt in der *tribunicia potestas* des Kaisers fort.

Volksversammlungen *(comitia):* In Rom gab es drei Volksversammlungen. Einberufen und geleitet wurden sie von einem Magistrat, die Versammlungen hatten kein Initiativrecht. Abstimmungen waren seit 131 v. Chr. geheim. Die Aburteilung politischer und krimineller Delikte ging ab 149 v. Chr. allmählich an ständige Gerichtshöfe über.
1. Die aus der Heeresversammlung hervorgegangenen Zenturiatkomitien *(comitia centuriata)* bildeten die wichtigste Versammlung: Sie bestimmte über Krieg und Frieden, die Wahl der höheren Magistrate (Konsuln, Zensoren, Prätoren) und Gesetzesanträge. Das Abstimmungsverfahren begünstigte die wohlhabenden Schichten, denn es beruhte darauf, dass das Volk nach Vermögen in 193 Zenturien (18 für Reiter, 175 für Fußsoldaten) eingeteilt war. Da die erste Vermögensklasse (die nach den Rittern wohlhabendsten Bürger) auf 80 bzw. (seit Mitte des 3. Jh. v. Chr.) 70 Zenturien verteilt war, erreichten sie zusammen mit den 18 Ritterzenturien und einem Teil der zweiten Zensusklasse immer die absolute Mehrheit. Die Mehrzahl der ärmeren Bevölkerung war nur in den letzten 5 Zenturien vertreten; da die Abstimmung mit den höchsten Zensusklassen begann, kamen sie meist gar nicht mehr zur Stimmabgabe.
2. Den patrizisch-plebejischen Tributkomitien oblag die Wahl der niederen Magistrate (kurulische Ädile, Quästoren). Sie waren nach lokalen Bezirken *(tribus)* organisiert (4 städtische, 31 ländliche *tribus)*. Gemessen an der Gesamtbürgerzahl war diese Verteilung ungleich, da mehr Menschen in der Stadt als auf dem Land wohnten. Bevorteilt wurden die grundbesitzenden Aristokraten in den ländlichen Tribus. Um diese Gewichtsverteilung zu erhalten, wurden seit dem 2. Jh. v. Chr. Freigelassene immer in die vier städtischen Tribus eingeschrieben und Neubürger auf wenige Tribus verteilt.
3. Im *concilium plebis* war nur die Plebs vertreten; ihre Beschlüsse *(plebiscita)* wurden am Ende der Ständekämpfe 287 v. Chr. denen der Tribut- und Zenturiatkomitien *(leges)* gleichgestellt. Sie wählten Volkstribune und plebejische Ädile. Abgestimmt wurde nach Tribus.

Zenturiatkomitien: siehe Volksversammlungen.

Personenlexikon und Personenregister

*Römische Namen: **Männernamen** bestanden in der Regel aus drei Teilen: 1. Vorname* (praenomen, *z.B. Gaius, Marcus), 2. Geschlechtername (*nomen gentile, *z.B. Aemilius, Cornelius, Julius), 3. Beiname* (cognomen, *z.B. Africanus). **Frauen** trugen meist weibliche Formen des Geschlechternamens (z.B. Julia); auch gab es z.B. „Tertia" als Eigennamen für die drittgeborene Tochter. **Abkürzungen:** C. = Gaius, Cn. = Gnaeus, P. = Publius.*

Diokletian, röm. Kaiser (Reg. 284–305); ernannte Mitregenten und errichtete eine absolute Monarchie (Dominat); 305 dankte er ab. *117, 139*

Dionysios von Halikarnassos (vor 30–8 v. Chr.), griech. Historiker; kam nach Rom, verkehrte in aristokratischen Kreisen und bewunderte röm. Tugend *(virtus)*; seine „Röm. Altertumskunde" zur Frühzeit Roms ist historisch wertlos. *11*

Domitian, röm. Kaiser (Reg. 81–96); herrschte gewalttätig, verschwenderisch. *56, 102, 117*

Drusilla, Livia (58 v. Chr.–29 n. Chr.), heiratete 38 in zweiter Ehe Octavian; begleitete Augustus auf Reisen und beriet ihn; späterer Beiname: Augusta. Der aus ihrer ersten Ehe stammende Sohn Tiberius wurde von Augustus 4 n. Chr. adoptiert und später dessen Nachfolger. *60*

Drusus, Nero Claudius (38–9 v. Chr.), röm. Feldherr; Sohn der Livia Drusilla aus erster Ehe, jüngerer Bruder des späteren Kaisers Tiberius; führte ein röm. Heer erstmals an die Elbe (9). *102*

Fulvia (ca. 70–ca. 37 v. Chr.); seit ca. 46 in dritter Ehe mit Antonius verheiratet; flüchtete nach der Belagerung von Perusia durch Octavian (40) nach Griechenland. *55, 73*

Galerius, röm. Kaiser (Reg. 305–311). *117, 125*

Gracchus, C. Sempronius (153–121 v. Chr.), jüngerer Bruder von Tiberius; 123 und 122 Volkstribun; suchte die Reformen seines Bruders fortzusetzen. *39, 43 ff., 84*

Gracchus, Tiberius Sempronius (162–133 v. Chr.), älterer Bruder von C.; 133 Volkstribun; Landreformgesetze. *39, 41 ff., 84, 134*

Hadrian, röm. Kaiser (Reg. 117–138); gab Trajans Eroberungspolitik auf und sicherte die Grenzen (Hadrianswall); Verehrer griech. Kultur; Bautätigkeit in Athen und Rom; schlug 132/35 den Zweiten Jüdischen Aufstand nieder. 9, *110, 141*

Hannibal (247–183 v. Chr.), karthag. Feldherr; seine Eroberung von Sagunt 219 wurde für Rom zum Anlass für den Zweiten Punischen Krieg; nach seinem Alpenübergang fiel er in Italien ein; nach Karthago zurückgerufen, unterlag er bei Zama 202 den Römern; suchte Karthago durch innere Reformen zu stärken; floh vor einem Auslieferungsersuchen der Römer 195 zu Antiochos III. und 188 nach Bithynien, wo er sich, erneut von Auslieferung bedroht, vergiftete. *15, 21 ff., 134*

Horaz (Q. Horatius Flaccus; 65–8 v. Chr.), röm. Dichter; Sohn eines Freigelassenen; kämpfte 42 auf der Seite der Caesarmörder bei Philippi; später gelangte er in die Nähe des Augustus, den er in Oden verherrlichte. *55, 62*

Kleopatra VII. (69–30 v. Chr.) Philopator, letzte Königin der Ptolemaier; regierte nach Caesars Sieg mit dem jüngeren Bruder (47–44); Verhältnis mit Caesar, aus dem der Sohn Kaisarion hervorging; 46–44 in Rom; 37 Verbindung mit Antonius; nach dem Sieg Octavians bei Actium (31) konnte sie entkommen; tötete sich durch Schlangenbiss selbst, um nicht im Triumph in Rom vorgeführt zu werden. *7, 40, 55, 58 f.*

Konstantin I., der Große (röm. Kaiser 306–337, Alleinherrscher seit 324); stärkte das von Diokletian begründete Dominat. 313 erkannte er das Christentum als gleichberechtigte Religion an; stiftete Kirchen; Bischöfe erhielten Zuwendungen zum Unterhalt; er ließ sich kurz vor seinem Tod taufen. Die seit ihm sog. „Katholische Kirche" erkannte ihn als Richter in Kirchenfragen an und sah im Kaiser „Gottes Sachwalter auf Erden". Konstantinopel wurde ab 326 zur Hauptstadt ausgebaut. *75, 117, 125 ff., 135*

Licinius, röm. Mitkaiser (Reg. 308–324). *117*

Livius, Titus (59 v. Chr.–17 n. Chr.), röm. Historiker; befreundet mit Augustus; Geschichtswerk *Ab urbe condita* in 142 Büchern; stand seinen Quellen unkritisch gegenüber; verfügte über wenig politisches und militärisches Sachverständnis; verfolgte ein erzieherisches Anliegen: die sitten- und heldenhafte Vergangenheit sollte mahnend der Gegenwart gegenübergestellt werden. *10 f., 18 f., 22, 55*

Marc Aurel, röm. Kaiser (Reg. 161–180) und Philosoph. *103*

Marius, C. (156–86 v. Chr.), röm. Feldherr; bäuerliche Herkunft; Popular; führte 105–101 als Konsul eine Heeresreform durch. *39, 46 f., 134*

Nepos, Cornelius (um 100–nach 27 v. Chr.), röm. Schriftsteller; „Über berühmte Männer" ist eine Sammlung von Biografien; er schrieb für ein breites Publikum; Angaben oft ungenau. *88*

Nero, röm. Kaiser (Reg. 54–68); übte seit 62 eine (zum Teil legendär ausgeschmückte) despotische Herrschaft aus. *56, 117, 135*

Octavian siehe Augustus.

Orosius, Paulus (Anfang 5. Jh.), aus Spanien stammender christlicher Schriftsteller („Geschichtswerk gegen die Heiden"). *24, 116, 127*

Ovid/ius Naso, P. (43 v. Chr.–um 18 n. Chr.), röm. Dichter, Ritter; Hauptwerk: *Metamorphoses* (Verwandlungssagen aus der Welt der griech. und röm. Götter und Heroen); 8 n. Chr. von Augustus nach Tomis ans Schwarze Meer verbannt, wahrscheinlich wegen seiner Liebesdichtung; dort entstanden die Klageelegien und die „Briefe vom Pontos". Tod in Tomis. *70, 80*

Literatur, Filme, Internet-Hinweise und Hilfsmittel für Referate und Projekte

Quellenarbeit, Facharbeit, Neue Medien

Bauer, Volker, u. a. (Hg.), Methodenarbeit im Geschichtsunterricht, Berlin 1998.
Braukmann, Werner, Die Facharbeit, Berlin 2001.
Brenner, Gerd, Die Facharbeit. Von der Planung zur Präsentation, Berlin 2002.
Geschichte lernen Heft 89, 2002: Neue Medien.
Kolossa, Bernd, Methodentrainer Gesellschaftswissenschaften. Sekundarstufe II, Berlin 2000.
Meister, Klaus, Einführung in die Interpretation historischer Quellen, Schwerpunkt Antike, Bd. 2: Rom, Paderborn 1999.

Methodenschwerpunkt: Römische Münzen

Geschichte lernen, Heft 21, 1991: Geld im antiken Rom.
Kent, John P. C., Die römische Münze, München 1973 (Bildband).

Atlanten, Chroniken, Handbücher, Lexika

dtv-Atlas zur Weltgeschichte, 2 Bde., München 1997.
Krefeld, Heinrich, Res Romanae, Berlin 1997.
Der kleine Pauly, 5 Bde., München 1979.
Der neue Pauly, 15 Bde., Stuttgart u. a. 1996–2004.
Der große Ploetz, 32. Aufl., Freiburg u. a. 1998.
Putzger Historischer Weltatlas, Berlin 2001.
Weeber, Karl-Wilhelm, Alltag im alten Rom. Das Landleben. Ein Lexikon, Düsseldorf 2000.
Ders., Alltag im alten Rom. (Das Stadtleben). Ein Lexikon, 5. Aufl., Düsseldorf 2000.

Biografien über Arminius, Augustus, Caesar, Cicero, Hannibal, Kleopatra, Konstantin den Großen, Sulla

Barceló, Pedro, Hannibal, München 1998 (TB).
Bleckmann, Bruno, Konstantin der Große, Reinbek 1996 (TB).
Christ, Karl, Sulla. Eine römische Karriere, München 2002.
Clauss, Manfred, Kleopatra, 2. Aufl., München 2000 (TB).
Ders., Konstantin der Große und seine Zeit, München 1996 (TB).
Eck, Werner, Augustus und seine Zeit, 2. Aufl., München 2000 (TB).
Fuhrmann, Manfred, Cicero und die Römische Republik, 3. Aufl., München u. a. 1997.
Giebel, Marion, Augustus, Reinbek 1984 (TB).
Dies., Cicero, Reinbek 1977 (TB).
Habicht, Christian, Cicero der Politiker, München 1990.
Jehne, Martin, Caesar, 2. Aufl., München 2001 (TB).
Kienast, Dietmar, Augustus. Prinzeps und Monarch, Darmstadt 1999.
Oppermann, Hans, Caesar, Reinbek 1999 (TB).
Piepenbrink, Karen, Konstantin der Große und seine Zeit, Darmstadt 2002.
Seibert, Jakob, Hannibal. Feldherr und Staatsmann, Mainz 1997.
Wiegels, Rainer/Woesler, Winfried (Hg.), Arminius und die Varusschlacht. Geschichte, Mythos, Literatur, Paderborn 1999.

Gesamtdarstellungen

Alföldy, Geza, Römische Sozialgeschichte, 3. Aufl., Stuttgart 1984.
Bringmann, Klaus, Römische Geschichte, 7. Aufl., München 2002 (TB).
König, Ingemar, Kleine römische Geschichte, Ditzingen 2001 (TB).
Kolb, Frank, Rom. Die Geschichte der Stadt in der Antike, 2. Aufl., München 2002.
Martin, Jochen (Hg.), Das antike Rom, München 1994.
Schuller, Wolfgang, Das Römische Weltreich, Stuttgart 2002.

Römische Republik

Bleicken, Jochen, Geschichte der Römischen Republik, 5. Aufl., München 1999.
Bleicken, Jochen, Die Verfassung der Römischen Republik, 8. Aufl., Paderborn 2000 (TB).
Bringmann, Klaus, Geschichte der Römischen Republik, München 2002.
Huß, Werner, Karthago, München 1995 (TB).
Ogilvie, Robert, Das frühe Rom und die Etrusker, München 1983 (TB).

Römische Kaiserzeit

Christ, Karl, Die römische Kaiserzeit. Von Augustus bis Diokletian, München 2001 (TB).
Dahlheim, Werner, Geschichte der Römischen Kaiserzeit, 3. Aufl., München 2002.
Kaiser Augustus und die verlorene Republik, Mainz 1998 (Ausstellungskatalog).
Zanker, Paul, Augustus und die Macht der Bilder, 2. Aufl., München 1990.

Frauen

Römische Frauen. Ausgewählte Texte, lateinisch/deutsch, hg. von Ursula Blank-Sangmeister, Ditzingen 2001 (TB).
Gardner, Jane F., Frauen im antiken Rom. Familie, Alltag, Recht, München 1995.
Pomeroy, Sarah B., Frauenleben im klassischen Altertum, Stuttgart 1985.
Schuller, Wolfgang, Frauen in der römischen Geschichte, München u. a. 1992 (TB).

Späth, Thomas/Wagner-Hasel, Beate (Hg.), Frauenwelten in der Antike, Stuttgart 2000.
Temporini-Gräfin Vitzthum, Hildegard, Die Kaiserinnen Roms, München 2002.

Sklaverei, Unterschichten

Finley, Moses I., Die Sklaverei in der Antike. Geschichte und Probleme, Frankfurt/M. 1987.
Kühnert, Barbara, Die „plebs urbana" in der späten Römischen Republik, Berlin 1991.
Schumacher, Leonhard, Sklaverei in der Antike, München 2001.

Umwelt

Vögler, Gudrun, Öko-Griechen und grüne Römer?, Düsseldorf u. a. 1997.
Weeber, Karl-Wilhelm, Smog über Attika. Umweltverhalten in der Antike, Zürich u. a. 1990.

Römer und Germanen

Baatz, Dietwulf/Fehrmann, Fritz-Rudolf (Hg.), Die Römer in Hessen, Stuttgart 1982.
Cüppers, Heinz (Hg.), Die Römer in Rheinland-Pfalz, Stuttgart 1990.
Czysz, Wolfgang, u. a. (Hg.), Die Römer in Bayern, Stuttgart 1995.
Elbe, Joachim von, Unser römisches Erbe, Frankfurt/M. 1985.
Horn, Heinz Günter (Hg.), Die Römer in Nordrhein-Westfalen, Stuttgart 1987.
Filtzinger, Philipp, u. a. (Hg.), Die Römer in Baden-Württemberg, Stuttgart u. a. 1976.
Die Römer zwischen Alpen und Nordmeer, Mainz 2000 (Ausstellungskatalog).
Süßkind, Gabriele/Wigg, Angelika, Der römische Limes in Deutschland, Hamburg 2000.
Wolfram, Herwig, Die Germanen, 6. Aufl., München 2002 (TB).
Wolters, Reinhard, Die Römer in Germanien, München 2000 (TB).

Christentum

Guyot, Peter/Klein, Richard (Hg.), Das frühe Christentum bis zum Ende der Verfolgungen, Darmstadt 1997 (Quellen und Darstellungen).
Winkelmann, Friedhelm, Geschichte des frühen Christentums, 2. Aufl., München 2001 (TB).

Alltag, Kultur, Recht, Religion, Wirtschaft

Brödner, Erika, Wohnen in der Antike, 2. Aufl., Darmstadt 1993.
Coarelli, Philippo (Hg.), Pompeji, München 2002.
Carcopino, Jérôme, Rom. Leben und Kultur in der Kaiserzeit, hg. von Edgar Pack, Ditzingen 1992.
Casson, Lionel, Reisen in der Alten Welt, München 1976.
Etienne, Robert, Pompeji. Das Leben in einer antiken Stadt, Ditzingen 1998.
Flach, Dieter, Römische Agrargeschichte, München 1990.
Gladiatoren und Caesaren. Die Macht der Unterhaltung im antiken Rom, Mainz 2000 (Ausstellungskatalog).
Künzl, Ernst, Der römische Triumph. Siegesfeiern im antiken Rom, München 1988.
Manthe, Ulrich, Geschichte des römischen Rechts, München 2000.
Mielsch, Harald, Die römische Villa. Architektur und Lebensform, München 1997.
Rüpke, Jörg, Die Religion der Römer. Eine Einführung, München 2001.
Stein, Peter, Römisches Recht und Europa, Die Geschichte einer Rechtskultur, Frankfurt/M. 1996.
Vittinghoff, Friedrich (Hg.), Europäische Wirtschafts- und Sozialgeschichte in der römischen Kaiserzeit, Stuttgart 1990.
Weeber, Karl-Wilhelm, „Panem et circenses". Massenunterhaltung als Politik im antiken Rom, 2. Aufl., Mainz 1999.
Siehe auch die Lexika von *Weeber, Karl-Wilhelm.*

Historische Spielfilme

Ben Hur, Regie: William Wyler, Darsteller: Charlton Heston u. a., 1959 (DVD, VHS).
Gladiator, Regie: Ridley Scott, Darsteller: Russell Crowe u. a., 2000 (DVD, VHS).
Julius Caesar, Regie: Uli Edel, Darsteller: Jeremy Sisto, Richard Harris u. a., 2002 (DVD, VHS).
Quo vadis, Regie: Mervyn LeRoy, Darsteller: Peter Ustinov u. a., 1951 (VHS).
Spartacus, Regie: Stanley Kubrick, Darsteller: Kirk Douglas u. a., 1960 (DVD, VHS).

Internetseiten, Linksammlungen

www.villa-rustica.de/intro/index.html – Virtueller Rundgang durch den römischen Gutshof („Villa rustica") von Hechingen-Stein.
www.novaesium.de – Umfangreiche Darstellungen und Bildmaterialien zum römischen Neuß.
www.markaurel.de/augustatrever.htm – Das römische Trier in Rekonstruktionszeichnungen.
www.uni-tuebingen.de/uni/ymu/sqhm/weitere_links.html – Links zu provinzialrömischen Themen und Museen.
www.roma-antiqua.de/rundgang/rundgangstart.html – Virtueller Stadtrundgang durchs antike Rom.
www.archaeologie-online.de (weiter: „Links", „Antike", „Römer") – Thematisch geordnete aktuelle Links zur römischen Geschichte.
www.phil.uni-erlangen.de/~p2latein/ressourc/ressourc.html – Supermetaindex zu Themen aus der antiken Geschichte, zu Texten und Übersetzungen lateinischer und griechischer Quellen.
www.nfhdata.de – Seite des Nachrichtendienstes für Historiker mit kommentierten Linklisten zur Geschichte Roms und Museumshinweisen.

Sachregister

Bildquellen

Archäol. Staatsslg., Foto M. Eberlein: 107/4b; AKG: 65/M12c; Helmut Becker, München: 128; Bildarchiv Foto Marburg: 15; BPK: 13/M3, 54/14; D. Bönninghaus, Dortmund: 73; Brescia Museo Civico dell'Età Cristiana, © Photo Scala 1990: 118; Bulloz Photo. d'Œuvres d'Art, Paris: 83; Cinetext: 54/15, 92; DAI Rom: 50/10, 50/11, 64/12a, 65/12e; Alfredo u. Pio Foglia, Neapel: 13/4, 38, 44; Giraudon: 132; © by Hans Lachmann: 122; Landesamt f. Archäol. Sa.-Anh.: 106/3a; E. Thiem/LOTOS-FILM Kaufbeuren: 60, 84, 99, 100; National Geographic Deutschland: 109; Glück/CCC,www.c5.de: 115; Museo Archeologico Nazionale, Napoli: 59; Museo Torlonia, Rom: 57; Rhein. Landesmus. Trier: 66; RMN/Jean Schormans: 42; Röm.-German. Mus., Köln: 78; Sächs. Landesbibl.: 65/12d; Scala: 64/12b, 75/4; Staatl. Münzslg. München: 40, 47; A. Steinmeyer-Schareika: 95; The Art Archive/Museo Nazionale Terme Rome/Dagli Orti: 29; Vaticana, St. Peter's, © Photo Scala 1990: 128; © VG Wort, 2003, Les Editions, Albert René, Paris: 91, 93; aus: C. Höcker, Antikes Rom, DuMont: 71; E. Künzl, Der römische Triumph, C.H. Beck: 32; M. Riedel, Köln – ein röm. Wirtschaftszentrum, Greven: 107/4a; Spuren der Jahrtausende, Theiss: 106/3b; H. Temporini, Die Kaiserinnen Roms, C. H. Beck: 75/3, 75/5; K. W. Weeber, Alltag im alten Rom, Artemis: 86, 101
Nicht in allen Fällen war es uns möglich, die Rechteinhaber der Abbildungen ausfindig zu machen. Berechtigte Ansprüche werden selbstverständlich im Rahmen der üblichen Vereinbarungen abgegolten.